刘爱芳○著

看见成长的力量

九州出版社
JIUZHOUPRESS

图书在版编目（CIP）数据

看见成长的力量 / 刘爱芳著. —北京：九州出版

社，2023.11

ISBN 978-7-5225-2294-4

Ⅰ.①看… Ⅱ.①刘… Ⅲ.①小学-校长-学校管理

Ⅳ.①G627.1

中国国家版本馆CIP数据核字（2023）第195463号

看见成长的力量

作　　者	刘爱芳　著	
责任编辑	陈春玲	
出版发行	九州出版社	
地　　址	北京市西城区阜外大街甲35号（100037）	
发行电话	（010）68992190/3/5/6	
网　　址	www.jiuzhoupress.com	
印　　刷	天津中印联印务有限公司	
开　　本	710毫米×1000毫米　16开	
印　　张	22	
字　　数	292千字	
版　　次	2023年11月第1版	
印　　次	2023年11月第1次印刷	
书　　号	ISBN 978-7-5225-2294-4	
定　　价	78.00元	

> 我这个老师没有特别突出的创造力，于是，我决定给他们我能力范围内最宝贵的东西——时间。
>
> ——雷夫·艾斯奎斯

读罢《看见成长的力量》，我想起了雷夫老师的这句话，想起他创造的"第 56 号教室的奇迹"，想起他用圣徒般的坚守把一间普通教室变成了孩子们心目中向往的地方。此刻，阅读这些故事带给我的惊讶与感动再次涌上心头，让我明白教育中那些最本真的东西，不论古今，不分西东，只要有爱，一直都在。

教育的魅力是创造的魅力，而热爱是创造的根源

叶澜教授说："教育的魅力是创造的魅力，是创造生命发展的魅力。"

我理解的"创造"是师者在平凡的岗位上基于善意与爱而作出的种种努力，是在司空见惯的校园生活中与学生一起创造的每一天。

刘爱芳校长的书中记录的正是这样一些零碎的小事儿。如有关学校管理、校本教研、家校共育、学生德育的事，是每天都会发生的事儿，不足为奇；是每年都要重复的故事，大同小异。然而就是这些习以为常的小事和微不足道的"小异"决定着教育者的劳动价值。是按部就班地完成任务，还是精益求精地追求品质？不取决于能力而取决于态度。

雷夫在《第56号教室的奇迹》里说："我清醒地知道自己并没有超越常人之处，我所做的工作和其他数以万计希望世界变得更好的老师们是相同的。"是的，工作是相同的，只是对待工作的不同态度让这些相同之事有了不同的功能和意义。热爱和坚持使得56号教室有了魔法般的魅力，让有幸从这间教室走过的学生得以改变自己人生的走向和高度。

峰山小学的门牌号是153，与发生在56号教室的奇迹相比，153号的故事似乎并无过人之处，但如果我们细细品味，仍然可以从字里行间看到不一样的思考，收获不一样的成长。比如，如何在行业内卷越来越严重的情况下以朴素之道、体恤之心做管理，为师生撑起一个精神上的"世外桃源"；如何秉持教育的初心与担当，牢牢抓住"教师专业成长"核心任务，促使学校快速发展；如何以真诚的态度、精细的管理、扎实而富有创意的活动赢得"家校互信"的胜利；如何把有意义的事儿做得有意思，把有意思的事儿做得有意义，把德育真正做到学生心里去……

奇迹在相信它的人眼里才是奇迹。校长们为学生成长、学校发展倾注的心血和智慧会让每一个经过校园的人发生微妙改变，让平凡的人不平庸、平常的事儿不寻常，让日复一日的教育生活一步一步变成期待中的样子，这就是平凡中诞生的奇迹。

教育蕴含着无限可能，而我们可以做得更好

对校长工作了解得越多，越能理解"一位好校长就是一所好学校"，理解校长的担子有多重，使命有多艰巨。一所学校就是一片土壤，孩子们就是被播撒的一粒粒种子，校长们既要学会十八般耕种武艺，还要学会向大自然借风借雨。

《看见成长的力量》中关于学校建设、校园文化、足球发展和生活随录等章节能够帮助我们更立体地认识"校长"这个角色，理解他们对于"成长"的诠释及为成长所作的努力。一位名师出身、以"做专家"为初心的校长，可以在校园文化"克隆"成风的现实中，以非凡的底气与定力开创本校的文化之旅，也可以在泥瓦砖块铺就的道路上长成不一样的自己；可以在零起点、零师资的条件下带领城区小学的足球队奔向国际舞台，为学生的人生开拓更多可能性，也可以讲好 8 小时内外的浪漫故事，让趣味与教养为成长"添油加醋"，过有滋有味的教育生活……一个人的成长拥有无限可能，校长是其中一个重要的变量，他要完成"以成长引领成长"的使命，就要持续不断地完善自己，并竭尽所能地为师生创造机遇。

同样的事情不同的人做，会有不一样的结果，同样的境遇不同的人遇到，会有不一样的选择。雷夫老师 20 多年如一日坚守在第 56 号教室里，从未放弃理想，从未偏离目标，精耕细作，细心呵护，把自己的一亩三分田变成了孩子们自由呼吸、自在成长的乐园。

一个人有足够的信念，他就能创造奇迹。刘爱芳校长与峰山小学的相遇是一场理想与现实的碰撞，使得她有机会创办一所期待已久的学校。在这个过程中，她不急不躁，把理想化成每一天的努力，用爱心、童心、体恤之心为师生打造了一处可以安顿身心的精神家园，让每一个身处其中的人都能长成自己最美的模样。

一位好校长就是一所好学校，所以校长的精神与样态成就着中国教育

的精神和样态。《看见成长的力量》就像一扇门，让我们看到了中国基础教育最真实的样态，看到了中国基础教育人最可爱的样子。

所谓成长，就是不断战胜自己。祝愿我们每个教育人都能在平凡的岗位上向不平凡的梦想挑战，把成长当成一生的事业，带着足够的热情与诚意目不斜视，风雨兼程，在下一个征程中创造属于自己的奇迹。

加油！

于晓

2023 年 7 月 29 日

于晓：北京师范大学心理学博士，硕士生导师。致力于"个体类比学习和能力提升"领域的研究，主持"教育部人文社会科学研究青年项目""教育部高等学校心理学类专业教学指导委员会教改项目""博士后面上基金"等多个省部级项目，《心理发展与教育》等杂志审稿专家。

林语堂先生说："梦想无论怎么模糊，总潜伏在我们的心底，使我们的心境永远得不到宁静，直到这些梦想成为事实才止。像种子在地下一样，一定要萌芽滋长，伸出地面来，寻找阳光。"

在尝试为刘爱芳校长这部新作《看见成长的力量》写点什么的时候，我在记忆中搜索过往的点点滴滴。

人在哪里，心就在哪里

与刘爱芳校长相识缘于博客。2008 年的一天，我偶然读到她的一篇博文，即《给优质课参赛老师的一点建议》。里面不仅有对课程内容的深层解读、教学教法的生本研究和课堂改革的前瞻性思考，还有对赛课选题的分析、提升品位的技巧及心态调节的方法，满满的干货。我心里直呼"高人"，立马成为其博客的粉丝。我甚至在阅读该博文的当天仿写了一篇给体育教师参赛的建议，教研员读后推荐给所有体育教师研读学习……当时刘爱芳校长已是小学数学教研员，在专业成长的道路上正快马加鞭，奋楫向前。

2013 年，首批"威海名师"届满考核结束，威海市教育局从首批"四名工程"人选报送的 64 本书稿中遴选了 12 本进行修订、出版，我的《三十年，为体育微笑》与刘校长的《做一个奇葩老师》有幸入选，我们因此有了正式见面和交流的机会。那时她已是天福小学校长，白天学校里事务繁多，没时间写东西，只能在晚上找时间写，但她仍然坚持每天写作四个小时以上，只用了一个多月的时间就拿下了初稿。这种意志和效率让人顿生敬佩。

斗转星移，2023 年 7 月，因为出版这部《看见成长的力量》，我和刘校长有了多次交流。我谈了自己的一些意见，也了解到文字背后的一些辛甘。7 月 4 日刘校发来了她的初稿，5 日我接到通知去北京参加国编教材统稿会议，遂带上书稿，在北去的途中、在工作的间隙阅读之。触摸着书稿散发出的磅礴力量和对教育的深厚情愫，心中万般感慨⋯⋯

文字中的三次邂逅，每一次都在刷新我对她的认知，从教师到名师，从教研员到校长，不论在哪个岗位上，她都在努力生长。

心在哪里，智慧就在哪里

《做一个奇葩老师》出版后，我拿到了这本书的刘校长亲笔签名版。扉页写着"名字是最短的自传体小说，我们既是主人公，又是作者，这本书，值得我们好好去写"。这句话取自她书中的一段反思，既励志又警示，引人深思。

我曾在多个场合向老师们推荐《做一个奇葩老师》，尤其是小学数学老师，我建议他们每人都读一读，读过的老师都赞不绝口。她工作中所秉持的观点"凡事只有拿出最高水平去做才会不留遗憾"，让我深受触动。那年暑假，我撰写了一篇《找寻教育的智慧——读〈做一个奇葩老师〉有感》，获得了威海市教师暑期读书征文一等奖。

当年刘爱芳校长赠书给我的时候，说等我下一本科研方面的专著出版了，一定要送她一本。转眼 10 年过去了，我虽然还是农村中学一名普通的体育教师，但也在大家的帮助和鼓励下出版了几本专著，其中就有着刘爱芳校长至深的影响。

《看见成长的力量》沿袭了刘校长一贯的风格，直抒胸臆，娓娓道来。她以女性特有的敏锐与细腻讲述了一位普通小学校长是如何化身现实的理想主义者，并在建校、立校、兴校、强校中铿锵前行的故事。字里行间洋溢着刘校长对教育的一腔挚爱，透露出她洞察工作细节、智慧解决问题、善良待人的品格。

从刘爱芳校长身上，我们发现校长们的工作远比我们想象得更为复杂，他们在教学、文化、师资、德育等主线任务之外，还有建设、资金、政策、资源等大量支线任务，但他们从不退缩和懈怠，即使在重重困难的束缚下，依然奋勇前行，使尽浑身解数谋求学校发展。他们从不因个人原因而放弃对工作的热情、真诚与责任，不论在什么样的情况下都能热烈地生长。

智慧在哪里，收获就在哪里

2023 年，我参加了几次教体局组织的课题研讨会，会场在峰山小学，我们在这里见到了从容温和的老师、文雅活泼的孩子和热气腾腾的校园生活。这期间，我听到了峰山小学足球比赛夺冠以及参加山东省"全环境立德树人"成果展的消息，我一下子记起当年刘校长率领环山小学足球队白手起家，一路征战到省级、国家级和国际级赛场的情景。好像有刘爱芳校长的地方，就总会有各种振奋人心的消息出来。同样的工作，看谁去做；同样的队伍，看谁去带。《亮剑》中李云龙带的队伍总是嗷嗷叫，战斗力强悍，因为亮剑精神已镌刻进了每一位官兵的骨子里。我在想，刘爱芳校长所取得的一系列骄人业绩，其背后也应该有一种精神力量在起作用，至于是什么样的精神，我想，我们还是要从她的这部《看见成长的力量》里去慢慢探寻。

这本书是作者13年的逐梦之旅，是新晋校长感悟职业成长智慧的案头书，也是社会各界了解学校、了解教育的窗口之作。从中我们能看到优秀教育工作者无私奉献的精神和百折不挠的勇气，能从大量的事迹和案例中生发出育人的创意和行动的灵感，能增长对教育的热爱、对教育者的敬意，进而推动从事教育工作的新生的力量的产生。

书中不一定有黄金屋，但一定有更好的自己。希望有更多的人看到这本书，看到书中这些平凡而又闪光的人，这些简单而又动听的故事。懂得作者在字里行间给出的答案：成长的力量从热爱与探索中来，从责任与担当中来，从思考与研究中来……

为了更好的遇见，留下上述文字，借以表达我对刘校长以及所有在教育战线上努力奋斗的人们最诚挚的敬意和最深切的祝福。

2023 年 7 月 20 日

吕兵文：山东省中小学体育教学指导委员会委员，山东省教育科学研究院兼职教研员。威海名师、威海市教育名家工作室主持人。《中国学校体育》杂志特约编辑。出版专著《三十年，为体育微笑》等4部，主持并结题全国教育科学规划教育部重点课题"中小学体育教学质量监测机制的研究"。

目 ◇◇ 录

第一章

校长生涯的别样打开方式

人创造环境，同样环境也创造人。

——马克思

刘爱芳是一位名师出身的校长，在所有人的预期里，她的未来与方向都会是一个专家型校长。可谁也不曾想到，像她这样一个手无缚鸡之力的知识分子，开启校长生涯的第一把钥匙，不是打造学校文化、引领队伍发展、研究课程建设，而是干起了"包工头"的活儿，三所学校无一例外，以至于还亲自筹建了一所新学校。

　　作为她的朋友，我时常为她专业上的牺牲感到遗憾。

　　她自己却很淡定，她说："从三尺讲台到建筑工地，从教书匠到包工头，也算跨界发展。当时只觉得辛苦和新奇，如今想来都是收获和成长。"

　　说得也对。成长有很多个轨道，也有很多种结果。她在这个过程中收获的成长、体现的价值感，是未曾经历过的人所无法体会的。

　　人在自己不熟悉的领域也会成长起来——她用自己的亲身经历印证了这一点。

杨文静·威海

兵马未动，粮草先行

兵马未动，粮草先行。

这是历史教给我们的最浅显的道理之一。

2010年8月23日，当我手持调令来到天福小学，巨大的心理落差让我有一丝失重和不真实感。

天福小学于2008年建成，那一年我刚好接手了小学数学教研员工作。2009年，我又调入文峰小学任教导主任。一直忙于适应新岗位的我对这所学校的了解仅限于教育教学工作：教学工作很规范，德育活动有创意，短短两年时间就赢得了良好的声誉。而这一天我才发现，这所学校原来是一个"半成品"。

全校只有一栋办公楼和一栋教学楼，教学楼的东头辟出六间教室用铁艺门挡了起来，临时用作幼儿园教室；校园围墙是铁丝网的，有几处已经生锈了；操场是风雨操场，临时搭建的车棚里堆放着建筑材料；教学楼南边是应建未建的综合楼用地，野草经过一个暑假的肆意生长已经有半人高了……

我突然明白自己的任务不仅是教学管理，还有亟待解决的现实问题，所以只一会儿的失神便很快调整了过来。我开始梳理自己面临的问题，距离开学只有一周，我得知道我应该干什么，能干成什么。

事情再多，总有轻重缓急，我把这三样排在了前面：教学设备采购、安全设施管理、校园环境建设。

我先是拜访了天福街道办事处的主要领导。天福小学是双管单位，教育教学归教体局管理，产权及其他皆在办事处。至于学校为教育教学发展及环境建设所需资金究竟由谁来承担，没有明确的责任划分，常取决于双方协调的结果。

办事处的领导在听取了我的汇报和建议之后，决定为学校每位教师购置一台电脑。那几年办公电脑还没有普及，除市直三所小学外，天福小学是第四所拥有办公电脑的学校，算是新学期给老师们的惊喜。

接下来是维修围墙、拆除车棚、清运垃圾、打扫卫生、修剪花木……老师们私下里说：新官上任三把火，可把我们累惨了。只是他们不知道，这才仅仅是个开始，此后我对环境卫生的执念，让所有跟我搭伙工作的中层和老师叫苦不迭，也受益无穷，整洁优美的环境本身就是一种很好的教育资源，让生活在其中的人不自觉地变得优雅美丽起来。

轰轰烈烈的开学运动，最后卡在了教学楼前那片野草地上，好大一片。中层建议开学后师生一起拔掉，被我否决了，那年夏天发生的蜱虫咬人事件让我心生警惕。可是，这片地这样荒着始终是个问题，既不安全也不美观。我提出一个两全其美的建议：让人来耕种，成为一小片育苗地，有人管理，当作孩子们的实践基地。

"实践基地"这个词突然冒出来，灵感的火花就连续爆闪：餐厅后面的地可以种菜，学校的后勤员工中有常年居住在乡下精通耕种的现成人选；学校的铁丝网围墙防护功能差，也不够美观，可以种些爬藤类植物……

等到开学时，整个校园窗明几净，清清爽爽。老师们有了办公电脑，高高兴兴。半年以后，空地变菜地，围墙变花架，蔬菜、葫芦、蔷薇、果树苗为校园增添了一片盎然生机。后来老师们把这些素材融入校本课程，开展综合实践活动，其中校本课程"葫芦文化与民间艺术"屡获佳绩。

折腾自有折腾的道理，关键是要让师生感受到其中的好处，享受到福利。此后几年，学校进入了"大翻新"时代，老师们眼见着学校一年一个样儿，对"学校变工地、校长变工头"的种种状况自是见怪不怪了。

修修补补练三年

曾经有领导不无调侃地说，这些从名师转行过来的女校长有两个死穴：一个是工程建设，一个是财务管理。

这也是我担任校长以后最为难、最痛苦的地方。财务管理那一套繁杂的程序搞得我头昏脑涨，从小对数字不敏感的我，真的宁肯写三万字的论文，也不愿意看三天账本；工程建设更不用说了，什么砖头瓦块水电暖，在我的认知里都是不存在的。更为可怕的是，当我不得不兴土木、搞建设的时候，才发现每一项工程都是钱的事儿，这两样搅到一起真是够我头疼的。多年以后，我去成都学习时，听到一位校长在报告中说道："我一个知识分子，每天不得不为三斗米折腰，同各种人打交道，要政策要资金，内心真是五味杂陈……"

深深地认同。

说说那些年所兴土木的事儿吧。从 2010 年到 2012 年的三年里，天福小学一直在做"修补"工作，所解决的都是安全、教学和生活问题，没有面子工程。

投入力度最大的是安全保障方面。对安全工作的敏感和重视似乎是我的一种本能。当想做的事情太多时，选择容易些的先做。我于第一年申请了校园监控，在办公楼、教学楼、餐厅等各个角落安装高清摄像头，做到全覆盖。餐厅内外安装了 7 个高清摄像头，配备了 65 英寸的液晶电视，电视可同时播放餐厅就餐、厨房操作间、加工间及仓库间的监控画面。这是我区第一个校园"透明食堂"，食堂饭菜加工制作流程可视化，让家长们更为放心满意，各级新闻媒体争相报道；学生们都希望在镜头前有好的表现，打闹及浪费粮食的现象明显减少，餐厅秩序更加井然。后来我们又为电视加装了音响设备，餐前播放一些饮食卫生知识，餐中播放优美的轻音乐或儿童歌曲。

之后陆续解决了彩砖路面维修、校园围墙重建、绿化整体改造、全自动录播教室配备、课桌办公桌更新、网络多媒体使用、学生午睡室设立、阶梯教室扩建、井水自来水切换、暖气管道重置等大大小小几十个问题。粗略算来，办事处在那几年里前前后后为学校投入了四五百万。

办事处管建设的领导说："这几年我都快成天福小学的员工了。"管经费的领导说："你是慢刀子割肉，割得不轻啊！"

每一项工作从申请到立项到最后完工，都有太多的人跟着劳心劳力，我们在这个过程中不断沟通磨合，彼此理解支持，站在各自的立场产生分歧与争执后又全力配合寻找解决方法，达成和解又彼此敬佩。那几年，我认识了很多人，见识了很多事儿，增长了很多知识，结交了很多朋友。

越是艰苦的工作越容易交到朋友，而且这种因工作发展起来的朋友关系，建立在欣赏和认可的基础上，更加单纯和牢固。

动辄上千万

办事处领导说我"慢刀子割肉"的话，还是说早了。从2012年底开始，学校依托省规标准化学校建设及全国义务教育基本均衡县创建的政策红利，将一直心心念念的几个大工程扶上马。

首先申请的是综合楼和塑胶操场建设经费。大家都知道这两个项目势在必行，却令办事处进退两难：一是难在资金，两项加起来至少得上千万，办事处压力很大；二是难在各种手续，续建项目程序繁杂。

幸运的是，我遇到了好领导，那一届领导对学校的要求几乎没有拒绝过。为此我一直心怀感激。

综合楼于 2014 年 3 月投入使用，按省规标准设置了各类功能室和社团活动室，大大提升了学校的硬件设施水平。塑胶操场于同年 6 月建成，面积约 8 800 平方米，内设足球场，为学生提供了高质量的体育活动场地。

至此，关于学校硬件设施的心愿单中只剩下了最后一个——幼儿园。天福小学的规划中是没有幼儿园的，但学校建成以后，为了解决周边幼儿的入园问题，从教学楼分隔出 6 间教室作为幼儿园。随着学校的不断扩招，这种混居的方式引出的安全、教学、餐饮等方面的弊端日益突显。2013 年我走访了周边村居的书记、居民、房地产开发商，向办事处领导提交了一份关于新建幼儿园的申请报告，从学校发展、居民需求、小区建设配套设施标准等方面分析必要性与可行性。很快，调研开始了，政府的、教体局的、建设局的、办事处的……有时，一天要接待好几轮，总算批下来了——在学校的西边批出一块地建幼儿园。

办事处负责资金筹措、手续审批和具体施工。我的任务是筛选设计方案、监督施工进度、保护学生安全、内部装修设计、设备采购预算，以及解决电压不足、水量不够等问题。那段时间，每天一有空就戴上安全帽泡工地，常常为灯管质量不好、阳台门锁位置太低、户外水池瓷砖不平整等问题与施工方"讲道理"。都还好，外有办事处的支持，内有总务主任和幼儿园园长协助，忙是忙了点，却因心里有奔头而有点兴奋。

工程接近尾声的时候，因大门的问题与办事处发生了分歧。办事处认为小学与幼儿园是一体的，只是东西院的关系，幼儿入园走小学的大门就可以了，幼儿园不必另开正门。这就意味着每天上放学的时候，幼儿园和小学的师生要走同一个门（天福小学的大门为东门），进入校园后，幼儿需走过长长的甬路，再穿过操场，最后下六步台阶才能进入幼儿园，且不说大门处有多拥挤，光是这一段长长的路就有无数安全隐患，早晚操场上都有训练的学生，小朋友经过的时候如果遇到意外，后果难以想象。有人建议父母入校接送，这也不现实呀，那么多幼儿家长天天在学校进进出出，校园安保还怎么做?

我知道办事处的难处，给幼儿园开大门不仅要增加开支，还涉及土地问题。幼儿园大门只能向南开，而南边又是交通要道……种种困难让这个问题胶着了好长时间。我想过放弃，别让领导太为难。可是现在放弃，将来再补救会更难。我让美术老师帮我手绘了一张简图，带着图去了教体局，向局长作了详细的汇报。局长随后到学校现场调研，对我的建议进行了修改完善，然后带着报告找到了区领导……最终的方案是，幼儿园单独开大门，门前修一个大的停车场，停车场与主道之间开辟一条辅路。为修这条辅路，又开始了与市政、园林的交涉……2015 年 1 月，漂亮大气的天福幼儿园正式落成，独具一格的圆形外观、与学校一脉相承的文化设计都赋予它灵性与魅力。

后来，幼儿园发展得越来越好，入园人数越来越多，一再扩班扩容仍不能满足需求，家长们为了获得报名资格，不惜提前两天昼夜排队，因此而引发的冲突惊动了记者，以至于派出所不得不出警维持秩序。当时的所长面对不肯排队又要名额的大姨大妈们，毅然挺立保护着老师们，打不还手骂不还口。我们因此而结识，至今仍是好朋友。

后来的后来，天福小学逐步发展成为一所拥有一流办学条件的学校。优美的校园环境，崭新的校舍、先进的配套设施，为师生提供了广阔的成长空间，也为学校的发展提供了强有力的支撑。

我们的所有经历最终都会化成智慧和财富，成就更好的自己。回忆起天福六年，好像没有哪一段时间是清闲的，以为"忙完这一阵儿就可以歇歇了"，事实是"忙完这一阵儿就可以忙下一阵儿了"。然而我并没有觉得很辛苦，反而有着小小的成就感，因为我发现自己在陌生领域里学得很快，即使是旁听他们的谈话，也能捕捉到很多有用的信息并迅速内化成已有知识，这些知识存储在脑海中，默默地等待被激活的那一天。

这个事情还得办

2016 年 8 月，我调任环山小学校长。环山小学是 2009 年由环山街道办事处投资建设的，起点很高，从位置选址、占地面积、校园布局到配套设施、文化打造、师资力量均为城区小学一流水平，从建校之日起便高开高走，发展良好。

美中不足的是塑胶操场，受土质、地基等条件的影响出现了脱落现象，起初还不严重，可以通过局部的修修补补予以解决。到 2016 年的时候情况越来越严重，已经影响到学校体育活动的正常开展。2017 年初，我向教体局提交了重建操场的申请，教体局将之列为年度重点工作。为促进工程落实，新任局长亲自邀请分管副区长到校实地查看，但因种种原因未能获批。2018 年 5 月，我接到教体局分管领导的电话："操场的事儿我们再一起想想办法，局里正加强与有关部门的沟通。办事处那边你看看能不能争取一下。"

怎么争取？环山街道办事处刚刚为学校重新粉刷了外墙、修缮了屋顶，免除了幼儿园的房舍租金，还翻新了辖区内的另一所小学，元气未复、财政吃紧，这个时候再去申请重修塑胶操场，想想就觉得嗓子发紧，开不了口。

我们硬着头皮去了，而且还很幸运地遇到了好领导。

接下来的目标是趁着这次翻修的机会解决所有的隐患，包括回填土沉降的问题、排水问题，以及大型压路机不能上场（操场北端下方是门市房顶）塑胶颗粒压不实的问题等，为此反复修改方案，耽误了不少时间，好在所有的问题最终都成功解决。操场于 2019 年 7 月完工，正好这一年是环山小学建校 10 周年的日子，10 岁的环山更美了。我想象着在美丽的校园里将10周年校庆与70周年国庆同步进行的画面，想着自己终于不用再与砖头瓦块打交道了，可以一心一意地回归教书育人的本职工作了。

想多了。

8月，我接到新任命——兼任峰山小学筹建处主任。后来我才知道，与即将面临的考验相比，之前的种种只不过是小巫见大巫罢了。

创办一所新学校

峰山小学是文登区近十年来唯一一所新建小学，也是首例配备筹建处的学校。筹建处成立的时候已经开工四个月了，主体建筑已然封顶。我们的任务是尽早介入，为学校发展布局谋篇，奠定理念基础，植入文化基因。

理想有多丰满，现实就有多骨感。我以为有之前的经验打底，不论是工程建设还是文化打造都能应付，没想到进入工地的第一天就打脸了，什么水电暖、墙梁柱、标高AP出水口……成箱的图纸上来就把我们给搞蒙了；工地到处是泥沙土堆建筑材料，走一圈不是碰了头，就是崴了脚；主楼还只是个框架，没有隔断，没有标识，像个迷宫，进去了就出不来……

这边的路数还没摸清，环山那边小学和幼儿园的开学督导工作已经启动了，新上任的区委书记关心城区小学的发展，第一站就是走访环山小学，副校长拿着方案到工地上找我商量准备事宜……

万事开头难。那个火热的9月，上午在峰山工地，下午回环山校园，节奏快到停不下来。工程不等人，任何一个环节出了问题都会影响进度。

会有什么问题？是呀，建设方按照方案和图纸施工就好了，你们有什么活儿可干？没有亲自经历筹建工作的人，这样想很正常。

如果我们也能这样想，那很多活儿就不存在了，任他去盖，盖好了我们用，盖成什么样儿就用什么样儿，也没问题。

问题就在于我们不能这样想。学校的每一个场景都是教育资源，建筑设计要与教育理念互通互融就势必要做一些设计上的变更，而变更是一件很麻烦的事儿，程序复杂、责任重大。

幸运的是，有太多愿意为一线考虑、敢于承担风险的领导和同事，我们每提出一个问题，就会得到及时有效的反馈。仅一个月的时间，我们就发现并解决了大大小小十多个问题。9月底，我们对前期工作进行了认真盘点，形成工作报告《风正扬帆起航时——峰山小学筹建处 2019 年 9 月工作盘点》（见附 1）提交到教体局，局党组对筹建处的工作给予了充分肯定。

从青铜到王者

2020 年底，峰山小学设施设备采购预算前后经过几次大的改动，从原来的 1 200 万缩减到 480 万，每动一次，都是巨大的工作量，我们日夜加班，编制预算，制定参数，争取尽早上交，以便预留出足够的招标采购时间。可计划不如变化快，2020 年突如其来的疫情打乱了一切，政府招标迟迟不能进行，到 2021 年 4 月仍未开标。考虑到峰山小学开学在即，时间紧张，经教育局申请、财政局审核后，确定办公家具、空调电视、信息化三个项目由政府统一招标，其余项目自行采购。

刚刚经历了预算编制和参数制定两个庞大的工程，我们感觉人都快被熬干了，为了能用有限的经费尽可能满足学校使用并保证质量，真的是殚精竭虑，仅图书一项就花费了十几个晚上的时间，2 000 种绘本图书是丛妮滋主任一本一本挑出来的：在图书库中挑书目，在当当网上比价格，搜索绘本内容简介及出版社、出版时间等信息……其他项目虽没有如此费劲，但在用心程度上却也差不了多少，这一番操作下来，让我们心力交瘁。

自行采购的项目有十几个，虽然每一项涉及的金额都不大，但集中起来也是上百万，这中间不仅涉及巨大的工作量，更涉及"程序规范、财务安全"等诸多问题。

为此，我们依据相关文件，向教体局提交关于"自行采购项目"的情况说明，建议以集体决策或委托第三方招投标的方式进行采购。经局党组讨论，同意了筹建处的采购建议，同时成立峰山小学内部设施采购工作领导小组，由分管副局长、局核算中心、纪检科、筹建处及相关专业人员组成，具体组织有关采购事宜，严格采购流程及纪律要求。

于是，我们又开始学习招标采购相关知识。首先由采购领导小组召开专题会议，对采购前的准备工作提出具体要求，包括参数的制定与把关、样品的提交与评估、商家资质的证明与审核、评委团的组建与培训等。

接下来，筹建处兵分两路，一路吃苦在工地，一路刻苦去学习。我们学习"三重一大"等相关制度和要求，研究合同的制订与签署，向专业人士请教"评分标准"及现场投标的流程，商讨过程性资料的归档与管理……

就这样，我们不知不觉中学会了很多知识，整理出极具操作性的一套流程及档案模板，受到了审计科领导的赞许。后来凡有学校提交的材料不合格，就会听到这样的话："呐，我把峰山的材料包发给你们，你们回去学着人家的样子来。"

从青铜到王者的进阶之路，有时就是这样简单，不挖一铲子，谁也不知道自己有多大的潜力；不逼一把，谁也不知道自己的小宇宙能爆发多么巨大的能量。

如果成功有秘诀

转眼就到了 2019 年底，学校的主体工程即将完工，校园文化建设的主线任务还没开动，我们有些着急。理念不定，设计不能进行；设计不出，招标不能进行；招标不完，文化公司不能确定；公司不定，装修不能进行；装修不完，后续的很多工作都会受影响……

我们用最快的速度梳理了校园文化的理念部分，对文化打造有了初步的定位和要求。接下来需要尽快确定一家设计公司进行整体设计，以保证与装修风格协调一致，避免零打碎敲，影响工程进度。

当地的设计公司不少，能达到我们要求的不多。外地的设计公司虽好，肯来文登承接小工程的不好找。有些大公司设计费起步价几十万，我们望洋兴叹，只好把目光从省外收回到省内，锁定济南、青岛等地。多方打听查找，好不容易找到了几家业内口碑好、收费低的候选公司。

怎么能选出最理想的一家呢？由于当时是疫情防控期间，外地来人不容易，我们经请示后采用了折中的办法。

一是预习作业。我们给三家公司布置了作业，内容是"自我推介 + 命题作文"。自我推介，就是要求参评方以 PPT 的形式介绍公司概况，展示往期代表作品。"命题作文"就是要求三家公司对同一处景观进行设计，我们选了最难的一处——天井，通过网络视频，把相关信息传给商家。

二是现场评选。评选当天上午，组织三家公司到工地查看，了解峰山小学的工程进度、每个楼层功能室的布局、文化设计的重难点及施工的具体位置，由商家预估整体设计和制作费用。下午，三家公司负责人到中介公司会议室现场陈述答辩，由评委投票表决。

青岛西海岸的管总获全票通过，开始了他人生中"跑最远的路、挣最少的钱、费最大的劲儿"的一单生意。我们知道他不是开玩笑，预算资金从 100 万压缩到 25 万，对他们这样炙手可热的公司来说，实在不值得千里迢迢地来做，何况是疫情防控期间，来往都不方便，而设计必须反复跑现场，跑一次就得大半天时间。

设计上我们提的要求的确有些苛刻：要有童趣，能与孩子们互动的空间；要有故事，能吸引孩子驻足的画面；要有现代感，能契合学校文化的主题；要体现奇思妙想，经解读后给来客以"原来如此"的惊喜和赞叹。

管总都做到了，有时一个栏目的设计要被我们推翻十几次，他依然不气不恼，亲自操刀，直到我们满意为止；那年暑假多雨，开学前几天，他带病赶来，与团队一起连夜加班；由于下雨，他花高价租借的室外作业吊车不得不停工，工人们吃住开支额外增加，青岛本地的学校也在催工……他心急如焚却仍然与我们谈笑风生。夜深了，我们在传达室吃着饺子和苹果等雨停。

管总是个生意人，身上却有一股书生气和义气，他公司的宣传语是"生意，就是生生不息的创意"，符合他的人设。他在峰山小学的作品受到了所有人的称赞。我们为他的才华和人品所折服，对他充满了歉意和感激。

听青岛本地的校长说，在市场不景气的情况下，找他合作仍然需要预约排单，我想起自己曾在《致我们一起奋斗的时光》里写道：管总的成功是最真实的成功。最真实的成功，就是这个世界上没有随随便便的成功。

校长室的位置

图纸上将办公室的位置做了区域划分，楼东侧为教学办公区，北侧为行政办公区。

起初我们只注意到教学办公区的设计问题：每个楼层设计了两个办公室，每个70多平方米，数量少，面积大，不实用。我们根据学校的规模及师生比，算出教职工的数量，再考虑办公室的功能、人数、位置等因素重新做隔断。隔断的位置要考虑梁柱、窗子、水电暖及网络接入等情况，包括办公桌的尺寸和数量、电线网线的长度和接入等细节问题，一一讨论确定后，我们通过画图比对，做好了规划。

即将收兵的时候，我突然想到一个问题——校长室在哪儿？

再看图，原来还有一个行政办公区，包括校长室、副校长室和财务室，位置在北区一个独立的区域。视野很好，可以直接俯瞰学校前大门的情况，人流少，老师和孩子们平时一般不会经过这里，办公环境比较清静。

问题就出在这个"清静"上，这是整个建筑中离教学区最远的地方。

校长室应该远离教学区吗？

同伴说："挺好的，免得孩子们下课后在您办公室门前吵吵嚷嚷的，不方便。"的确，校长室经常要接待很多人，商讨很多事儿。大多数学校的校长室在办公楼，与教学楼是分开的，即使是办公楼，一般也在楼层相对较高较安静的地方，这几乎成为惯例。可也正因如此，校长与孩子们的距离越来越远。我是教学出身，我知道远离讲台的老师再也讲不出精彩的课，远离教室的校长再也发现不了真实的问题，远离人群的管理者很难走通最后一公里。

峰山小学要成为一所"看得见童年"的学校，校长怎能离群索居？于是我们重新修订了方案，把校长室、分管教学的副校长室从行政办公区挪了出来。校长室在三楼最南的位置，是离教室最近的地方。在这里，我抬头能看见操场上孩子们锻炼的情景，低头能听见教室里琅琅读书的声音，出门能与走廊里的师生撞个满怀。

工作最好的状态大概就应该是这样人间烟火的样子。

考验才刚刚开始

2020 年春节之前，峰山小学的筹建工作稳步推进、环山小学的教育教学井然有序、环山幼儿园的人事纠纷和平解决……我畅想着趁着寒假好好休整休整，陪陪高三的孩子，待春暖花开再出发。没想到 2020 年的开局竟是前所未有的困局，突如其来的疫情将一切计划打乱。考验，才刚刚开始。

受疫情影响，峰山小学工地复工比计划晚了将近一个月，直至 3 月 1 日才陆续有人进场，连同我们在内不足 50 人，还要有专人负责监督进出人员登记、扫码、做核酸。大量外地工人无法返回，即使回程也需隔离 14 天后才能进入工地……用工不足、工期延后成为摆在我们面前最大的问题。

尽快复工，加快进度，是当务之急。要在保证质量的前提下加快速度，就必然存在交叉施工的问题，如文化设计与外墙软瓷、窗帘的设计与制作、PVC 地板铺设、瓷砖的选择与施工……有些工作需要向教体局分管科室及领导请示、会同建设方更改方案，任何一个环节都有意外拖延的可能。一个环节滞后，就会影响另外几个环节的进度，或耽误工期，或导致返工，或留下无法弥补的遗憾。

更要命的是，疫情导致工厂停工，年前预定的瓷砖来不了了，桌椅家具的生产运输不知何时能恢复，教学仪器的招投标一再延期……

与此同时，环山小学和幼儿园的疫情防控工作刻不容缓，每天数据排查上报、线下研讨线上教学、储备各种防疫物资、不断修订开学方案、反复演练应急措施……我只能一天当作两天用，白天在工地紧盯施工质量、协调各项工作，晚上回环山小学处理日常事务，生怕防控工作有疏漏……一路磕磕绊绊，总算是有惊无险地渡过了难关。2020 年 9 月 1 日，峰山小学如期开学。

我们是如何做到这一切的，如今已经想不起来了。只记得那个暑假多雨，我们在雨中与时间赛跑，抢夺每一分每一秒。回头望望，那些灯火通明的夏天的夜晚，那些与我们一起加班的工人，那些在狂风暴雨的半夜去工地关窗的伙伴们，那些全力协助与我们共同奋斗的领导们，永远镌刻在我的记忆深处，成为我心中最珍贵的人。

仅以此篇，向一起奋斗的战友致敬！致敬一起奋斗的日子。

做一个靠谱的人

朋友说："你很幸运，不论走到哪里都有贵人相助。"

回想这么多年得到的帮助与支持，我一直心怀感激并努力回报。

2014 年 4 月底，天福办事处的领导说："六一期间，区委书记来学校走访，没问题吧？"

我一下子难住了，那几天正打算去做个小手术，如此算来至少得拖上一个多月，肯定要多受些罪。但我也知道，办事处这几年为学校出钱出力，书记走访是对工作的一种肯定。学校受惠于人，理当回报，所以我没有犹豫，说"好"。

那个时候，塑胶操场进入收尾阶段，幼儿园建设正火热进行中，我们一方面加紧做好收尾工作，一方面与办事处反复沟通商讨汇报方案，努力展现出学校最好的一面，生怕辜负了办事处和教体局的期望。

5 月中旬，办事处书记来学校商量走访事宜，看我精神欠佳，有些歉意，嘱咐我说差不多就行，不必追求完美。我说"好"，对于母亲病重住院的事儿闭口不提。箭在弦上，不得不发。不能因我个人的原因让那么多人的心血付之东流。

5月30日上午，走访成功结束。我直奔医院，尽我该尽的义务。事后朋友问我："值得吗？有没有后悔过？"我无言以对，不能两全的时候，怎么选择都无可指摘。

无独有偶，2019年8月环山小学的塑胶操场完工后，新上任的区委书记要来环山小学走访，同前一次一样，领导走访学校，不仅是对教育工作的肯定，也是对办事处工作的肯定，我们怀着感恩与回报的心去做这项工作。

那年是新中国成立70周年、环山小学成立10周年，我们的开学典礼既展现了学校建设的成果，又契合国庆校庆的主题，简单流畅、特色鲜明，走访的领导与孩子们相谈甚欢，所有人的脸上都洋溢着笑容，分管副局长临走时用手势给我们点赞。

新建的峰山小学与前面两所学校不同，它是直属小学，建设由政府财政拨款。但在学校投入使用之前，仍然有很多问题需要我们另想办法解决，比如装修后的卫生保洁、楼内外摆放的绿植盆栽、教室和办公室配备的空气净化器及新风机、校门外家长接待区的硬化美化等，所需的几十万资金全部自筹，靠的是驻地企业和办事处的大力支持。

类似事情还有很多。

工作中有很多事情不是理所当然的。不同的办事处对学校的支持力度大不相同，同一个办事处不同时期对学校的付出也不一样，钱多钱少、主动被动，这中间的差别不是一句两句话那么简单的。

正所谓："靠谱，是一个人职场最大的底牌。"身边的同事和朋友，凡懂得感恩、做事靠谱的都赢得了更多的支持和帮助，在各自的领域更快地成长了起来。

附1：

风正扬帆起航时

—— 峰山小学筹建处 2019 年 9 月工作盘点

由区委区政府投资 6 000 万元新建的文登区峰山小学，占地面积 21 744 平方米，建筑面积 15 693 平方米，其中地下车库 3 652 平方米。建有 200 米塑胶田径场并内设足球场，建有三个篮球场、两个排球场、一栋四层的综合教学楼，规划 30 个教学班，设 1 350 个学位。于 2019 年 4 月 13 日正式开工建设，计划 2020 年 9 月投入使用。

为确保峰山小学工程顺利推进，区教育体育局再添新举措，成立了峰山小学筹建处，这是压力更是动力，是信任更是责任，四位筹建人员明确使命凝聚共识，自我加压学思并进，有条不紊地完成 9 月份的各项工作。

学习·万丈高楼平地起

筹建工作对于毫无经验的四位成员来说，犹如摸着石头过河，每走一步都需要站得稳、迈得实。为此，各位成员不懂就问、不会就学、边学边干，一步一个脚印地推进筹建工作。

向书本求知。进入实战的第一天，看着密密匝匝的图纸，就如同看天书，新加入的三位成员顿觉压力巨大，读懂施工图，提高读图能力迫在眉睫。筹建处刘云龙主任参与工程建设已有半年，实战第一课就由他带领大家对照施工图逐本、逐张、逐个地学习，从基础施工图读懂了每个楼层的布局，能区分开墙、柱、梁等专业标记；从水电施工图看懂了每个出水口及电布线位置，会认各种监控探头的方向、不同类型的灯、AP 等专业图标；从附属工程图弄懂了塑胶操场整体布局和校园围墙的设计，分清了校园依势而建，东西落差不同位置的标高……施工平面图每人一份不离手，熟记图标，领会设计意图，发现问题网络搜索，电话求助寻求答案。每个人都像一块海绵，尽最大努力储蓄有关工程的各类知识。

向实践求真。看懂施工图只是了解了建筑内部的交通组织，如何在脑子里把建筑"走通"，关键是实地踏勘。筹建处建立每日踏勘工作制，每天带着缩小版的施工图到工地，对照施工现场加强对图纸的理解记忆。反复比对中，发现的问题越来越深入，如研究功能室给排水工程，在工地现场确定了出水管道位置后，进一步考虑到要变更弱电的设计，于是又查看电路施工图，发现一楼讲台位置与其他楼层不同，沟通相关部门确认后，马上联系施工方对线路进行变更，避免了后期通水、走电等工程对墙体的破坏和线路外露的弊端。

向同事求教。经验总是在实践中积累的。近几年，城区几所中小学都有过新建工程，他们的经验和教训对于峰山小学的建设都有宝贵的借鉴意义。我们先后走进大众小学、第二实验小学、实验中学和文登一中等学校，从办学理念的定位到校园文化景观的设计，从功能室的设备采购到后期使用中发现的弊端……每位校长都亲自陪同讲解，知无不言，言无不尽，令人感动。为了确定多功能厅的彩屏大小，筹建组走进实验中学，孙校长细心地答疑解惑，详细介绍实验中学是如何根据实际情况，反复测量确定方案的，又将多功能厅的灯光设备、垂幕的设计等需要注意的细节一一嘱咐，每一个精细数据的背后都有一个感人的故事。校长们的倾力相助让困惑中的我们受益匪浅。

向领导求策。一是专业的事情交给专业的人做，涉及消防、食品安全、水电、信息技术等问题时，筹建处总是慎之又慎，及时请教专家指点迷津。如为学校信息化装备调整方案时，及时向信息中心刘主任请教，刘主任接到电话后驱车来到工地，对相关问题一一解答，对录播教室和校园电视台的建设给出建议，对校园监控的设计进行了把关；校改办于主任更是筹建处工作的主心骨，工程中遇到难以处理的问题，不管工作日还是节假日，一个电话过去，总是不厌其烦地解答，当施工现场遇到无法决断的问题时，于主任立马赶赴工地出谋划策；二是重大问题及时汇报，峰山小学的筹建是区委区政府的惠民工程，直接关系到周边社区的老百姓，牵一发而动全身。我们将情况及时向史书记汇报，史书记总是亲自赶到工地，现场指导决断。如洗手间和饮水间原设计不通风、无采光，将会导致白天常亮灯浪费能源、有异味不易排除等问题，筹建处反复商讨做了两套方案均觉不理想，史书记得知后，当晚从乡下赶回来，召集施工方现场敲定施工方案，解了燃眉之急。

实践·绝知此事要躬行

"纸上得来终觉浅，绝知此事要躬行。"自筹建处成立以来，"责任到此，我不推辞！"已成为每位成员的工作准则。

厘清责任，各展所长。刘爱芳主任亲力亲为，每天挤出时间合理安排好环山小学和峰山小学两处的工作，及时梳理需要解决的问题，统筹安排时间分头开会商讨，每天奔波在两校之间，有条不紊地推进各项工作；刘云龙和付德强两位主任坚守在工地，周末和节假日一顶安全帽从不离手，随时走进工地关注工程进度，把好质量关；丛妮滋主任细心有加，建立了峰山小学筹建的各种档案资料，每天记录工作情况并定时将问题汇总；同时，筹建处建立周工作盘点制，每周五及时汇总本周完成的工作任务，未完成的任务寻找问题所在，责任到人限时完成。科学规划下周工作清单，设立工作台账随时记录发现的问题，逐条商讨解决方法，实行销号管理。

协调到位，合力助推。峰山小学工程建设需要多个部门密切配合，必须做到沟通及时、协调到位才能最大限度地消除可能影响工程进度与质量的因素。为此，筹建处成员积极参与工程例会，听取各部门的工作汇报和建设要求，做好记录，规划后续跟进措施；对工程建设中发现的问题，及时与设计院、总包方、施工方取得联系，能面对面沟通的绝不电话交流，能现场交流的绝不对图交谈，确保每个解决的问题、变更的项目都落到实处，如要将74平方米的大办公室间隔成两个小办公室，如何间隔，不是简单的一句话就能解决的，每间屋的面积要根据办公室人数而定，不同楼层不同的大小，分割后的门窗位置如何安排，强弱电的位置如何变更，都要施工方亲自到场，根据墙体、窗、梁、柱确定砌墙的具体位置，并在施工图和墙体上做标记，在台账上做记录，后期时刻关注各施工人员是否有疏漏。

精心筹划，优中选优。 工程中每一个问题的发现和解决都是一个反复思考和比对的过程，一个问题的出现往往会引发一系列问题，必须兼顾各方、优中选优。如原工程中对功能室没有做通水设置，筹建处立即与施工方取得联系，增加给排水设施；及时调整了原功能室布局，将音乐教室和综合实践室对调，便于各楼层上下通水；为了合理安装进水管和排水管的位置，协调施工方现场踏勘反复比对，绘制平面图确定最佳位置……解决问题的过程中，几个人有时一拍即合，有时候几天愁眉不展，几套方案都达不到理想的效果，一遍遍查阅相关资料、一次次走进工地实地测量、一通通电话反复交流……当问题终于得到圆满解决时，所有的辛苦都在相视一笑的那一刻得到了纾解。

反思·山高自有客行路

不知不觉，一个月的时间在奔波中过去了。筹建处召开"月"工作盘点会，一边梳理，一边反思。9月，是困难与压力并存的9月，亦是收获与成长同行的9月。

楼在拔高，人在成长。 峰山小学工程建设迅速推进，几乎一天一个样儿。身在其中方知不易：有问题发现不了，就会给后续使用留下遗憾；问题发现得晚，就会导致重复施工；发现问题找不到好的解决方案，就会影响工程进度……筹建处尽最大努力避免以上问题，随时保持与各方的沟通，让想法早于做法，让方案稳妥落地。自筹建处成立以来，先后发现了建筑电路工程、给排水工程、通风采光工程、基础工程和附属工程五大类十几个大大小小的问题。其中，有成功解决问题的兴奋，有无能为力的遗憾。所有的经历都变成今后工作的经验，所有的经验都成为人生宝贵的财富。

同频共振，温暖前行。万事开头难，这一个月是最忙的一个月，峰山小学工地建设不能耽误，环山小学及幼儿园各项比赛和检查接踵而至。越是这样的情况，大家的责任感和主动担当的意识越强。峰山筹建处为了赶进度加班加点，节假日不休，同频共振，配合默契；环山小学的中层领导不等不靠，分工合作，一手抓日常教学，一手抓各项比赛和检查，忙碌中捷报频传；两所学校的中层之间也相互帮助，如环山的总务主任孙福晓到峰山工地帮助出谋划策，峰山的丛妮滋主任到环山主持大阅读活动；当两所学校的中层相聚在一起时，他们相约明年暑假都去峰山小学帮忙筹备开学事宜……"团队"的凝聚和成长给人以温暖、勇气和力量。

第二章

学校文化建设的那些事儿

怕什么真理无穷，进一寸有一寸的欢喜。

——胡适

2016 年，我所在的学校被列为"威海市特色学校"培育校，我有幸跟随专家全程参与了当年特色学校的评估。刘爱芳校长结合 PPT 侃侃而谈，近万字的汇报丝滑流畅，入耳走心，师生当天展示的各项活动与汇报的内容完美衔接，细节满满，同行的校长中有人给出了"无可挑剔"的评价。事后，我再次带领团队拜访刘校长，她所在的学校建立了跨区域联谊校的关系。

　　刘校长工作上是一个追求完美的人，但对学校文化建设却显得十分保守，她不赞成换汤不换药的拿来主义，也不肯花费巨资搞"专家定制"，她专注于"自给自足"。一切，都是她和师生家长共同思考和商讨的结果。可能正因为此，她的校园文化尽管不新奇、不高端、不博人眼球，却总能在随波逐流的大军中自成一派，在轰轰烈烈的创建热潮退却之后默默发力。

　　此后经年，我与刘校长始终保持着密切互动，她的每一次调动，每一个关于学校文化建设的想法和做法，都对我和我的团队有着莫名的吸引力和说服力。

　　这份魅力，大概就源自她的那句"既不重复别人，也不重复自己"的定力与底气。

李君萍·威海

既不重复别人，也不重复自己

学校文化建设的浪潮席卷文登教育这片土地时，起初大家学到的只是皮毛，比如选一个名词给学校文化冠名，然后作一些可视可听的文章，如校歌、校徽、校训等，就没有下文了。

这样的情况持续了大约两年。2010 年，文登教体局推出"学校特色文化"建设专项活动，要求"理念落地"，从特色项目做起，走"特色项目、特色学校、品牌学校"的发展路子。

一时间洛阳纸贵，书法、阅读、篮球、京剧、口风琴等纷纷上马，都是大手笔推行，全员参与，全程渗透，全方位覆盖。相比较起来我的行动有些迟缓，因为我一直没想好要从哪里做起。在我看来，以阅读为特色项目全校推广尚有可为，但编织、京剧、口风琴等只能作为一个选项，不能作为唯一选项，轰轰烈烈的全员推广不符合因材施教、个性发展的原则。

我们召开了专题研讨会，明确了几个目标：一是要适合所有学生，不能强制执行；二是要与学校的文化主题相契合，避免两张皮；三是要有天福特色，不搞拿来主义。

天福小学在建校之初就确立了文化主题"七彩教育"，我觉得跟"天福"这个校名很搭，与小学教育多姿多彩的特性也很契合。从这个理念出发，我们能做些什么？从哪里做起？

七彩是阳光，哺育万物生长，彰显生命活力；七彩是彩虹，各自出彩，又合而精彩；七彩是童年，各美其美，闪闪发光……什么项目能展现出它的精髓？那几天我像着了魔一样，围绕着这几个字团团转、碎碎念。

一位老师的话启发了我："咱们家是'国际军团'，生源来自全国各地，孩子素质千差万别，家庭条件参差不齐，什么项目都不好搞。"

嗯，特色项目要从学校实际出发，那我们就从这个"千差万别"上做文章。多一把尺子就多一批好学生，要让这些千差万别的孩子都变成好学生，要多造尺子。

就这样，灵光乍现间，"七彩少年评价"的构想横空出世了，天福小学成为文登区第一家，也是唯一一家以"评价"为特色项目的学校。"七彩少年评价"的想法简单，做起来可没那么容易。我决定遵循课题研究的思路，带着老师和中层们一起先解决"认识"问题，认识评价的重要性及当前存在的问题，理解开展这个项目研究的方向和意义，然后再一个阶段、一个阶段慢慢淬炼，小火慢炖。学校那时候还没有配备科研处，从来没做过课题研究。教导主任说，校长是教研员出身，您来带着我们干正好。就这样，我们开始漫长的探索之路，并做了大量细致扎实的工作。

1. 制定实施方案，确立了"多元智能理论"的指导地位及"多一把尺子就多一批好学生"的实施原则。

2. 对"七彩颜色"进行解读，赋予七种颜色不同的含义，并与评价内容相契合。

3. 确立"七彩少年"的精神内涵，用高度凝练的语言概括要义。

4. 制定"七彩少年"评价细则，淡化学生之间横向的比较，关注个体的纵向发展。

5. 设定"七彩少年"认定流程，将过程性评价与结果评价完美结合。

6. 制作"七彩少年"申报表和徽章，激励进步，见证成长。

7. 开展丰富多彩的活动，搭建成长舞台，让学生在活动中看见闪闪发光的自己。

……

两年的时间，"七彩少年评价"已然成为天福小学最闪亮的名片，所探索的经验被广为学习借鉴。之后，学校持续发力，从七彩少年评价拓展到七彩家庭、七彩教师、七彩课程，以"评价"为杠杆撬动学校的创新发展，用六年时间将"七彩教育"的品牌打响，在 2016 年威海市特色学校评选中，我亲自撰写了特色学校创建工作总体报告——《用爱与智慧采撷七彩教育的阳光》（附 1），详尽记述了学校六年的心路历程，受到了专家评委的高度评价，学校成功获得"威海市特色学校"称号，与百年老校、市直名校并肩前进。

评价一直是教育改革的深水区，大家都知道却鲜有勇气去碰，这一轮"特色"比拼，我们只是换了个赛道。很多事儿不好做，总要有人做，起初做不好，慢慢会越来越好，能不能做成功？做起来才知道……

去做，比做好更重要。

好多个第一次

在学校工程建设中，我解锁了很多新技能，做预算、拟合同、搞设计……

在学校特色文化建设中，我又经历了人生中很多第一次，第一次写脚本，第一次做编导，第一次写歌词……

最有成就感的是两件事儿：一个是为宣传片写脚本，一个是为情景剧做编导。

一、为宣传片写脚本

学校办好了，对外交流就多了起来，各种现场会、大型开放日及省内外团队参观学习成为常态，我们便商议：做个宣传片吧，很多场合用得上。

那时候宣传片在当地是新兴事物，除去新开发的经济特区肯花高价做宣传片外，很少有企事业单位肯花费金钱和精力做这个。也的确是，物以稀为贵，全区只有一家制作水准好的公司，收费高得吓人。

可是念头一起就很难抑制下去了。我通过朋友联系到制作方，谈了一个很低的价：一是商家本着做公益的心支持教育；二是也想借此机会在学校这个群体里打开局面。

因为收费低，有很多前期工作需要我们自己做，比如写脚本。

做教育的，写论文写总结都不在话下，写脚本是头一遭。我们借了别人的脚本看，上网查，反复改，又一次自学成才。按照我们的脚本拍摄出来的宣传片让所有人眼前一亮，老师们观看时全程惊叹，脸上带笑，眼中含泪。

学校文化需要传承，学生、教师的成长需要记忆。学校宣传片成为记录学校发展的珍贵史料，记载天福人共同的成长历程，积淀成一份文化的印记。

二、过把编导瘾

2016 年 5 月，为迎接威海市特色学校的评比，各个参选学校都在摩拳擦掌各显神通，所以，我们怎么才能脱颖而出呢？

兴许是受了《家有儿女》《成长的烦恼》等情景剧的启发，我突发奇想，要做一台情景剧式的汇报演出，题目就叫"七彩少年在成长"，以一名天福学子五年的所见所感为线索，把孩子们在七彩校园里的生活与成长表现出来，把最能体现孩子们才艺与精神的节目穿插其中。

构思有了，剧本谁来写呢？音乐老师们不敢接，建议请外面的高手操刀。于是通过各种关系找到擅长写剧本的、得过奖的人士。结果是我们不得不一遍一遍地向创作者阐述我们的构思，解释"七彩评价"的要义，说得口干舌燥，最后拿出来的剧本仍然不甚理想。这也难怪，他们没有我们的思考与经历，怎么能抓住"七彩评价"的要义？他们没有对学校文化的浸润与热爱，怎么能写出个中的百般滋味？

但时间没有浪费，我从他们一次次上交的作业中大概看出了剧本的模样，照葫芦画瓢的本事我们还是有一点的，干脆自己写吧，反正不管写得规范不规范，最后能达到效果就行（附2）。

于是，中层动手打底，我修改串联，一周的时间拿出了文字稿，然后是排练，制作各种道具与背景。留给我们的时间已经不多了，中层担心他们排练的效果不是我心中所想，无谓地耽误时间，干脆让我直接担任了导演。是的，这场演出不知道在我脑子里已排演了多少次，吃饭走路睡觉都在琢磨，我知道我想要什么。

老师和孩子们都很辛苦，也很快乐，我们在一起磋磨，越磨越合，越磨越顺，七八天的时间就成了。演出的效果岂是一个"好"字了得。威海市特色学校评估当天，外校跟团学习的老师评价天福小学的迎检流程"无可挑剔"。

几年后仍有兄弟学校向我们借剧本或视频学习。我们很开心，慢慢地形成了"既不重复别人，也不重复自己"的天福风骨，默默地怀着"一直被模仿，从未被超越"的小小骄傲。

一个也不能少

学校文化的创建不能只走上层路线，专家和校领导定，老师和孩子们记，那就全没了文化的价值。"七彩教育"从一个名词开始到最后整个体系的构建，天福的每一个人都参与其中。这些自下而上的"作品"也许不够严谨，不够高大上，好在接地气，有人气。

规模最大的是校园标识设计大赛，历时四年之久、多个轮次开展，包括校徽、校旗、校园吉祥物、校园雕塑。

每一次比赛的方式方法都有所不同，但大致流程是相似的，比如会在比赛前进行宣传发动，设计参赛表格，利用教职工大会及家长会详细讲解设计要求和参赛形式等，比赛时间一般都安排在寒暑假进行，有充足的时间去思考和雕琢。

老师、学生、家长齐上阵，既要画出图样，更要阐明设计理念，再经过班级、学校和家委会的层层推选，从上千幅作品中挑出入围作品50幅，分别授予"特别创意奖""个性设计奖"和"幸运参与奖"并举行隆重的颁奖典礼。

"七彩"教育理念经由这些"花式"带货，真正地走入了"寻常百姓家"。从作品的解读中能够看得出家长和孩子们有多用心了。

校徽：

校徽由"红日"和字母"F"的变体组成。红日寓意"天"，"F"谐音"福"，与校名"天福"暗合。

校徽的外形好像一个奔跑、跳跃的少年，充分展示了孩子们天真、活泼、积极向上的天性；好似一棵在旭日阳光的照耀下茁壮成长的幼芽，拥有无限的生命力；又好似老师呵护的双手，托起明天的太阳。校徽的整体色彩融合"赤、橙、黄、绿、青、蓝、紫"七种颜色，紧扣学校"七彩教育，润泽未来"的文化内涵。

整个徽标的设计，造型简约，色彩明快，形神兼备，浑然一体。将"奉献、奋斗、协作、创新"的天福精神诠释得淋漓尽致。

校旗：

校旗以校徽和校名为基本元素，配以流动的线条和渐变的色彩，令整面旗帜充满灵性和简洁之美。色彩采用了经典的红、黄、蓝，在学校的"七彩少年"评价体系中，红、黄、蓝三色分别代表着德、智、体，预示着天福学子沐浴着爱的阳光全面发展，快乐成长。

校园吉祥物：

吉祥物"太阳之子"是以日、月、云为基本元素构成的，与校名

"天福"相吻合：圆圆的脸庞是太阳，象征着光明与希望；明亮的眼睛蕴含着月亮，象征着智慧和友爱；耳朵由祥云演变而来，象征着自由与梦想。

头部发型的线条，仿佛跳动的火焰，活力四射；色彩为赤、橙、黄、绿、青、蓝、紫，与我校的七彩教育理念相融合，寓意天福实小的每个孩子都能在美德、自律、勤学、健康、环保、书香、才艺方面得到健康而全面的发展。

校园雕塑：

"七彩之蕴"主题雕塑由"赤橙黄绿青蓝紫"七根宽约20厘米的正方体拱形条组成，形成倒挂的七色彩虹，交错映衬，折射出七彩教育的丰盈内涵。拱形彩条中央放置一枚金色球体，折射出耀眼的光辉，象征着生命在阳光的孕育下展现无限的生机与活力，寓意让全体师生打开智慧的双眼，在阳光的照耀下折射自己的善良之光、智慧之色，从而汇成一条七色彩虹，沟通你我，沟通心灵，沟通过去与未来……

学校文化建设的最高追求是提升学生的生命质量，因此要将学生对学校的期待与感受融入其中，让校园里走过的每一个孩子明白：任何发生在我们身边的事情，都是对成长的邀约。

作文刊是一种怎样的存在

2011年3月的一个下午，一个男孩不知道因为什么事儿高兴得路都不会走了，整个人扭成了麻花状，引得一群学生围观。我也忍不住好奇走了过去，原来是他的一篇作文在报纸上发表了。天福小学是一所城区小学，地处城乡接合部，生源以驻地村居及外来务工子女为主，相对于城里的孩子来说，他们的表达能力、写作能力相对较弱，在报纸杂志上发表文章的意识不足，机会也少，偶尔有一篇就把孩子们高兴成这样，艳羡成这样。

我把这个事情说给教导主任听，主任说作文教学历年来都是最令老师和家长犯难的事儿。那么，我们可以做些什么呢？

我们首先召开了语文教师座谈会，分析写作教学中存在的主要问题：除去师资、生源、班额和时间一些客观因素之外，最主要的还是兴趣和方法的问题。

要解决这些问题，我们要做的工作当然很多，比如进一步加强作文教学研究、深入推进"书香校园"活动等，除此之外，有没有可操作性强、见效快的方法先来一拨？既然孩子们对发表文章如此热切和骄傲，那咱就创造个发表的机会，报纸杂志不容易，那就提供一个容易的地儿？

《七彩蓓蕾》作文刊就这样诞生了。语文教研组承担了这项工作，开始对作文刊的内容进行策划，挑选优秀作品，帮助学生修改、录入电脑……

与此同时，老师们还要准备自己的下水文，与家长联系，一起为孩子的文章写评语和寄语……

经过两个多月的打磨，首期《七彩蓓蕾》于2012年5月与全体师生和家长见面了。打开墨香扑鼻的《七彩蓓蕾》，首页是我写的卷首语，我用这样的文字介绍（如下）。

她是一种引领。专家理论指导、教师下水文示范、学生优秀习作参考……就像是路标，带着孩子们慢慢入门。

她是一项激励。所有被采用的稿件，学校都会以喜报的形式发放采稿通知。当孩子和家长接到喜报，尤其是看到自己的作品被刊发的时候，那种兴奋和骄傲，会成为他们写作的动力源泉。

她是一份记忆。对于很多孩子来说，这本作文刊是他第一次发表作品的地方，这个机会很珍贵。这上面的字字句句，都将成为他们最美好的回忆之一。

她是一次尝试。我们没有经验，有的只是想为孩子们多做一些事情的热情；我们的水平不高，只是一次抛砖引玉的尝试；我们的要求不多，只希望能减轻孩子对写作的畏惧，多一分兴趣和信心就好。

我们愿意为孩子做得多一些，再多一些。希望《七彩蓓蕾》在我们共同的关爱与呵护下，开得更娇更美，生机无限！

校刊不仅仅是校刊

走过三所学校，两次主张办校刊，因为它不仅仅是校刊，还是校史，是文化，是责任。

第一次是在天福小学。

2011年的端午节连休三天，我回了老家一趟，特意去母校看了一眼，听说这里即将改作他用，因为村里的孩子越来越少，都并到镇中心小学去了，学校已经闲置了好几年。我没能进去，从外墙努力地看，看着早已废弃的房舍、沧桑的树木、寂寥的校园。心里无比感慨：这里曾经是我生活过六年的地方，是承载我童年快乐和梦想的地方，小伙伴们追逐嬉闹的身影和欢笑声、老师们或严厉或慈爱的面庞和话语，如今再也听不到看不到了，很多记忆都在岁月的风蚀和消磨下淡了、远了、消失不见了。一种物是人非的辛酸感霎时间涌上心头。

回家之后，我开始寻找一切与小学有关的东西，可惜都没有，连张照片都没有。包括初中和师范，能找到的不过是一张发黄的毕业照、几本日记而已。而且，照片上的人已经叫不出名字了……

我突然就想到了学生，再有几天，五年级的孩子就要毕业了，学校，能给他们的童年生活留下些什么？学校的发展脚步如此之快，我们能给学校留下些什么？还有曾在这片热土上耕耘过的老师们，他们岁岁年年的汗水与心血、收获与喜悦该留下怎样的纪念？

那三天，这样的感慨和问题一直翻腾在我的脑海里，除了睡觉之外的所有时间都用来想它。

想必大家都有过这样的体会，当我们全身心地投入某一件事情当中时，就会对其他东西特别迟钝，别人说的话充耳不闻，吃过的菜咸淡不知。可有时候情况又正好相反，当我们集中全部精力去思考一件事儿时，又会对眼前的东西特别敏感，似乎身体的每个细胞都伸出了敏感的触手，去感知和过滤身边的信息，并迅速抓住一个契机，让苦思不得其解的心智茅塞顿开，有时是书上的一句话，有时是电视上的一个广告，有时是随手翻开的一本杂志，只要是与思考问题扯得上关系的，都逃不过我们的法眼。

端节假期的最后一天，我突然看到茶几上一本画册《山国人》，是爱人从厦门带回来的"山国饮艺"茶企十年庆典宣传册。灵感就在那一瞬间迸发——校刊！不是为某次活动而特别制作的宣传画册，而是一年一期、人手一刊的光影记忆。

接下来的一切有如神助：校刊的框架想好了，各个板块的内容想好了，大题目、小题目想好了，整本书的色彩基调想好了，封皮、封底的关键词、句有了，各个章节的主题文字也差不多了……我抓过纸和笔，迅速地记了下来，第二天就和同事们一起编撰校刊。

2011年6月，第一期校刊《七彩之路》出版了，它是学校文化建设的集大成之作，之后每年一期，以"赤橙黄绿青蓝紫"为序，每期一个主打色。

校刊分为三个篇章，如下。

第一篇章：学校愿景——成就天福实小的文化品牌，记录着学校特色文化建设的足迹；第二篇章：特色探索——打造至善至美的行为文化，记录着"七彩评价"的探索之旅；第三篇章：回眸365——这一年我们一起走过，见证着天福人携手走过的温暖瞬间；最后是"年度看点"——记录着一年中学校发生的各种大事及取得的成绩。

校刊每年都会赠送给全体师生和家长，为孩子们的童年生活留下一份美好的回忆，为教师的职业生涯留下一份纪念，为学校的发展留下一份珍贵的历史资料。

2010 年是天福小学建校的第三年，在办校刊的时候，我把前两年的重大事件编写进来，让学校的发展历史更加完整。之后的校刊越办越好，每年暑假我都要为校刊耗费掉半个假期，但觉得很值得。每一期我都会亲自撰写卷首语（附 3 ~ 5）。如今我离开天福小学已经六年了，时常翻开校刊，那些热血奋斗的日日夜夜仍然充满力量。

因此，当 2020 年峰山小学建成之后，作为首任校长，我再一次主张办校刊，因为在我眼里，给学校留下什么也不如留下回忆和史料更重要。

编撰峰山小学校刊《登峰之旅》时，我在栏目和版式上进行了全面升级改版，更美观、更大气、更具文化气息，每一个见到的人都赞叹不已。有人问，你是怎么想出这么好的主意的？你定的这些栏目怎么这么好？你怎么懂得排版和美编？

艺痴者技必良。大导演李安曾用"我是拍电影的奴隶"形容自己对事业的痴迷程度，全身心的热爱和不计回报的投入是一切创造的源头。

民间艺术进校园

2016 年 9 月，我调任环山小学校长，环山小学的校园文化主题是"绿色教育"，其本质是"对生命友好"和"关注人的可持续发展"。我用了一年的时间去感受它、理解它，我知道我的使命不仅是传承，更重要的是创新，要赋予它时代的内涵，推动它向纵深发展，向课程延伸。2017 年，我借"传统文化进校园"的东风，着手对环山小学的校本课程进行改革，打破以"纸艺"为主的单一课程设置，丰富课程内容，提升综合素养。

作为选修课程的校本课，是基于学生兴趣与爱好而开设的，是为培养学生个性和特长而存在的。什么样的校本课程是有价值的？我们先后召开了三次专题讨论会，最终确立的目标是"传承＋创新"，组织形式是"特长＋特色"。所谓"传承＋创新"，就是要做一些有文化味的、经典的东西，开发学生的潜能，激发他们的兴趣与创意。所谓"特长＋特色"，就是把有音体美天分的孩子交给专业老师，让他们发挥特长，在各级各类比赛的平台上历练自己。对于其他的孩子，我们就用有特色的活动去吸引他们，慢慢地培养兴趣，开发潜质。

理想往往是美好的，现实往往是残酷的，要做好这件事儿，我们需要太多外在条件的支持，人力物力都是问题。恰好这个时间，文登成立了"民间艺术家协会"，这给了我灵感，我们当即决定以"民间艺术进校园"为主题开发校本课。

接下来就是一系列的准备工作，我先拜访了民间艺术家协会的田世科会长，与他探讨民间艺术进校园的可行性，说白了，就是问问人家愿意不愿意来支持学校，要知道这是一件很辛苦的活儿，要钱没钱，要名没名。没想到的是，田会长特别支持，他觉得学校有这种传承民间艺术的想法特别好，所以由他全权负责联系各位艺术家，把我们想要的"鲁绣、柳编、剪纸、雕刻、烫画、泥塑、花饽饽、根雕、吕剧"等人才全约齐了。这真是意外之喜，我们兴奋极了。还有一关就是要取得教体局的支持：一是政策的支持，允许引进外来人才，毕竟这是个开先河的事儿，需要注意的问题很多；二是资金的支持，我们需要建设专用教室和展室等。但是领导们都觉得这个创意好，所以各级申请都一一通过了。

这么多艺术家齐聚环山小学，仪式感必须拉满。2017年12月12日，我们邀请了教体局领导和艺术家们到校举行"环山小学民间艺术进校园暨校本课程创新建设"启动仪式，为艺术家颁发了聘书，签署了合作协议及师徒结对协议。教体局的王科长在启动仪式上说的一句话特别好。他说："感谢艺术家和校领导为孩子们做的实实在在的事情，也许有的孩子因为遇到你们而改变命运。"

艺术家们每周四下午准时到校，风雨无阻。有的老艺术家家住乡下，每次都要让家人送到公交车站，倒两班车来学校却毫无怨言；有的艺术家自己掏钱给孩子们买材料；有的自己托朋友给孩子们制作音乐、录制视频参加比赛。于艳英老师指导的吕剧经典选段《为亲人细熬鸡汤》作为威海市唯一的小学生吕剧节目被推送到山东省参赛并获得银奖。鲁绣组的田世科会长在教孩子们基本技法的时候，市场上买不到适合孩子们用的针，他就亲自动手一根一根地磨，赠送给孩子们使用，还带着孩子们去参观他的工作室……

这样的事儿太多太多了，我们被艺术家的才华和人品所折服，对他们所拥有的艺术情怀所感动，老师们本来觉得有压力，很辛苦，后来再也不提了。装修校本课成果展室的时候，为了节约资金，老师们亲自动手，一边设计一边施工，再苦再累也没有丝毫怨言。短短半年的时间，环山小学的"民间艺术进校园"活动便初见成效，两年不到就打响了品牌，成为学校艺术教育的一张闪亮名片。2019 年，学校顺利通过了"威海市优秀文化艺术传承校"评估。

当然，也有很多遗憾，比如说根雕艺术，由于操作难度太大并且有一定的危险性，最后只能忍痛撤掉了。有的艺术家年龄大来往交通不便，我们担心安全问题，也只能换人换内容。还有的项目由于场地不足而无法开展……任何事情都不可能尽善尽美，也许留有遗憾，也就留有了进步的空间。

全国技术能手、山东省首席技师、文化遗产胶东花饽饽习俗传承人、国家级中式面点技师、中国戏剧家协会会员……越来越多的人才齐聚环山传授民间艺术，家长们感叹说："环山小学的'艺术'天团太厉害了，都是大师级的人物，孩子们何其有幸！"

发现和捕捉好的社会资源，将其融入学校教育和生活，培养学生的综合素养和创新精神，增强民族自豪感和文化认同感，是我们的使命与责任。只是我们所做的还很少很少，可做的还有很多很多。

让思想为我们领跑

在启动特色学校建设专题活动后不久，大家都意识到学校文化建设不能闭门造车。于是自 2011 年开始，我们踏上了学习之旅，向着一线城市的优秀学校进发。

起初我们的注意力一直在特色项目上，所见所闻皆是学校给自己的文化如何命名和诠释，如何将某个项目做大做强，所思所想皆是有哪些地方是我们可以复制借鉴的，有没有什么捷径可以让我们在最短的时间内见到成果（附6）。

随着思考与探索的不断深入，我们终于发现学校特色文化的建设不论起点在哪里，最终的走向必然是课程。当课程作为学校特色的主题存在时，学校特色的灵魂也就有了一个实实在在的载体。然而，特色的项目好做，特色的课程难为。走到这一步，突然就力不从心了，就像是上台阶，之前的每一步都是顺理成章自然而然的，踏踏实实地迈上去就能获得前进的支撑，然而这最后的几步，被陡然拔到一个望尘莫及的高度，欲攀之而不得。

恰在此时，我们又获得了一个名校考察的机会。考察的内容正是北京和上海几所学校的特色课程建设，这无异于雪中送炭。七天的行程来去匆匆，收获满满。

我们参观的几所学校无疑都是先进名校，学校的起点高，发展快，目光已有国际化的趋势。这里的硬件设施、师资力量、教学水平等让我们羡慕不已，感慨良多。

一个自问：我们的学校离名校到底有多远？

印象最深的是北京十一学校亦庄小学的"全课程"改革，秉承国际IB课程理念，把学校打造成为一个功能完善的教育社区，实行与国际接轨的班级管理模式，拥有120平方米的美工大教室，集图书阅读、多媒体浏览、休闲活动区于一体的小班化教学环境，教师实行包班制，具有独立开发课程的权利，全身心地陪伴孩子们成长。

我被"教师具有独立开发课程的权利"这一点所震撼，在连续听取了几位教师的现场报告之后，我才真正明白关键之所在——他们的教师，均是各个省市的特级名师，每一个都素质全面、每一个都可以独当一面。所以，重要的不是他们拥有独立开发课程的"权利"，而是他们具有独立开发课程的"能力"。

师资，真的是教育的第一生产力。有李希贵这样的设计师，有李镇村这样的带头人，再加上这样的教师队伍，学校的发展才算有了真正的核心竞争力。

教育家办学，办的就是有思想、有远见、有国际视野的学校。任何行动的前面，都是思想在领路。

一个比较：我们的课程设置差距在哪里？

清华附小"1 + X"课程，从学校的生源、历史出发，把国家宏观课程框架具体化，变成可施工的蓝图，将自上而下的改革和自下而上的改革结合起来，立足于学生核心素养的培养，通过创新性的课程整合，将课程实施的触角延伸到学校的每一个角落，从校内的常规（入校、升旗、课间、午餐、放学等环节）到校外的家庭教育，结合校本课程、社团活动等形式，使教学时空得到无限延展，形成了立体的、全方位的、富有实效的教育网络，培养"身心健康、善于学习、审美雅趣、学会改变、天下情怀"的高素质公民。

美丽的校园环境、先进的教学设施固然值得羡慕，但真正打动我们的是操场上孩子们快乐自由的身影，他们奔跑、欢笑、汗流满面。没有整齐划一的队伍，没有规定内容的限制，甚至没有教师组织，一切都是自发的，一切都是自主的，喜欢踢球的踢球，喜欢跑步的跑步，喜欢攀爬的攀爬……这打动了我，也说服了我，我真的相信，清华附小做到了"让孩子站在学校中央"。

解放学校，给学校更多的办学自主权，让学校的一切工作围绕着孩子去做，才是真的教育。

一份畅想：努力向着全优化的学校前进。

这次学习的主题是"特色学校建设"，因此在全文即将收笔的时候，我想起访学的最后一天有感而发在笔记本上写下的一句话：没有特色，才是真正的特色。

起因是同行的一位校长随口问了句："这些名校的特色到底是什么？"引发了大家一次小型的讨论。有人说是课程建设，有人说是学生社团的打造，也有人说是科技艺术活动……

是，也不是。课程改革固然是他们的优势，但绝不是唯一的优势，因为他们的每一项工作都很厚实，经得起推敲，这就是真正的特色，也是我们特色建设的终极目标——全优化学校。

为了实现这一目标，我们想做、要做的还有很多很多。

从小的方面来说，学校要始终坚持做好教育的本真工作——教育人、发展人。一所学校也好，一位老师也罢，精力和能力都是有限的，我们要把有限的精力投放在最重要的事情上——学生的全面发展。

纪明泽教授在《上海市中小学生学业质量绿色指标综合评价》报告中做过一个"体检"的比喻，特别形象：如果一个人在体检中，每一个指标都不是最好的，但是没有大的问题，那么这个人是健康的；反之，如果一个人的体检指标中，每一项都是最好的，但有一个指标是致命的，那么这个人就是不健康的。

学生的发展也是如此，如果一个学生，每一科的成绩都很优秀，但为此付出了健康的代价或是学习兴趣的代价，那么这个损失就太重了，这样的教育就是得不偿失的教育。

所以，让每一个孩子健康快乐地成长，是绿色评价的核心观念，也是我们应始终牢记并践行的最本真的教育。

从大的方面来看，办好学校教育绝不仅仅是学校自己的事儿。上海的教育之所以能走在全国的前列，与两种力量的支持是分不开的。一是雄厚的物质基础。在静安一小访学的时候，学校领导很自豪地谈起区政府对教育的支持："不愁没资金，只愁没项目。"只要学校开展的活动符合教育规律，有益于学生发展，政府部门全额拨款、全力支持。所以，在一定程度上，教育的发展与区域经济发展的水平是密切相关的。

二是人力资源。上海有高校，有全国知名的专家和教授，这种资源是得天独厚的，也是推动上海教育发展最重要的资源之一。比如"绿色评价体系"的开发，由上海的教育主管部门牵头，集中全市的专家学者、优秀教师参与，把工作推进与专题研究相结合，既有理论，又有实践，因而工作启动更快，成效更显著。

教育工作，需要从小事情做起；教育发展，需要靠大气候催化。我们每一个人，都义不容辞。

那些不可将就的小事

年初做预算的时候，总务主任为了压缩开支，将运动员比赛服的购买计划取消了，将乐队和舞蹈队的服装预算精减了。

我说："这怎么能行？这么低的价格能买到好衣服吗？"

他说："足球和篮球用去年的比赛服就行了，不影响比赛。乐队和舞蹈队的服装去淘宝买，很便宜。今年财政吃紧，先将就一下。老师们都理解，也同意。"

每年做预算之前，我都要求各处室广泛征求老师们的意见，竭尽所能满足一线教学活动所需，不遗漏、不将就。时间久了大家都知道我的特点：追求美、追求好、宁缺毋滥。以至于很多在大家看来无足轻重、不需校长亲自过问的"小事儿"，我在第一次采买的时候都要亲自把关。比如给老师们选志愿者服装，那些材质粗糙、颜色大红大蓝的统统不要，在价格差不多的情况下，我们会反复挑选喜欢的样式和颜色，细心统计老师们的身高体重、亲自设计学校的文化标识……所以当老师们穿上合体又漂亮的志愿者服装时，总能引起其他人的羡慕与夸赞，这些爱美的老师们再也不会因为服装丑而拒绝穿戴，每天值日值班都会自觉穿上，照片拍出来的效果也很惊艳。

好像关于师生的一切我都无法将就，因为我们身边的一切都是美育的一部分，孩子们眼中所见、手上所用的东西都在对他们产生着潜移默化的影响，低劣和粗陋的不应该出现在他们面前。为此，我们做了大量细致的工作，付出了很多隐形的劳动。

比如每年给孩子们买图书，书商会根据招标价格及品类给我们提供书单，我们可以照单全收，省时省力省心。但是我们总要一本一本地挑选，从内容评价、作者简介、出版社和出版时间等方方面面进行核对，选出最适合学生年龄的精品书籍。这些书平时都放在图书角供孩子们随手翻阅，马虎不得。

再比如，发到孩子们手里的通知书、邀请函、小红花、荣誉证书等，每一样都由我们亲自设计、量身定制，融创意、文化、时尚于一体，让他们一见倾心、爱不释手。他们会因为得到这样漂亮的证书而喜不自胜，会为得到这份荣耀而加倍努力……美好的东西总是让人心生向往。

音体美的比赛年年都有，涉及的不仅是服装鞋袜化妆品，还有日常训练所需的乐器、球类、颜料和各种道具，学校都在力所能及的范围内保证供给，保证品质。

孩子们的比赛服装也是如此，旧的、便宜的不会影响比赛，但是影响心情。一身汗味褪了色的衣服，实在对不起那些天天在烈日下奔跑拼搏的孩子们，所以我们积极争取到爱心企业的支持，年年给孩子们购买全新的比赛服，并直接赠予他们留作纪念。乐队和舞蹈队的服装也是反复筛选，挑选那些让孩子们穿起来能够闪闪发光的、能够让他们像公主和王子一样骄傲地站上舞台的演出服，我们还会为取得优异成绩的孩子们定制奖杯，并在升旗仪式上隆重颁奖……

的确都是小事小节，但就是这些小事小节吸引着孩子们加入各个社团，去享受那种努力过后的自豪感，吸引着优秀的音体美老师加入这样充满尊重与支持的氛围中来。

教育无小事，事事皆育人。把校园里的每一件小事都当成完善学校文化建设的功课，让一本书、一首歌、一幅图，一个人、一处风景、一项活动，都自带流量，实力圈粉。

煮一锅美味的"石头汤"

2019 年我又接到一项新的任命：环山小学校长兼峰山小学筹建处主任。峰山小学是文登近十年来的唯一一所新建小学，社会关注度很高。教体局成立筹建处的本意是为学校发展布局谋篇，奠定理念基础，植入文化基因。结果我们把全部精力用在了工程建设、物资采购以及因疫情导致的种种问题上，直到开学前一天，我们还在收拾卫生、检查水电、解答家长疑虑、进行防疫演练……那么，校园文化呢？

不是没思考过，在做其他工作的间隙，在两所学校间来回奔波的路上，一直在想。路径无非三种：一是从外省名校直接移植或稍作修改，省事但没有个性，我们虽然水平不高却也不想拾人牙慧；二是花钱请专业的文化公司做，厚厚的一大本，应有尽有，省心省力，但是价格低的千篇一律，价格高的只能望洋兴叹；三是像天福小学那样，搭一个台子，大家如同票友唱戏，贵在热情参与，虽不能说字正腔圆，至少不会荒腔走板。

对峰山小学办学理念的思考，首先从我们筹建处四个人的讨论开始。我们讨论的第一个话题是，校名要不要改一下？

峰山小学这个名字，是教体局在申报项目时临时决定的，因学校位于峰山公园脚下而得名。可我们更属意用"召文小学"，召文台是文登的地标性建筑，是史传秦始皇东巡召集文人登山的地方，也是"文登"地名的由来，学校离召文台也很近，若以"召文小学"为名则更有意义。我们提交了一份校名更改的申请报告，终因手续问题而未能获准。

然后我们就开始围绕校名思考，峰山是英雄之山，是烈士陵园和英雄纪念碑耸立的地方，所以有同行建议，我们做"英雄"主题教育，学英雄精神，做新时代的英雄，做自己的英雄。建议不错，只是还不是我们心中所想。

　　我们利用空闲时光再一次去峰山公园，沿着台阶一步步登顶的过程中，"文德天下，登峰如画"的文登风貌让我们瞬间心境开阔，想象着峰山小学的孩子们，一天一点进步，不断超越，在这个旅途中慢慢欣赏生命的风景，成为更好的自己，开创美好的未来……"登峰·向未来"的主题由此而生，我们把萦绕在心头的字字句句串联起来，用"诗歌"的形式对"登峰·向未来"的文化意蕴加以诠释：

　　　　人为什么要攀登？

　　　　因为，山在那里，

　　　　不停吸引着求索的渴望，

　　　　登峰，步履不停，

　　　　时时丈量着生命的海拔……

　　　　总有，梦在远方，

　　　　时时驱动着内心的追寻，

　　　　向上，激情不息，

　　　　时刻丰馥着灵魂的厚度……

　　　　在这里，

　　　　峰山脚下，未来已来，

　　　　生命的风景，

　　　　在登峰的旅途中，徐徐展开……

　　　　从此刻，

　　　　教育路上，明天更美，

　　　　成长的力量，

　　　　在向上的时光里，悄然迸发……

至此，我们开始搭柴生火煮"石头汤"，不断吸引着关心峰山小学的领导、老师和家长们围拢而来，带着自己的思考与期待为其添薪加料。

《石头汤》的故事有很多种解读，关于爱与幸福、合作与分享、付出与回报……不论哪一种味道，都是教育的味道。

儿童视角下的文化场域

《石头汤》故事里，最先对石头汤感到好奇并帮助士兵找到合适石头的，是个小女孩。锅里的三枚石头是最原始的食材，也是最终的食材。一切来到之前，石头在那里；一切消失之后，石头仍在那里。所以峰山小学的文化基石应该从儿童的视角去寻找，即我们想培养什么样的学生，就要打造什么样的文化场。

我脑海中出现的第一句话是"遇见更好的自己"，二十多年的所见所思一直盘桓在脑子里，让它成为我心目中对教育最好的诠释，也是我对教育最大的期待，我喜欢它所蕴藏的从容与公平，不必争最好，不要作比较，只关照自己的当下与努力，在奔向未来的过程中遇见更好的自己。这是我们思考的原点，也成为峰山小学校园文化的核心理念。

围绕着这个核心理念，我们进一步梳理提炼关键词，选取了四个"F"为首字母的英文单词——Family、First、Flash、Future 分别作为每个楼层的主题：

一楼：Family（爱）——自由呼吸，自在成长。

二楼：Flash（自信）——人生有梦，各自精彩。

三楼：First（努力）——不负时光，所遇皆美。

四楼：Future（希望）——山河远阔，未来可期。

爱的底色、努力的姿态、自信的品格、未来的方向是学校发展、峰山人成长的 DNA。

第一批师生走进峰山后，开启了峰山小学发展的历史。他们一边在学校里成长，一边推动着学校成长。"我们什么样儿，峰山就什么样儿"成为他们共同的信念，在这种信念的滋养下，每一个峰山人都在展现自己最好的一面。我们将所思所想形成汇报（附 7）提交到教体局，并在与领导、老师、家长各个层面的交流中逐步完善。

峰山脚下听英雄故事，召文台旁诵千古文章。我们脑海中想象着这样的画面：漫步峰山校园，绿树掩映间闻书声琅琅，峰山少年在洋溢着书卷气息的美丽校园中，浸润着知识的雨露，享受着成长的快乐。峰山的老师们用爱与责任陪伴孩子成长，努力用峰山人的教育理想去实现理想的峰山教育，让峰山成为每一个孩子"梦开始的地方"。

文化滋养了当下，当下正创造未来。

兼职做设计

校园文化建设的文案经教体局领导审核通过之后，我们着手进行墙面文化的设计与制作。根据以往的经验，无论我们跟设计师说得多明白，他们拿出的设计稿与我们的想象总像隔着一层膜，横竖差点意思。为了节约磨合的时间，也为了让设计更符合我们的期待，我们从一开始就参与了创作的过程。

首先，确定校园的主色调——以绿为主，青、蓝为辅。取意"青出于蓝而胜于蓝"。与之相呼应的窗帘、地板、桌椅等设施设备的颜色均在此基础上加以协调和适当变化，校园环境清新明快，从容宁静。

其次，确定一个设计思路——互动性、可操作性。孩子天性是活泼好动的，如果文化墙板着面孔不让动，势必会失去吸引力并遭到破坏，所以

"有趣、可动、常变化"是峰山小学校园文化的特色。

最后，确定一个基本原则——简约大气，与众不同。每一个文化符号都在与读者进行交流，因而要有留白，但又不能太过苍白；要给人以想象空间，但不搞神秘主义；图文要相互印证一目了然，让人一看便知是峰山小学的，无需解读便知其意之八九，余下的一二分便是"哦，原来如此"的那份惊喜。

一所学校的文化能决定一所学校的精神气质，我们把对教育的理解、对成长的期待都融入文化的设计当中。

首先设计的是校徽，校徽整体为圆形轮廓，以青蓝色为主基调，主体部分采用了蓝为底、绿为主、橙为高光的色彩搭配，蓝色代表宽广的胸怀，绿色代表蓬勃的姿态，橙色代表灿烂的未来。其形似山峰，一只飞鸟的轮廓隐于群山之中。整个设计取意于美国作家塔拉·韦斯特弗的名著《你当像鸟飞往你的山》，她揭示了教育的意义不是引领你去往某一座山，而是让你成为你自己，然后飞往你的山。

整个校徽，构图紧凑又富于张力、简洁明了又意蕴丰富。样稿拿出来之后，我们征求了朋友和同事的意见，大家都说好。接下来，是"登峰·向未来"主题墙设计。这里是进入峰山小学的必经之路、耳濡目染之处。设计中除校徽、主题、理念等关键字样之外，我们还加进了一条数轴，用四组数字标识出峰山首届学生从入校到小学、中学、大学毕业的时间，时间轴的最后设计了一组坐标——珠穆朗玛峰的坐标，寓意着以峰山为起点，以珠峰为目标，让每一位师生都能在登峰的旅途中遇见更好的自己。

Family、First、Flash、Future 四面文化墙的设计更加自由和灵动。如"转角遇到爱"童心涂鸦墙、"想象创造自由"益智游戏区、"读一寸有一寸的欢喜"绘本阅读角、"寻找属于自己的奇迹"创意翻转架、"遇见童年预见未来"名校畅想屋……每一处都吸引着孩子们不断去探索，去发现，去创造，校园文化因而更具活力与魅力。

后来我们在设计教室文化的时候，正是电影《送你一朵小红花》上映之际，我去看了电影，想起小时候那些贴在脸上、衣服上、教室墙上的欣喜。于是对原来的预算和设计做了修改，留出更多资金和空间给孩子们做了一面"红花榜"，推出"登峰少年，成长进阶"评价方案，印制了专属于峰山学子的"红花"奖章，愿"送你一朵小红花"能传递给孩子们更多爱和欣赏。

校园文化建设不论立意有多高，制作多精良，最初的起点和最终的落点都是孩子们的成长。其中，吸引力和成就感是最核心的部分。

好好写字写出的"甲骨文特色学校"

峰山小学的墙壁文化不多，移动展架不少，展架上的内容时常更新，摆放的位置也不固定，在前往餐厅的路上，或是走廊的转角处，让孩子们眼前一亮，心中一喜。

从2021年元旦回来，孩子们常常驻足的地方有三个：一是师生写字作品展区，二是汉字故事区，三是甲骨文文化区。

从入学开始，老师便和孩子们一起每天练字，每周交一篇最好的作品进行展示，愿意写自己的名字也好，不愿意的可以写"艺名"或用各种符号和文字代替。展架旁边有小星星即时贴，要求师生"走过路过，赞了再过"（给自己最喜欢的作品贴一颗小星星），一周后，得星星最多的50幅作品放到"擂台区"，全校师生可以挑战，随时更新。

家长开放日当天，入校的家长流连于展区对孩子们的作品赞叹不已，恨不得给每幅作品都贴上一个星星，他们拍照、发朋友圈，感叹"我小时候可写不出这么好看的字来"，常常有朋友回复说："我现在也写不出来。"

汉字故事区是为了提高写字兴趣而设立的，是当年寒假的一份亲子实践作业，家长和孩子一起制作"汉字故事"口袋书，图文并茂地讲述汉字的由来与演变。课间的时候，孩子们喜欢围拢过来翻一翻，看一看，有些小作者会义务地给大家讲解。

甲骨文文化区的灵感来自"汉字故事"口袋书，起初我们只是为了提高孩子们的兴趣，做了"有趣的甲骨文"系列展架。第一期的主题是"十二生肖"，用彩色轻黏土把十二种生肖的甲骨文生动形象地展示出来，吸引孩子的目光；配以文字解说，增加孩子们的知识；根据图文猜测，答案藏在可爱小乌龟的龟壳之下，轻轻一拨就能看到答案的有趣设计让孩子们惊喜不已。

活动经公众号转发后，有教研中心的领导看见了给我们打电话，说进一步拓展一下，做一个甲骨文的特色吧，争取参加山东省"甲骨文特色学校"评选。

只有一年级也可以吗？领导说："当然啦，一年级正是学写字的关键期，一边学字音字形，一边做文化渗透，不是最佳时机吗？"既然领导给了信心和支持，那就开始吧。

研究文件、制定方案、培养师资……这一切自不在话下，能做出峰山特色才是我们的追求。很快，课题组决定将其与"诗意童年"活动整合，确立了研究主题"溯源研甲骨，诗意润童年"。老师将甲骨文巧妙地"藏"在推荐的古诗中，孩子们在诵读、理解古诗的过程中，顺便就认识了甲骨文；将诗词的古典雅致与甲骨文的浓厚古韵融为一体，于无声中引领着孩子们开启一场"品悟中华文化，传承汉字根脉"的文化之旅。2021年12月，学校通过评估，获得了"山东省甲骨文特色学校"的荣誉称号。

新的学校，基础年级，我们所做的一切都在"打底"和"打样"。让孩子们从小养成"好好读书、好好写字"的习惯，是我们针对一年级学生开展的最基础的教育之一。虽说"字如其人"的价值观在现代化办公的时代已经日渐淡化，但写一手规范漂亮的字仍然是一个人的基础素养，"好好写字"的教育价值远比字本身更为重要。

因地制宜做成了党建品牌

每年支部书记述职报告会上都能听到这样的反思：党建工作与教育教学结合不紧密，存在两张皮现象……这似乎一直是个难题。党建品牌打造与学校文化建设如何融合，是一个不可回避的问题。

2022年10月，全区"4 + N"主题党日巡听工作组走进峰山小学，我们没有做特别的准备，只是围绕"国庆"主题将师生的日常活动串了起来，从容朴素，简单流畅，赢得巡听领导的高度赞扬，亮点就是与日常工作结合得好，接地气、有说服力、可操作性强。

2023年4月，全区的主题党日观摩现场会安排在了峰山小学。我们仍然坚持一贯作风——与学校的实际和当月的教育教学活动结合，做实实在在的"登峰党建"品牌建设。

4月，是缅怀先烈、致敬英雄的日子。峰山，是安放英雄纪念碑、书写革命先辈不朽传奇的地方，所以我们确定了本期党日的主题——致敬不朽英雄，追光闪亮坐标。

这一期的"入党初心故事"由组织委员分享，她讲述了自己心目中的英雄——父亲扎根农村建设农村的故事，引出了我校蒋雅雯同学的姥爷——全国劳动模范、最美退伍军人王文水的故事，最后蒋雅雯的一个问题"我的姥爷是不是英雄？"引起了我们对"英雄"的思考。

接下来，是书记上微党课，我结合今天的主题及峰山小学独特的地理位置，顺着雅雯的问题讲起：

雅雯说得对，一代人有一代人的使命，一代人有一代人的担当。

既然"英雄"从未被定义，那今天的党课，我们就从"英雄"说起。

"忆"革命英雄，峥嵘岁月显担当。

不知道大家是否跟我一样，每当提起"英雄"这个词的时候，脑海里总是不由自主地浮现出这样的画面：硝烟滚滚的战场上，革命战士们冲出战壕、奋勇杀敌。与画面同时浮现在脑海里的是一首熟悉的旋律，无论网络上有多少新歌新曲出现，这个旋律从未被取代，无论我们淡忘了多少诗词歌赋，这首歌词总能随时想起来。大家知道是哪首歌吧？对，是《英雄赞歌》。本来我下载了这首歌，但我刚刚突发奇想，玲子，你能不能给大家唱几句？

谢谢玲子。谁说人类的情感并不相通？我们的党员队伍年龄跨度如此之大，但对英雄的景仰、缅怀和感激之情却是一样的，那些为革命胜利抛头颅洒热血的英雄故事、那些为共产主义信仰披荆斩棘的英雄精神早已深深地刻进了我们的骨子里。感谢为今日之盛世而英勇牺牲的革命先辈，愿清风带去我们的歌声与思念，愿以天地为证践行铮铮誓言，愿我们能够沿着昔日英雄的足迹，续写今日的奋斗篇章。

"敬"时代英雄，众志成城守初心。

同志们，伟大的民族从来不缺少英雄。每个时代都有英雄出现，那么在不见硝烟的和平年代，英雄又在哪里呢？

习近平主席强调："伟大出自平凡，英雄来自人民。"① 要把非凡的英雄精神体现在平凡的工作岗位上。随着时代变迁，我们对英雄有了更广义的认识：英雄是鞠躬尽瘁、死而后已的干部，是舍生取义、保家卫国的军人，是孜孜不倦、培根铸魂的教师，是生命至上、勇于奉献的医生，是追逐梦想、探索宇宙的航天人，是争分夺秒、创造奇迹

---

① 习近平. 习近平给郑州圆方集团全体职工的回信[EB/OL].[2020-4-30].https://www.ccps. gov.cn/xxsxk/zyls/202004/t20200430_139990.shtml?ivk_sa=1024320u.

的科学家，是为国争光、挑战极限的体育健儿，是技术高超、精益求精的前线工人，是辛勤耕耘、收获希望的农民朋友……这是一个属于奋斗者的时代，每一个在平凡岗位上尽职尽责的人都是英雄！

"做"自己的英雄，平凡生活有作为。

我们教育界有这样一句话："向美好教育致敬的方式是亲手把它创造出来。"那么向英雄致敬的方式是什么呢？这个问题早在我们峰山小学筹建之初就已经给出了答案。

峰山小学，依山而建，巍巍矗立的革命英雄纪念碑和庄严肃穆的革命英雄纪念堂，让峰山小学的基因中自带一份英雄情结。"峰山脚下讲英雄故事、召文台旁诵千古文章"。可以说，英雄精神的传承是峰山公园赋予峰山小学的独特使命。

因此，我们从未忘记教育的使命，从未停止对英雄文化的传承。看我们的文化——"登峰，遇见更好的自己"；听我们的校歌"英雄故事在传唱，天福丰碑铸心上"；见我们的行动：登峰山向英雄致敬、到纪念馆学英雄精神、打卡红色主题公园讲英雄故事……传承红色文化，赓续红色血脉，使"英雄"以更宽广的视角，为学生成长注入新的内涵。这是我们峰山人向英雄致敬的最好方式。

同志们，在追随英雄的路上，我们峰山人给出了自己的答案：带着最初的心，走最远的路，做最好的自己，在更高处相见！

没有刻意渲染，但当王玲老师唱起"烽烟滚滚唱英雄，四面青山侧耳听"时，一人独唱慢慢变成了全场合唱，每个人都发着光，也红了眼眶。后续的每一个环节更加投入也更加出彩。最后，"党员牵手队员讲红色故事"由峰山小学党支部的独家活动变成了参会者的共建项目。

一个紧扣时事、地势的活动，一个故事连着故事、歌声伴着掌声的活动，就是我们想要的最朴实、真实、扎实的党建活动。

校园"公众号"为何遇冷

公众号是当下学校信息输出的重要窗口，是树立学校品牌形象的宣传阵地，是学校文化建设的重要场域，很多学校都为经营好这块"自留地"付出了艰辛的努力，为什么读者却并不买账？辛辛苦苦推出的文章无人问津，尴尬之中有哪些需要我们反思的地方？

阵地失守的显性与隐性原因

有些公众号点击率低的原因很明显，概括起来三句话：内容缺乏营养、形式缺乏美感、语言缺乏魅力。

内容上：有的公众号上总是发布一些常规的、重复的内容，给人的感觉是应付公事。如每年放假前的各类安全提示，尽管大家都知道安全很重要，但是不用打开大家也知道内容是什么，因为大家缺的不是安全知识，缺的是安全意识。此外，利用公众号给诸多评选活动拉票的就更加要不得了，作为学校的文化窗口，"身段"还是要端着的。

形式上："文字＋照片"的传统套路在短视频霸屏的今天缺乏竞争力。另外，模板的选择、色彩的搭配、照片的质量等都可能成为某些公众号的"硬伤"。视觉冲击的前提首先是"好看"。尤其是照片，那些画面不清晰、色调不明快、人物表情不投入、构图不美观的都会影响好感度。

语言上：干巴巴的语气和板正正的行文常让人读不下去，比如："为了进一步规范……我校于某月某日举行了……"其实有些活动的立意非常好，只是写出来的感觉不好。要知道有意义的事情很多，能让人觉得有意思的不多。

除了明面上这些显而易见的问题之外，有些公众号之所以被吐槽、取关，甚至屏蔽，更深层次的原因有两个。

一是定位不准丧失吸引力。这个"定位"至少包括两个层面：一是学校公众号的功能定位，二是读者定位。

功能定位：学校公众号的主要功能是宣传，讲述学校故事、赢得信任与美誉度，这个主线不能乱。有的公众号办成了"大杂烩"，把线上培训、通知公告、教学教研、新闻速递等"乱炖"一通，时间久了，读者就失去了耐性。

读者定位：每一篇文字都有它特定的读者群，就像所有的商品都有特定的服务对象一样。学校公众号的本质也是一种"营销"，一种正能量的营销，所以我们必须明确文字是写给谁看的。虽然学校公众号的阅读人群涉及领导、家长、同行和学生。但主要的服务对象应该是家长。有些公众号的内容从标题到内容，从语气到语言，统统是写给领导看的，把公众号变成了工作汇报，家长这个群体便迅速流失了。

二是虚假宣传丧失公信力。这是杀伤力最大的一个问题。比如，有的学校为了完成上级布置的任务而搞"摆拍"，搞个背景写上主题，找几个老师或学生摆个姿势拍拍照片，就完成了"师德演讲比赛"或"课间读书新样态"；有的为了追求宣传效果而"夸大其词"，十几个家长或孩子的周末活动就变成了"广大家长的积极参与并高度赞扬"；有的学校在"学先进、树典型"最美教师或育人模范的推广中，选树的"先进典型"不服众，损伤了学校在师生和家长面前的威信。

"精品意识"不是内卷，是态度

峰山小学自建校以来，学校公众号一直广受关注，在我们只有三四百名学生的时候，单期推文的点击率就曾突破三四千，三年来热度一直不减。教体局推广我校亮点工作时一键转发，无需修改。兄弟学校也多以我校公众号为范例对宣传干事进行培训。

有人问我："你们家的公众号是谁写的？真有能人啊？"

我笑而不语，我校公众号从来不是一个人完成的，而是一个团队协作的结果。

公众号是讲述教育故事的空中驿站。

我们永远以讲故事的口吻去写学校的工作，故事的听众永远是家长，故事的主角永远是学生。如《解锁成长密码》的开篇方案：

9月，有一群孩子，懵懵地踏进了峰山小学的校门，三个多月的校园生活里，可爱的小萌娃们一天天长大啦……如今，爸爸妈妈们也将走进登峰家长学院，回到记忆中那个久违的课堂，不为其他，只为了与孩子一起努力，共同成长！来吧，登峰家长学院开讲啦……

即便是为完成上级布置的工作我们也会以家长的眼光去审视工作开展的意义和效果。如安全教育，我们的《峰山小豆包的入学锦囊》以儿歌、漫画、孩子们校园活动的视频等方式吸引家长；新生入学报到，我们的《峰山十二时辰：解锁小萌新的缤纷开学日》以时间为轴线，以孩子的视角，记录一年级新生从日出到日落，从入校到出校的所见所闻，让眼巴巴的父母们有了打开孩子校园生活的最佳渠道。

不做则已，做就做精品

学校公众号是学校文化输出的重要场域，贵精不贵多。所以我们有时会一周推出一期，有时会几个周推出一期，每期的主题和内容都是班子会上提前商定过的，避免处室之间交叉撞车；公众号的主色调与模板选择、照片的拍摄与修图、文字的撰写与校对等都有专人负责，生动形象地展示校园里朝气蓬勃的状态；正式发布之前由校长亲自把关，避免出现知识错误或政策解读方面的问题……由于量少人多分工负责，所以大家并没有觉得压力有多大，反而时常因为朋友的点赞和回应而产生自豪感，常常忍不住一再重刷。

与学校所有的工作一样，"峰山出品，必是精品"的意识早已深入师生骨髓，成为一种态度，一种心气，学校的口碑与赞誉也随着每一次的输出而与日俱增。

卷吗？如果这也算一种卷的话，那么我们愿意卷起来，卷出工作的精度、教育的温度、落实的力度和校园文化的新高度。

附1：

用爱与智慧采撷七彩教育的阳光
——天福小学特色学校创建工作总体报告

文登区天福小学坐落于美丽的抱龙河畔。其前身为城区五里完全小学，2008年由天福办事处投资新建而成。

用文化编织教育梦想，以特色提升教育内涵。在不断的实践与探索过程中，学校逐步确立了文化建设的核心理念——"七彩教育"。

为打造七彩教育品牌，学校以特色项目"七彩少年评价"为核心和纽带，把七彩教师培养、七彩家庭建设和七彩校本课程开发等融合其中，让管理为其护航，师资为其服务，课改为其提供平台，全面而稳妥地推进学校特色文化建设的进程。

一、注重顶层设计，系统构建"七彩教育"理念体系

"七彩教育"缘何而来，它的内涵是什么，如何让这一理念落地，让学生受益……几年来，我们先后围绕这些问题，多次在全校范围内展开讨论，经过不断梳理和反思，在全体天福人的智慧碰撞间，我们逐渐触摸到了七彩教育的脉搏。

（一）理念提出

七彩，阳光之色，彰显着生命的活力多姿。"赤橙黄绿青蓝紫"，各美其美，折射出阳光教育的丰盈内涵。学校，就是要为师生搭设各种舞台，使其各得其所、各展其长，以满足生命成长的多样化需求，七彩教育理念由此形成。

加德纳指出："对于一个孩子的发展最重要、最有用的教育方法是帮助他寻找到一个他的才能可以尽情施展的地方，在那里他可以满意而能干。"加德纳多元智能理论为我们的七彩教育理念提供了理论支撑。

（二）内涵界定

教育是引领生命成长的事业，它需要教育者博大的爱心，像阳光般温暖孩子的身心；它需要教育者智慧的引领，发现每个孩子的闪光点并善加引导，让每个孩子都能自信、快乐地成长。所以，"七彩教育"主题下的深层内涵便是"爱·智慧"——没有爱就没有教育，没有智慧就没有成功的教育。

基于此，我们进一步深化了对"七彩教育"的认识：七彩教育就是以"爱·智慧"为核心理念，以"成就精彩人生"为目标，以"智能发展多元化，个性成长主体化"为依归，饱含着美丽"七彩"元素的个性化、多样化教育。

至此，我们初步完成了对七彩教育的诠释，并针对"爱·智慧"这一内涵对学校的办学目标、三风一训等内容进行梳理。

（三）推进思路

1.确立特色项目。按照"特色项目—学校特色—特色学校—品牌学校"的创建要求，我校首先确立了特色项目——"七彩少年评价"。

这一项目的确立，基于以下三点。

（1）基于教育本质的需要。素质教育呼唤多元人才价值观，倡导教育的个性化、多样化。"七彩少年评价"就是以加德纳的多元智能理论为支撑，充分尊重孩子的个性差异，让每个有特长的孩子都能找到施展的舞台，看到闪闪发光的自己。这就是我校追求的："赤橙黄绿青蓝紫，教育之魅力，就在于它的精彩纷呈。"

（2）源自文化建设的需要。特色项目理应与学校的文化主题相契合，我们巧妙借助阳光的七种颜色代表不同的评价内容，促进每个孩子的优势发展，实现学生整体素质的提升。这就是文化界所崇尚的，各美其美，美美与共。

（3）源自"特色"的需要。既然是特色文化建设，那么我们的项目就应该有独特性，评价对孩子的成长具有导向作用，是新课程改革中至关重要的一环，但之前我们对这个领域的探索一直不够理想，没有特色，不成体系，缺乏生命力。所以，我校选择的这个项目具有独创性、实效性。这就是特色建设的要求："人无我有，人有我精。"

2. 构建文化体系。特色建设没有项目不行，因为项目是载体，没有载体，理念就无法落实。但只有项目不够，因为特色项目打造的最终目的是带动学校整体工作提升，最终又反作用于学生，实现"文化育人"的核心目标。

我校以"七彩少年评价"为切入点，进而带动"七彩教师评价"和"七彩家庭建设"，再进一步提升，向校本课及学科课堂延伸，探索七彩课程的建设。在这个过程中，评价是明线，串起的是学生德育、师资建设、家校合作、课程改革等工作，最终构建起我校七彩教育文化体系。

二、精心规划落实，双向推进特色文化建设

我校的特色建设一直坚持两个方向：一个是"向前走"，即按照创建总体思路，扎实推进；另一个是"回头看"，即对曾经的工作进行反思、改进，使特色建设形成一个"回路"，循环往复，螺旋上升。

（一）向前走：精心打造特色项目，带动学校整体工作提升

从特色项目"七彩少年"评价入手，探索出先进经验并应用推广到家校合作、师资队伍建设，最终落脚到课堂，一步一个脚印拾级而上。

1. 第一步：精心打造特色项目——"七彩少年"评价。特色项目做得

好不好，基础牢不牢，直接决定着后面各项活动的效果，因此，我们精心打造特色项目，经历着思考定位、实践检验、反思调整的探索过程。

（1）冥思定向。课改之初，我们曾围绕"评价"做了大量的工作，但最终都渐次退出或淡化了。主要原因有两方面：一是评价机制不成体系，表现在评价主体的片面性、评价内容的局限性和评价手段的单一性等方面；二是缺乏与学校特色文化建设相契合的内涵，特色不鲜明，生命力不强。所以我校评价体系的建立遵循了两个原则：一是要符合教育规律，体现科学性；二是要紧扣学校"七彩理念"，体现个性。

基于这种思考，我校确立了"实施'七彩评价'，打造至善至美的行为文化，促进学生全面发展"的思路。

（2）总体构想。以加德纳的多元智能理论为支撑，结合"七彩教育"理念，以赤、橙、黄、绿、青、蓝、紫七种颜色涵盖不同的评价内容，即：红色美德少年、橙色自律少年、黄色勤学少年、绿色环保少年、青色书香少年、蓝色健康少年、紫色才艺少年。将美德教育、良好习惯养成、综合实践、读书富脑等活动融入其中，通过自我诊断、同学帮助、师长引领，唤醒学生的进取意识，满足他们的发展需求。

（3）启动实施。这一整体构想得到了全校师生和家长的认同，学校制订了详细的实施方案，由教导处、德育处牵头，教师、家长、学生等多方力量参与，做了大量细致扎实的工作。

①对"七彩颜色"详细解读，我们赋予了七种颜色不同含义。如：红色代表爱心，黄色代表智慧，蓝色代表健康等。

②赋予"七彩少年"精神内涵。用高度凝练的语言揭示出七彩少年的精神内涵。如红色美德少年：礼貌待人有爱心，勤俭诚信知感恩。

③制定"七彩少年"评价细则，并通过班会、晨会、家长会、校园广播等形式进行解读，让学生学有目标，行有规范。

④设定"七彩少年"认定流程。七彩少年认定流程包含个人申请、过

程评价和终审认证三个层面。

一是个人申请。七彩少年每学期评选一次。学期初，由学生和家长共同商定申请的内容，填写申请卡，交由学校德育处存档。

二是过程评价。学校同时推出三种载体，对学生进行过程性评价。

载体一：《小行为 大改变》记录本。记录学生在学习、生活各方面的进步与成长。

载体二："七色花印迹"。相当于我们以前的"红花榜"，只不过花朵变成了七种颜色，代表学生不同方面的表现。

载体三：成长记录袋。采用日评、周评、自评、他评等形式，记录学生在学校、家庭和社区的综合表现。

三是终审认证。可以说在孩子心目中，通过终审认证不亚于一次总统选举。因为它有着严格的程序。

认证的第一阶段是初评：凡在七色花评比台上，奖励花数为班级前15%的，方可取得评审资格。申请人需递交申报材料，并至少取得5名同学、3名教师及家长的签名支持，方能进入复评。

认证的第二阶段是复评：申请人以演讲、才艺展示等形式参加第二轮评审，学校组织教师、学生、家长组成评审团进行评定考核。

认证的第三阶段是终评：由学校大队委对评审结果进行核实，并出具一学期无违纪证明后，盖章通过，颁发证书和徽章。

⑤设计制作"七彩少年"认证卡和徽章。为了使"七彩评价"更具针对性和可操作性，学校自主设计制作了认证卡、校园喜报、徽章等，激发学生的争先意识和进取精神。认证卡，正面是校徽、校训及申请认证的内容。封底是七彩颜色解读。里面分别是该项内容的评价细则及申请表。徽章平时佩戴在胸前，既是一种荣誉与榜样的象征，也可以作为学生之间相互监督的标志。当学生集齐七种颜色的奖章后，将获得最高荣誉——颁发"七彩"奖章。

这种评价方式淡化了学生之间横向的比较，关注学生个体的纵向发展，在他们小学毕业的时候，他们通过努力获得的每一份证书、每一枚奖章，都会成为小学生活的美好记忆。

（4）实践检验。仅仅有了目标和要求是不够的，学校要为孩子们创造参与和展示的机会，因此，每学期我们都会结合七彩少年的评价内容，在校内外开展丰富多彩的活动。

如红色美德方面，学校开展了"红心向党"系列活动、爱我家乡书画赛、车站小小志愿者活动等；在蓝色健康方面，学校广泛开展阳光体育活动，举办体育节、亲子运动会、开展"心理健康知识竞赛"等活动，促进学生身心健康成长。详细的活动开展情况及效果，在我们的校刊上都有记载。

（5）修改完善。经过一年的尝试与探索，"七彩少年评价"初见成效，为了使评价更有针对性和可操作性，2011年，我们在家长、教师和学生三个层面开展了意见征询活动，并根据反馈意见及时对其进行了修订和完善。

①"评价细则"体现年级特点。对七彩少年评价细则进行修订，由全校统一版本修订为高、低年级两个版本。

②开发"即时评价卡"。教师根据学生的日常表现，奖给相应的即时卡，每周二班会，班主任老师对学生得卡情况进行总结，学生某方面集齐5张卡片即可在七色花评比台上得到一朵同颜色的花。

③增设"七彩目标导航"。我们在七彩卡的背面增设了三字经形式的"七彩目标导航"，朗朗上口，便于学生理解、记忆，从而更好地指导学生的行为习惯。

④开发"校园喜报"。为了让家长及时了解孩子在校的情况，我校自主设计了"校园喜报"。教师将学生日常学习、生活等方面的优秀表现以喜报的形式，直接寄送到家长的工作单位，让家长分享孩子成长的快乐。

至此，"七彩少年评价"流程日臻完善，即"争七彩卡、换七色花、赢校园喜报、得七彩徽章"，学生在不断创新的评价方式的鼓舞下，各种良好习惯已逐步养成。

2.第二步：辐射带动——"七彩家庭"评价。2012年，我们以"七彩评价"带动七彩家庭建设，确立了"七彩家庭"评价方案，推出了"七彩家庭"评价细则。目前，我校的"七彩家庭评价"体系已日臻完善，提升了学校的文化建设水平，为构建和谐教育添上了亮丽的一笔。

出台细则，家庭申报。学校广泛征求家委会和班主任的意见，经过反复商讨，确立了七彩家庭评价方案，推出了"七彩家庭"评价细则（试用稿）。同时，学校向全体家长下发了"七彩家庭，全家总动员"活动倡议书，家庭成员共同商讨申报类别，并制定行动计划。

评选表彰，修订完善。由班主任审核行动计划和家庭事迹材料，择优向学校推荐。校级评委会对候选家庭进行评选，确定入选名单，期末颁奖。同时，学校下发《致家长的一封信》，向家长征求"七彩家庭评价细则"修改意见，并根据反馈意见对细则进行重整修订。

在七彩家庭的带动下，家长们积极参与"家长大讲堂""家长义工进校园""阳光心理咨询"等活动，成为七彩教育中一道美丽的风景。

3.第三步：拓展提升——"七彩教师"评价。2013年，我校继"七彩少年""七彩家庭"评价工程后，启动"七彩教师"培养工程，旨在将"七彩理念"辐射到每位教师心中。

（1）制定细则：学校将"七彩教师"评选标准（初稿）下发到每个教研组进行讨论，并广泛征求修改建议。意见反馈后，经过反复商讨，最终确定《"七彩教师"评价细则（试行稿）》。

（2）活动落实：关键在落实，落实讲方法。学校不断丰富活动载体：以"最美天福人"评选为契机，让教师在相互信任、相互关爱的环境中愉快工作；成立阳光心理咨询室，开展丰富多彩的文体活动，为教师减缓工作压力，提升职业幸福感；以"校本研修"为平台，以"微型课题研究"

为引领，不断提升教师专业素养。"带题授课"是我校校本教研的主要研究模式。青年教师的一人同课多轮"达标课"、发展型教师的多人同课循环"研究课"、骨干教师的同课异构"引领课"，在课堂教学的深度研讨中，每位教师都是一个置身于教学与研究情境中的研究者和被研究的对象，亲身体验着"研、做、思、写"的研究过程。

另外，课题研究不仅促进了教师的专业发展，更促进了特色在实践中的研究与提升。目前，在课题研究方面，学校先后多次承接国家、省、市级课题研究，其中5个课题已成功结题，"依托'七彩校本课程'合力提升课程建设水平"等3个课题荣获优秀成果奖。在课题研究过程中，优秀成果和获奖文章30余篇，教师团队精细的研究思路和研究能力备受赞誉。

（3）评价激励：为切实激发教师自主发展的积极性和主动性，我们允许教师根据自身情况确定短期突破（一至两项）和长期发展（七彩教师）的目标及其时限，通过日常考核，学生、家长访谈等途径，每学年学校将按一定比例评选"七彩教师"，并进行隆重颁奖。

4.第四步：再攀高峰——七彩课程建设。特色项目的打造只有形成课程才更具生命力，才能真正提升为学校特色。这是最关键的一步，也是最难的一步。我们于2014年开始，以"七彩评价"为核心，加强国家和地方课程的校本化、生本化建设，开发出具有天福特色的七彩课程。

我们将原有课程分类整合后初步拟定为"人文、科学、艺术、身心、实践"五大学习领域，在每一领域开设"基础、拓展"两类课程，落实学生的培养目标。在此基础上统一开设研究类课程，课程指向学生综合素养的培养。

（1）基础课程，提升学生学习能力。基础课程主要指国家和地方课程内容，强调促进学生基本素质的形成和发展，是全体学生的必修课。我们从打造"七彩课堂"入手，提升学生的学习能力。

①基本理念。"七彩课堂"的基本理念是"爱·智慧"，在课堂学习中

关注不同类型的孩子，以爱育爱；在课堂学习中注重智慧的碰撞，以智启智；在课堂学习中充分运用评价，以评促学。

②探索七彩课堂教学范式。以"爱心呵护童心，智慧引领成长"为要求，探索自主课堂"357教学范式"，旨在给老师一种启发，鼓励教师在实施时依据个人特点来进行创新。

③开发"七彩课堂"观察量表，落实核心理念。我们与教研中心开展的课堂观察活动相结合，开发具有我校特色的观察量表，落实"爱心呵护童心，智慧引领成长"的课堂文化。

重点观察以下三方面：一是教师对学生的爱，如教师在课堂上的活动是否充分尊重学生差异，能以生为本，让课堂成为师生幸福的磁场；二是智慧引领，即教师对教学重难点的设计是否科学，对课堂生态资源的处理是否得当等。三是评价手段的使用是否具有实效性，如七彩卡的发放时机及应用效果等。

（2）拓展课程，促进学生多元发展。依据学校课程建设目标和各学科的特点，我们开发了独具特色的七彩校本课，建立了"校本课程超市"，拓展教学内容，关注学生兴趣和潜能的发展。先后开设了葫芦文化与民间艺术、新"石"尚、百变小魔仙、七彩绳编、民乐飘香、魔法纸艺、花花"饰"界、生活小达人等三十几个特色项目，教师自主开发了系列校本选修课程教材《水墨年华》《灌篮高手》《绣出七彩世界》等二十余册。

（3）研究课程，培养学生综合素养。研究类课程是我校以提高学生综合素养为目标，以七彩学生社团活动为主要方式，以进行研究性学习和主体活动为主导的课程类型。

如"蓝色健康"社团的学生，多次参与学校体育节的筹备活动——"体育游戏知多少""影响跑步速度的因素有哪些"等小课题都是他们在活动中发现探究的。"红色爱心"社团的学生走进福利院、走进乡村、走进爱国主义教育基地，亲身体验践行着社会的温暖与感动时，也衍生了

"关注残疾人""关爱孤寡老人"等系列课题……

研究课程把学生的发展空间从课堂延伸到课外，从学校延伸到社会，学生在积极参与的过程中，自身能力得到进一步提高。

（二）回头看：全面优化"七彩评价"，使之真正成为学校的特色品牌

我校自2010年实施"七彩少年评价"以来，先后被济南回民小学、青海祁连学校、青岛四方区实验小学等学习使用，威海及我区的兄弟学校也借鉴使用。这对于我们既是一种鼓励，也是一种压力，鞭策着我们进一步提升工作的精细度和创造力。所以，我们不断地对"七彩评价"进行反思和改进，着重做了以下几方面工作。

1.组建"七彩社团"，发挥七彩少年的辐射带动作用。对已取得七彩少年最高荣誉的同学，学校通过组建"七彩社团"的形式，发挥他们的辐射带动作用。他们可根据自己的喜好及能力进入自己喜欢的社团，担任团长、副团长、秘书长等职务，以榜样的力量引领同学向着既定目标不断进取。

学校为每个社团配备了"1＋X"活动指导套餐，"1"是必选内容，即轮流承办每周一次的升旗活动。"每周一个主题策划，每周一个社团主办"。如，红色美德社团会围绕"礼貌待人有爱心，勤俭诚信知感恩"的精神内涵，分别以"爱心""勤俭""诚信"为主题，组织升旗活动；黄色勤学社团则会携手家长或老师，以"教有妙招 学有巧思 育子有道"为主题组织系列活动。"X"是指各社团根据社团特点自主选择的实践体验、主题研究等活动内容。

2.改进"七彩家庭"评选，注重过程性评价。

一是要求"七彩家庭"所申报的内容要与孩子所申报的"七彩少年"内容一致，这种捆绑式的组合评价，便于对"七彩家庭"进行过程性管理，而且家庭与孩子在争创过程中互相促进，双方受益。

二是重新设计"七彩家庭申报表"，特别增设过程性内容提示，让家长行动有目标、努力有方向。

三是严把终审关。"七彩家庭"评审时，除需提供事迹材料外，还需提供相关过程性材料，如照片、发表文章等，学校通过严格审核、评分，评出获奖家庭并颁奖。

3.完善"七彩教师"评价，注重实效性。实践中我们发现，对教师的单项评价，不符合教育工作的现状，且与我区实行的千分考核制度有冲突。因此，我们完善七彩教师评价，改单项评选为综合评定，采用赋分制，编写了《七彩职场，精彩人生》教师评价手册，让教师明确赋分项目及分值。设计教师个人积分表，对教师的日常表现进行奖励性积分。为严格过程管理，我们采取"分管领导签字制"，确保每个积分都来得明明白白，实实在在。年终，累计积分在前30%的教师将被评选为"七彩教师"，并进行隆重颁奖。

在创建过程中，我们越来越欣喜地发现：学校文化体系根基打得牢，对学校整体工作的提升具有积极的推动作用。如现下全国兴起的校园足球，与我们的"健康少年"活动整合，本学期教体局要求加强绿化工作，与我们的"环保少年"活动整合，教研中心开展的"一师一优课，一课一名师"活动又正好与我们当下推进的"七彩课堂"建设如约而行……也就是说，不管是常规工作，还是临时活动，都能兼容并蓄地纳入我校的文化建设体系之中，毫无违和感，没有冲击，只有充实。这就是学校文化建设的真正魅力所在。

三、打造文化载体，提升七彩教育品牌效应

学校里的一草一木，师生的一言一行，甚至一面墙、一页纸，都理应成为学校文化的载体。让文化可视、可听、可记、可感。我校在特色文化创建的过程中，逐渐形成独具天福特色的文化名片。

（一）天福的色彩

1.七彩。红橙黄绿青蓝紫，每种颜色都代表不同的意义。红色美德、橙色自律、黄色勤学、绿色环保、青色书香、蓝色健康、紫色才艺。

学校里的各种徽章、证书、雕塑、吉祥物、楼体文化等色彩的设计，均与其意义相符合，使隐性文化与显性文化相得益彰。

2.三原色。红黄蓝不仅是美术创作中的三原色，也是我校文化体系的三原色，分别代表德、体、智。校旗的设计采用的就是这三个颜色的意义。

（二）天福的表情

1.墙面文化。走进天福，首先映入眼帘的就是以七彩为基色设计的楼体及醒目的文化标语；在办公楼、教学楼、综合楼的中厅及走廊等地方，也随处可见以"爱·智慧"为主题的文化墙。"七彩童年，精彩人生""爱心呵护童心，智慧引领成长"等理念已深深地嵌入师生的心中。

2.校徽、校旗、校园雕塑、校园吉祥物。所有的设计均来自师生和家长，在凝聚集体智慧的同时，让七彩教育理念更加深入人心。

（三）天福的风景

手提袋、家长委员监督证、教师胸牌、档案标签、学习笔记本等，每一样的设计都融入了我们的文化符号，成为校内外流动的风景线。

《学校文化建设四十问》《天福小学管理手册》《七彩职场，精彩人生》等，将七彩理念与制度文化建设融为一体。

（四）天福的声音

校歌《天福少年》：由著名词作家曲波、曲作家蒋舟共同创作的校歌，唱出了天福少年的精气神。

校园广播：每天早晚播放经典诗词，每周三定时播放校园时事新闻，讲述校园里发生的七彩故事。

学校宣传片：以"用爱与智慧采撷七彩教育的阳光"为主题拍摄的学

校宣传片，记录了天福人共同的成长历程，成为见证学校文化发展的珍贵史料。

（五）天福的名片

1.《七彩之路》校刊。自 2010 年起，我校创办了校刊《七彩之路》，它是学校文化建设的集大成之作，以"赤橙黄绿青蓝紫"为序，每期一个主打色。

校刊分为三个篇章：第一篇章：学校愿景——成就天福实小的文化品牌，记录着学校特色文化建设的足迹；第二篇章：特色探索——打造至善至美的行为文化，记录着"七彩评价"的探索之旅；第三篇章：回眸365——这一年我们一起走过，见证着天福人携手走过的温暖瞬间……最后是"年度看点"，记录着一年中学校发生的各种大事及取得的成绩等。

校刊，每年都会赠送给全体师生和家长，为孩子们的童年生活留下一份美好的回忆，为教师的职业生涯留下一份纪念，为学校的发展留下一份珍贵的历史资料。

2.《七彩蓓蕾》作文刊。2011 年，我校为学生创办了作文刊《七彩蓓蕾》，为提高学生阅读和写作的能力提供一个指导和实践的平台。

3."七彩童年"光盘。为了给学生的校园生活留下一份永恒的回忆，让家长了解到孩子在校的点点滴滴，2012 年，我们推行"七彩记忆·珍藏爱"活动，要求班主任老师随身携带相机，随时抓拍学生在校生活的镜头，期末编辑成电子相册，刻录成光盘，赠送给家长。同时上传到学校网站永久保存。

校刊、作文刊、七彩光盘，这是天福小学每年赠送给全体师生和家长的特殊礼物，也是家长眼中最珍贵的礼物。

四、收获累累硕果，向着七彩梦想远航

一分耕耘，一分收获。如今，"七彩评价"已成为我校的特色名片，成

就着每一位天福人的多彩人生!

培育七彩少年:"七彩评价"的实行,淡化了学生之间横向的比较,关注学生个体的纵向发展,让学生在自评与他评的过程中发现他人优点,激励进取意识。一张张证书、一枚枚奖章,记录着他们为进步付出的每一次努力。七彩少年茁壮成长、学有所长,器乐、舞蹈、体育、科技全面开花,在各级各类比赛中捷报频传:科幻画《城市小卫士》获国家级一等奖;情景剧《中国娃真牛》获省级一等奖,舞蹈《摇到外婆桥》获省级三等奖;男女足球队在文登区首届小学足球比赛中双双获得第一名;诵读节目《弟子规——入则孝》在文登区经典诵读比赛中获一等奖并在电视台展播……

成就阳光教师:"七彩评价"给了教师们阳光般的心态与工作热情,激发了每位教师自主发展的积极性和主动性。在"七彩校园"内,有文明儒雅、举手投足浸润着文化芳香的"书香教师";有身心健康、蓬勃向上的"健康教师";有真诚热情、爱生爱岗的"爱心教师"……教师整体素质不断提升,在课题研究、论文撰写、优质课比赛等方面均取得历史性突破,仅去年一年,我校就有9个科目近20个课题在威海市优质课程资源评选中获奖……

和谐家校关系:在"七彩评价"的带动下,近百名家长加入家长委员会,成为家校沟通的主桥梁;700多名家长义工的资料被录入家长优质资源数据库中;"用真心换真情"书信交流活动,收到家长回信300余封;"校徽、校旗、校园吉祥物"征集活动,收到家长参赛作品200余幅;"七彩童年"光盘,记录了孩子成长的点滴瞬间,成为家长收到的最珍贵的礼物……家校间真正做到"因沟通而了解,因了解而理解,因理解而支持"。在家校的共同努力下,我校荣获威海市优秀家长学校的光荣称号。

形成先进经验:我校的特色教育也得到了上级领导的充分肯定。2012年9月,在文登区义务教育工作会议上,我校做了题为"实施'七彩评价'促进学生全面发展"的经验交流;2012年10月,在"全国新时期德育学术研讨暨素质教育现场会"上，我做了专题发言，交流了我校"七彩评价"体系的思考与实践，展示了我校德育建设的丰硕成果；2012年，我校的"七彩教育"入选《基础教育参考》之"特色名校行"；《威海教育》2013年第一期以"行走在七彩教育之路上"对我校特色文化进行了专刊报道；2015年，《威海日报》以"用爱与智慧采撷七彩教育的阳光"对我校特色教育进行专版报道；《中国教育报》《大众日报》、山东电视台、山东省教育厅网站等多家媒体及教体局网站对我校特色活动进行宣传报道百余次；青海省祁连小学、济南市永长街回民小学、贵州铜仁小学、河南省南长城小学、乳山第一实验小学等多所学校到我校参观学习……

"红橙黄绿青蓝紫，谁持彩练当空舞。"多彩的教育让我们这所年轻的学校稳步走向了内涵式发展的道路，经历着"特色项目—学校特色—特色学校—品牌学校"的质性变革。播撒七彩阳光，润泽生命成长。我们发现，学校是我们梦想起飞的原点；我们相信，在各位领导和社会各界的支持和鼓励下，我们的七彩教育之路必将越走越宽广……

附2：

《七彩少年在成长》剧本

第一篇章：七彩憧憬——我上学啦，我喜欢这里

1. 情景音画。（背景：宣传片镜头截取文登远景及召文台等景观，配舒缓柔美的轻音乐）

旁白：又是一年开学季，天福小学的校园里花儿绽放着笑脸，叶儿舒展着身姿，处处生机盎然。老师和同学们神采飞扬，拥抱着新入学的孩子

们。瞧，他们来了。（一个拿着入学通知书，背着小书包的小女孩牵着妈妈的手上场。换轻快愉悦的音乐，背景切换到学校大门口或校园全景）

迟悦可：妈妈，这就是天福小学吗？

隋伟：是呀，这就是你的新学校啦！

迟悦可：这里可真漂亮啊！妈妈，你看——彩虹！好美呀！（背景：雕塑"七彩之蕴"）

（身披绶带的学生志愿者上场）

学生志愿者：欢迎你，新同学！这是学校的主题雕塑——"七彩之蕴"，象征着在金色阳光的照耀下，我们的校园生活就像彩虹一样美丽！

（背景：操场全景、亲子拔河、运动会、足球活动、航模等）来，我给你们介绍一下我们的校园：这是我们的塑胶操场，每学期一次的体育节都在这里举行，还有亲子项目，阿姨以后可以带着妹妹一起参加。可有趣了！

这里是综合楼（背景：综合楼外观和内景），是我们上校本选修课的地方。瞧，这些都是我们的作品。（播放精彩的校本课镜头）

（以下课件按两人观看顺序依次徐徐播放）

迟悦可：（手指走廊墙壁七彩少年活动照片）姐姐，你看，空气吸尘器！

学生志愿者：那是《环保小卫士》，是环保社团的梁嘉雯姐姐创作的科幻画，它获得了山东省科技创新大赛一等奖呢！

迟悦可：梁姐姐好棒，我也要参加环保社团！

学生志愿者：不急，我们还有很多优秀的社团。这是艺术社团排演的戏剧《中国娃真牛》，他们一路过关斩将，拿下了山东省小学戏剧比赛的一等奖。我们一起去看看吧！

隋伟：走吧！（三人退场，切换戏剧表演背景）

2.戏剧表演：《中国娃真牛》。

3.戏剧表演退场，迟悦可及学生志愿者上场。

迟悦可：（拍手称赞）哇，哥哥姐姐们太棒了，我也好想参加艺术社团！

学生志愿者：你呀，别贪心，慢慢来。我们学校有七彩争章活动，红色美德、绿色环保、蓝色健康、紫色才艺……在小学5年的时间里，你的体验丰富着呢！

迟悦可：太好了，我喜欢这里！

第二篇章：七彩足迹——我是七彩少年啦，我爱上了这里

1.情景音画

旁白：悠扬的旋律，在空中划过，七彩的音符，在指尖跳动。快乐的校园生活就像一件七彩衣，躲在春天的花衣裳里微笑，等待孩子们寻找……（背景：丰富多彩的社团活动。杨潇凯手捧书本上场）

迟悦可（跑上场迎向杨潇凯）：团长，我获得"书香少年"奖章啦，你看——（指奖章，一脸骄傲）

杨潇凯：祝贺你，你是咱们社团里读书最多、收获最大的同学，"书香少年"当之无愧！

迟悦可：谢谢团长，我有一个主意，六一儿童节快到了，我们社团做个经典诵读的节目，怎么样？

杨潇凯（打开书）：嗯！我们就选《弟子规》吧！

迟悦可：好啊，那我们赶紧去准备吧！（二人退场，切换表演背景）

2.经典诵读：《弟子规》

3.舞蹈退场，背景出示"五感恩"系列活动照片

杨潇凯：弟子规，圣人训；首孝悌，次谨信；泛爱众，而亲仁……这些让我想起了红色美德少年的内涵——

迟悦可：礼貌待人有爱心，勤俭诚信知感恩。

杨潇凯：看来美德的种子已经播撒在你心里啦！

迟悦可：是呀，有爱的地方，就有快乐。我爱我们的校园。

第三篇：七彩烙印——我毕业了，我舍不得这里

1. 情景音画

旁白：时间过得真快啊！转眼5年过去了，当年那个天真烂漫的小女孩，马上要小学毕业了，今天爸爸妈妈身着盛装来参加孩子的毕业典礼。孩子们正用自己的方式，纪念这难忘的时刻。

主持人上场（一女生胸前挂着七彩证章＋爸爸＋妈妈）。

长大后的迟悦可（由张安琪扮演）：爸爸妈妈，我毕业了。

妈妈：祝贺你呀，宝贝。这七彩少年的徽章可是你们学校最高的荣誉，记录着你每一次的进步和成长，我们真为你骄傲。

爸爸：这次毕业典礼上，你们排演了什么节目？

长大后的迟悦可：《森林狂想曲》，我们老师说，毕业不是结束，而是新的开始！希望我们带着七彩童年的印记和梦想，走进无限憧憬的少年时代。爸爸，您也来参加吧！

爸爸：好啊！（三人退场，背景切换到《森林狂想曲》）

2. 口风琴合奏：《森林狂想曲》

3. 演员退场，两名主持人拉手上台

幼儿园小男孩：姐姐，这就是天福小学吗？

长大后的迟悦可：是呀，小弟弟，你是今年要来这里上学吗？

幼儿园小男孩：嗯，姐姐，这里好不好呀？

长大后的迟悦可：这里呀，可好啦，我带你看一看吧！（背景切换到丰富多彩的校园生活）

幼儿园小男孩：这里真漂亮啊，我喜欢这里。姐姐，你呢？

长大后的迟悦可：我，舍不得这里。

结束：天边出现一道绚丽的彩虹，与七彩雕塑交相辉映。（背景：打印机音效、动态效果呈现字幕"是啊，当所有的一切都已淡忘，只有童年的色彩才是记忆中最深的烙印……"）

附3:

写给《七彩之路》
——校刊《七彩之路》红版卷首语

当我立意要做这样一份校刊的时候，有人问我为什么，我也问过自己……

毕竟人舍得付出时间和精力去做一件事，是需要动力的。动力的源头是事件本身的价值，可以让做事的人认为值得。

我的动力是什么？

6月临近的时候，五年级学生毕业的话题摆上了案头。看着阳光下那一张张稚气未脱的灿烂笑脸，我突然想：5年的小学生活，除了一张毕业照之外，还有什么可供孩子们承载记忆？

学校发展的脚步如此之快，她的昨天、今天和明天，可以由谁来见证和传承？

老师们岁岁年年的汗水与心血、收获与喜悦，这一段段生命历程该留下怎样的痕迹？

于是便有了一份愿望：要为孩子们的童年留下点什么，为学校的发展留下点什么，为教师的职业生涯留下点什么。

这就是最初的动力，我愿意为这样一个质朴的愿望而努力。

当校刊的构想逐渐清晰和明朗的时候，我的脑海里想象着如下的画面。

多年以后，我们的孩子已长大成人，偶然翻开这一本书册，童年的记忆带着馨香扑面而来，曾经的校园、儿时的伙伴、爱唠叨的老师……穿越时光的隧道，微笑走来。

多年以后，曾在天福实小这片热土上耕耘过的老师们，在午后的阳光里，饮一杯清茶，静静品读光影印证的年轻岁月，那些辛苦与甜蜜交织的每一天，那些可亲可敬可爱的同事们……幸福像花儿一样，欣然绽放。

多年以后，年轻的天福实小已走出一条特色发展之路，这一张张照片，一行行文字，都将成为珍贵的史料，记录着每一位天福人的努力，见证着她成长的点点滴滴，珍藏着社会各界的支持与厚爱……每一本书册，都会在校庆上绽放异彩。

一份人生旅途的美好回忆，是我们能留给自己的最好纪念。

一份发展历程的文化积淀，是我们能赠予学校的最好礼物。

这就是校刊的价值，值得我们每一位天福人为之努力。

本刊从策划到成书，对于天福人来说，是一次挑战。

这一个过程，是艰辛付出的过程，为着每一幅图片、每一句文字斟酌、打磨，昼夜不休。

这一个过程，也是甜蜜收获的过程，孩子们快乐的身影、家长们理解的话语、领导们的关心与支持，瞬间化作一种力量，支撑着我们勇敢地走过来，执着地走下去。

我愿携每一位天福人之手，用勤勉的工作来回报所有的关心与厚爱。不论何时何地，当我们回首走过的每一步：岁月静好，内心坦然，人生无憾。

这就是工作的幸福，让我们共同努力。

附 4：

接棒里约奥运的洪荒之力

——校刊《七彩之路》蓝版卷首语

这一期校刊的主打色是蓝色，蓝色在七彩少年评价体系中代表的是健康。正值里约奥运会期间，这个主题自然而然地链接到了奥运会赛场。

有人说，这是一届槽点与亮点并存、笑点与泪点同在的奥运会。是的，丁宁夺冠的历程戳中了我们的泪点，傅园慧的洪荒之力又及时帮我们找回了笑点，而女排的逆袭之战最终让我们的笑容在泪水中绽放。

丁宁在赛后采访中说的一句话一直萦绕在心头："对于我来讲，打球需要一个大心脏。"其实，对于每一个运动员，甚至每一个普通人来说，我们都需要这样的一颗"心"。

这是一颗健康心，强劲有力地跳动，是生机勃发的声音，是健康体魄的保障。只有拥有健康的身体，才能像傅园慧一样在关键时刻暴发洪荒之力。

这是一颗坚强心。像丁宁一样，含泪消化掉伦敦奥运会留下的遗憾与痛苦，坚韧顽强地坚持训练，把磨难当磨砺，才能赢得最终的荣耀。

这是一颗爱国心。像女排姑娘们一样，永不服输、永不放弃，将每一滴泪水与汗水都化成拼搏的力量，才能在国歌响起的时候，把我们所有人的心紧紧地凝聚在一起。

奥运会结束的日子，恰是开学临近的时刻，在为新的学期打点行囊的时候，总情不自禁地畅想蓝天下孩子们奔跑的样子。于是，又想到我们的本行，想到我们的体育教育。

少年强则国强。培养身心健康的下一代，才有可能开创最有希望的未来。这是我们的使命与责任。毕竟，接棒里约的洪荒之力，靠的不是几个人的小宇宙爆发，而是全民健身理念的建立与实行。

在这一点上，我们教育工作者更是义不容辞。从每一节体育课、每一项体育运动开始，让健康少年在七彩阳光下尽情奔跑，不负好时光。

附5：

登峰，不负遇见
——校刊《登峰之旅》第二期卷首语

人为什么要攀登？

因为山在那里，因为我们心里有对山巅的向往，相信人的脚步可以丈量山的高度，相信山顶的风景和现在的会有所不同。

于是，我们伴随着峰山小学——这所文登近十年来唯一一所新建小学的诞生，开启了一场全新的旅程，在途中彼此遇见，成就更好的自己。

不知不觉间，峰山小学已经两周岁了，春夏秋冬，每个季节的更替都盛载着我们的一份希冀，见证着我们的努力与坚持。

这一年，是峰山小学发展至为重要的一年，是爬坡拔节长筋骨的关键时刻。我们聚焦"双减"，精心策划每一项活动，给孩子们满满的仪式感，让他们在"有意思、有意义"的活动中快乐成长；我们用心打磨每一节课，把最好的教育资源带给学生，让他们在智能与智慧并存的课堂里天天向上；我们尝试打破教育壁垒，带孩子们走进社会大课堂见识三百六十行，让他们在丰富的实践中拥有幸福的童年时光。

这一年，是峰山小学最为艰难的一年，学生暴增，师资不足，疫情防控人手不够，网上教学始料未及……我们以学生的健康为己任，认真落实每一项防控措施，给师生以满满的安全感，让他们得以心无旁骛地过好每一天；我们细心筹划每一次教研活动，线下互助云端相伴，让教师拥有由心而生的向上力量，在不断的自我突破中创造有境界的教育生活。

与所有的追梦者一样，我们也有汗水和泪水，有喜悦和哀伤，为一个个突破性进步欢欣鼓舞，也为一次次挫折和打击流泪彷徨。

也正是在这样的过程中，我们感悟生命成长的力量，让梦想变得真实而切近，让跋涉的脚步变得踏实而坚定。只要生命不息，过去的成绩与今天的努力以及明天的问题，就都是在路上。我们有总结，不定论。毕竟，在奔赴教育理想的路上，坐想都是问题，起行才是答案。

一个学年的结束，意味着另一个征程的开始。每一次出发，都不要忘记我们共同的约定——

带着最初的心，走最远的路，做最好的自己，在更高处相见！

附 6:

采撷名校教育精华　踏实学校特色之路

2011 年 10 月 15 日，我们一行 15 人奔赴重庆，参加中国教育服务中心组织的"名校之光——学校发展与办学特色观摩考察活动"。7 天的时间，我们先后听取了两场专家报告，参观了 6 所特色学校。如此密集的安排，让我们在最短的时间内接受了最大强度的信息冲击，惊喜惊叹之余，难免有些眼花缭乱。回来的一周，一边顺学校的工作，一边回顾学习的过程，看看照片、读读笔记、翻翻材料，慢慢地心静下来了，而随之沉淀于心底的，便是此行的收获了。在拾笔梳理感悟的时候，眼前总不自觉地浮现出几个人物形象，其精神实质或者正是名校发展的最好写照，于是便一同纳入此行的汇报之中。

一、有梦想，就会有希望

代表人物：灰姑娘；代表学校：金沙街小学。

一位老师在教学《灰姑娘》一课时，问过学生这样一个问题："如果灰姑娘当时因为后妈的反对以及种种条件的限制而放弃参加舞会的梦想，结果会怎样？"

结果是显而易见的。于是，老师这样对学生说："有梦想就会有希望，要努力争取，不要轻言放弃。没有人能够阻止你成功，除了你自己。"

灰姑娘的华丽转身，得益于两个条件：一是有梦想，不放弃；二是有贵人（仙女）和朋友（动物们）相助。

学校的发展之路亦是如此。

金沙街小学创办于1983年，到2001年郭琇校长上任时，学校已陷入生源困境，面临生死存亡的考验。但执着的郭校长却相信：天无绝人之路，再差的学校，也可能有自己独到的地方。她拿着放大镜寻找金小的闪光点，最终以集邮活动为突破口，创建学校的特色品牌。

特色的创建之路有阻力，有挫折，面对质疑和反对声，郭校长经受住了考验。经过两年的坚守，她最终敏锐地抓住了"区教委鼓励学校开发校本课程"这一时机，将小规模的集邮活动上升为校本课程并逐步做大做强。2006年，金小及时登上了"特色学校创建"的快车，根据集邮特色提炼学校的文化精神，提出了"方寸修身"的办学理念，形成"邮品、学品、人品"的三品教育品牌，把集邮教育上升到了学校的特色文化。由此，学校的路越走越宽，先后被评为"全国青少年集邮活动示范学校""重庆市留守儿童示范学校""课改实验先进校"等。如今的金小，已成为当地的一个教育品牌。

有人说，是小小的邮票成就了金小。我更想说，是郭校长对梦想的激情和执着追求的精神成就了金小。

给我触动最深的，是龚教授谈的另一所学校——我不知道它的名字，只知道它是一个设施落后的偏远小学，交通不便、师资紧张、生源不足……一切似乎都在告诉我们，这是一所没有希望的学校。新任校长围着学校一圈一圈地转，最终拿出自己的积蓄，为全校所有学生准备了一份见面礼——每人一支口琴，然后要求孩子们先学会吹奏国歌和校歌，因为这两首曲调是他们最熟悉的，容易入门。

之后，学校开始为孩子们争取展示的机会，让他们试着参加各种比赛。当得知全国要举行口琴比赛的时候，校长审时度势，知道以孩子们现有的水平参加全国的比赛是没有希望的，于是他想尽办法筹措资金，让全校120名学生和30名教师全部登台，最终征服了评委，取得了第一名的好成绩。在接受文化部副部长颁奖的时候，校长没有登台，而是请教体局局长去，局长又请副区长去。一所几乎被遗忘的学校就这样进入了全区教育的大视野当中，区教委及市教体局积极为学校筹集资金，先后拨款100多万元用于改善学校的教学设施，铺设塑胶操场等。之后，学校参加了在韩国举行的口琴比赛，并取得了一等奖，创出了名声。为方便各级领导的检查和社会各界的参观学习，市政府开始为学校拨款修路、改建校舍……学校逐步走向了现代化。

这位校长所拥有的，不仅是对教育事业的激情和执着，更有一份睿智和远见。他知道学校的发展不仅要依靠"内因"，还要有政策扶持和外力相助，他做到了，所以他的梦想得以实现。

二、有付出，才会有收获

代表人物：农夫；代表学校：人和街小学。

农夫是耕耘者，耕耘是一个过程，需要农夫做很多细致而辛苦的工作：

要在适时的时候播种、施肥，之后是漫长的培育过程。它没有任何捷径，既不能拔苗助长，更不能守株待兔，唯有脚踏实地，精耕细作，才能获得好收成。

农夫的精神实质中最可贵的有两点：一是不畏辛苦地付出；二是心平气和地守候。

学校的文化建设亦是如此。

重庆人和街小学是一所重点学校，也是一所历史名校，从学校的发展来看，它无疑是成功的典范。然而这份成功是来之不易的，是经过几代人的不懈努力和追求所获得的。

人和街小学的特色形成经过了四个阶段：1974 年至 1983 年的 10 年间，以学科教学改革为主，为学校培养了大量优秀的教师，形成了学科的教学特色；1984 年至 1993 年为学校整体改革的 10 年，以科研课题为主线，提升教师的理论水平和实践能力，推动学生活动的全面展开；1994 年至 2003 年开展了长达 10 年的"和谐活泼"特色教学探索，在邱学华"和谐"理念的指引下，从课内引向课外，从和谐师生关系的营造扩展到和谐校园的打造，逐步形成和谐教育特色；2004 年至今构建"人和教育"的文化内涵，在充分挖掘传统文化和地域文化的基础上，融合学校的历史和时代精神，构建了"人和"理念的体系，形成了学校的特色品牌。

从中我们不难看出，学校的每一次改革都长达 10 年之久，因为静得下心，沉得下身，所以改革的每一步都走得扎实有效，都为下一步的改革奠定下人才和文化的基础。如今的"人和"品牌是几代人共同努力的结果，是每一代领导者克服了急功近利的思想，精耕细作的智慧结晶。

三、有创新，才会有发展

代表人物：乔布斯；代表学校：杜甫草堂小学。

作为世界上最大的 IT 企业之一，美国的苹果公司在 2011 年 8 月成为全球市值最高的上市公司。乔布斯则亲手导演了它从 1997 年的濒临绝境到今天的大红大紫。他将美学至上的设计理念在全世界推广开来，他将科技和人文、艺术融合的创新设计，为苹果公司的发展赢得了无限商机。

乔布斯的使命：活着就是为了改变世界。苹果产品的每一次绝妙的设计和精益求精的品质，无不是执拗的乔布斯追随自己内心使命的结果。

学校特色品牌的形成亦是如此。

成都杜甫草堂小学的现任校长蓝继红，是从重庆另一所著名学校——泡桐树小学调来这里任校长的。上任之初，她面临着双重的考验。首先是上级主管部门的领导给了她一个选择，要么把杜甫草堂小学划归泡桐树小学，作为它的分校，借泡桐树小学的名声和力量实现学校的发展；要么独立办校，但必须在三年之内超越泡桐树小学。其次是来自学校内部的压力，教师们多年以来在美丽浪漫的浣花溪畔生活和工作，形成了那种闲适安逸的处事态度和方式，一时之间很难改变。在上有压力、下有阻力的两难境地下，蓝校长成功地得以突破，靠的就是一股不服输的劲头和积极进取的创新精神。

蓝校长的创新表现在很多方面，最成功的当属学校的"诗意教育"品牌和"教师执行校长"制度。

学校巧妙地利用了杜甫草堂得天独厚的人文条件和丰富深厚的文化底蕴，成就了与诗歌同行，与经典相伴的独特风格。"诗文化"是学校独具特色、极富知识、智慧的物质文化和精神文化，是校园文化的灵魂。

走进草堂小学，仿佛走进一座诗意的殿堂，"诗路花语""好雨轩""一上间""桃李书斋""若思城"……校园的每一个角落、每一面墙壁都传达着诗的语言，处处流淌着浓浓的诗意，植养了学校的人文气韵，奠基了草堂小学学子的诗化人生。

草堂小学在学校行政机构正常运转的基础上，创设了执行分校，推出了学校和年级的教师执行校长制度，并制订了详细的工作要求，包括岗位界定、人选产生、工作流程、业绩考核等。这一制度的出台，成功地化解了干群矛盾，调动了教师的工作积极性，推动了学校工作的协调、高效运转。温家宝（时任总理）在会见蓝校长时称赞道："你很会当校长。"

名校之光，正是人性之光，是人的精神与智慧的结晶。它闪耀在校长的办学行为和学校的发展轨迹之中，或许不能帮助我们解决学校文化建设的所有问题，但至少可以让我们在犹豫的时候、迷茫的时候，变得坚定些、明确些。

感悟一：校长，要为学校的发展打上文化的烙印。

肖方明校长在《提升校长的价值领导力》的报告中提出：每一位校长在上任之初都要问自己这样一个问题——当你离开时，能为学校留下什么？一个简单的问题，道出了一位名校长的睿智与远见，也引发了我们更多的思考。

人去留名，雁过留声。校长离开时，能为学校留下的，必然不是漂亮的建筑或闪光的奖杯，而是深深根植于师生内心的，引领师生前行的学校文化，为学生的成长上好人生的底色，为教育者的职业生涯积淀精神的财富。

也正是基于这样一种理想，我校于今年创办了校刊《七彩之路》，用一张张照片、一行行文字记录着每一位天福人的努力，见证着学校成长的点点滴滴，珍藏社会各界的支持与厚爱，为孩子们的童年生活留下一份美好的回忆，为教师的职业生涯留下生命的痕迹，为学校的发展留下一份珍贵的史料。校刊创办的初衷，便是以这样一种形式，将学校的文化理念植入师生的眼中、融入心中，并最终化于师生的血液当中。为着这样的目标，我们会一直努力。七彩路上，定然会有荆棘和挫折，但只要方向不变，信念不改，我们终会到达阳光彼岸。

感悟二：学校，要因地制宜地进行文化建设。

蓝继红校长在选择继承泡小的文化品牌还是创建自己的文化品牌时，说过这样一句话："杜甫是唯一的，他所承载的文化价值，要比泡桐树小学更有影响力。"

名校的文化建设经验，对于我们来说，可借鉴可学习却不可复制，因为每一所学校都是唯一的，有着自己独特的文化底蕴和发展历史，尊重这些差异，才能找准学校文化建设的突破口。

首先，地域差异决定了学校文化建设的方向。如：杜甫草堂的"诗意教育"就是独有的，是其他学校不可复制的。除此之外，重庆人民小学作为革命干部子弟学校，它的"教育的终极目标就是实现人的解放"的观念也是基于这种特殊的历史背景下而形成的；谢家湾小学的"红梅花儿开，朵朵放光彩"的教育主题，是"红岩"革命精神的传承与发扬。

其次，学校的发展水平决定了文化建设的起点。学校也像国家一样，分为发达国家、发展中国家和落后国家。不同的发展水平决定着起点不同。我们参观的几所学校，无疑都是先进名校，他们的起点高，发展快，目光已锁向国际化的趋势。而前面提到的几所落后学校，则须从一个个小而具体的项目入手寻求突破、形成影响，进而争取外力支持和政策扶持，向着"特色项目—学校特色—特色学校—品牌学校"的目标一步步迈进。

回到我们自身，首先就要给自己一个准确的定位：我校是新建校，没有深厚的历史积淀，也缺乏明显的地域特征，那么学校文化建设的主题当从教育本质去挖掘。教育的最终目标就是实现学生的全面发展，而小学教育更要在此基础上，给孩子一个幸福成长的童年。因而，我校在建校之初，在苏校长的智慧酝酿之下，确立了"七彩"教育理念，让阳光、快乐的教育成就孩子的绚烂人生。其次，要给自己一个明确的目标。我校是城区校，师资、设施等比上不足，比下有余，可算得上是发展中学校、潜力股。因此，我们一边积极探索特色项目，带动学校工作的整体提升，一边将目标锁定市直名校，在"两有四比"的赶超活动中，不断加快学校文化建设前行的步伐。

感悟三：文化，要在继承与创新中精心培育。

泡桐树小学的陈洁校长在报告中说道："学校的发展，要有两种眼光：一种是历史的眼光，一种是世界的眼光。"

历史的眼光，就是要纵向地思考学校的过去、现在和未来，尊重和传承学校的发展历史，并在传承的基础上不断创新，为后人再造新的传统。

世界的眼光，就是要横向地思考教育当前所处的背景、气候和使命，勇于扬弃，与时俱进，让学校的发展紧跟时代的步伐奋进。

自 2008 年建校以来，我校围绕七彩教育理念做了大量卓有成效的工作，七彩理念早已深入人心并得到社会各界广泛认可。因此，当去年局党委提出学校文化建设"要从特色项目入手，让理念落地"的要求之后，我们首先明确了一个目标：在传承"七彩"理念的基础上，开展特色项目的探索。之后，经过精心地调研和深入地思考，最终锁定"评价"这一领域，致力于构建一套科学完善的评价体系，促进学生的全面发展。我们以加德纳的多元智能理论为支撑，结合"七彩教育"理念，分别以七种颜色涵盖了学生成长的各个方面，全面实施"七彩评价"工程，为孩子的成长搭建平台，打造至善至美的行为文化。

本学年，我们将在此基础上进一步创新，将七彩少年的评价推广至七彩教师评价、带动七彩家庭建设，同时，努力探索"七彩评价"的校本课程，提升学校文化建设的生命力，促进学校各项工作更好更快发展。

文化，是人类的精神食粮，它的培育过程，一样充满风雨、一样要迎接各种不可预知的考验和挫折。做教育的，要像灰姑娘一样，不因为阻力和困难而放弃梦想；要像农夫一样拥有公正平和的胸怀，细心呵护幼苗，为它除草施肥，没有任何的埋怨和懈怠；要像乔布斯一样，以创造和改变为自己的使命，精益求精不断超越……

附 7：

峰山小学校园文化策划构想

千古文登，历史悠久，岁月着意于这方热土，让它立于文化之巅；如画文登，风光绮丽，造化钟情于这方天地，让她占尽了山水之胜。"文登学"绵延千年、崇文尚学依然如故、道家思想文化涵养至今、仁孝乐善世代相传。如今，红色文化的传承更是助力文登的发展，文登学底蕴更加深厚，内涵更加丰富，演绎出了一部部"文登学"的人文传奇。今天的文登，日新月异；今日的文登，蓄势勃发。文登这座现代的美丽城市正敞开宽广的胸怀，拥抱未来。

"文德天下，登峰如画。"峰山小学坐落于峰山脚下、召文台旁，特殊的地理位置赋予了它独有的文化气息，它受惠于自然秀美，浸润着传统文脉，因教育所需应时而生，承社会厚望聚人气而盛，承古城崇文尚学之遗风，扬红色文化之精髓，向着未来一路高歌，铿锵前行！

"登峰·向未来"文化思考

我们期待峰山小学的校园文化是根植于厚重的地域文化土壤中，立足学校发展的现状，从现实指向未来的一种动态、开放、多元的文化。

立足·新起点

峰山小学是一所新建学校，随着第一批师生的加入，这所学校就有了生命和希望，而生命中一切的美好，都源自"爱"——教师之间，需要以爱为底色建立良好的同事关系，和衷共济，共同面对和迎接新建校的种种困难和挑战；师生之间，需要以爱为纽带，彼此关心共同进步，在峰山小学这片热土上快乐成长、向美而行。

当一所学校倾注了爱的底色，她就有了另一个美好的名字——"家"。

家，是同在一个屋檐下的归属感和认同感，是风雨中同撑一把伞的相互陪伴与扶持。家是最小国，在这里，师生沐浴爱的阳光，自由呼吸，自在成长。国是千万家，在这里，峰山人厚植家国情怀，立志高远，无畏前行！

以爱为底色，让学生自由呼吸、自在成长，是峰山小学立德树人的情感底色。

踏上·新征程

什么是教育？李希贵说：教育就是帮助孩子找到他们"可以伟大"的地方，让他们在通往伟大的道路上行动起来。在这个过程中，帮助孩子认识独一无二的自己，学会选择和放弃，明晰自己的职业目标和人生目标。

成长最美的姿态，就是遇见更好的自己。教育，就是要唤醒师生内心自我发展、向上奋进的原动力，努力向前，永不放弃，一起去寻找那个更优秀的自己！

不负时光，努力登攀，遇见更好的自己，是峰山小学在新的征途中应有的态度。

见证·新使命

梦想，是人生成功的起点。从小数星星的孩子，为中华之崛起而读书的少年，都在少年时代播下了梦想的种子，并为之奋斗一生，不懈追求。人生因为梦想才更有意义，生命因为梦想而更具张力。

心中有光，脚下有路，梦想终将绽放。峰山小学就是孩子们梦开始的地方，愉悦地接纳自己、自信地面对困难，创造不一样的精彩。

相信自己，沐光而行，勇敢开创美好人生，是峰山小学根植于心的信念与品格。

展望·新时代

未来已来，人工智能的当下，数字化正引领教育以全新的样态打开。2019 年，中共中央、中国国务院印发的《中国教育现代化 2035》重磅出台，这既是宏伟蓝图，也是冲锋号角，开启了中国教育现代化的时代。以未来照亮现实，是我们这一代教育人的使命，为着未来而努力，是当下我们最应该做的事情。

站在眺望未来教育的最前沿，新建的峰山小学，更应与新的时代同行，与新的教育形态同步，成为面向未来教育的先锋者、引领者。赋予学生迎接未来的能力，拥有由心而生的向上力量。

以未来为方向，寻找链接现实与未来的有效途径，是峰山小学着眼发展的价值追求。

"登峰·向未来"文化倡导

"登峰·向未来"是学校的文化主题："登峰"是一种努力向上的状态，意喻峰山小学的师生在共同努力的过程中遇到更好的自己。"向未来"，是一种方向感，隐含"以梦为马、未来可期"的希望。

基于以上思考，峰山小学的文化内涵，应该包括四个层面的表达：爱的底色、努力的状态、自信的品格、未来的方向。

峰山脚下，未来已来，生命的风景，在登峰的旅途中徐徐展开。

笃信"希望，从这里放飞"，未来，存在于我们每一次的努力中……

第三章

用最朴素的道理做管理

以人为本的管理就是管理人员的创新精神。

——张瑞敏

2019 年，我应邀到刘校长所在的学校调研，以旁观者的身份进行为期一周的校园观察。我们去的第二天，刘校长却被教体局临时安排出了一趟公差，也正因如此，我得以更自由和随意地去感受这所学校。这所学校有一种独特的魅力，这种魅力来自校园里的表情——老师们工作忙碌而面容平和，学生们行为规范且状态舒展，对来客热情周到而不失分寸，这让我们感到很放松，很舒服。

　　很奇怪，刘校长是一个工作上追求完美的人，对自己和身边人的要求极高，与她搭班子共事的中层和老师都觉得有压力，为什么学校整体却呈现出一种难得的平和与舒展？当下的社会压力重重叠叠、兜兜转转地转嫁给了教育，教师职业的焦虑感常常让很多人身上多多少少带着一些戾气和怨气，尤其是近两年，行业越来越卷，内耗越来越严重，为什么这里能成就心灵上的世外桃源？

　　我把这种感觉告诉刘校长，并向她请教奥秘所在。她说："我没有认真地思考过，也没有什么经验和技巧。一切管理都是人的问题，一切人的问题都是管理的问题，与人打交道掺不了半点虚假，真诚与尊重是通往人心的唯一路径。"

张绍阳·贵州

反向思考，正向行走

人们常说，一位好校长就是一所好学校。作为学校的最高领导者，管理经验和技巧可以通过学习获得吗？管理经验可以复制吗？我不知道，书店里有很多有关管理经验的书籍，网络上有很多有关管理智慧的讲座，多是企业化模式下的经验，并不适合教育的现实，毕竟我们既不决定教师的工资，也不能决定他们的任免和去留。一线城市优秀校长们的治校经验和智慧值得学习，但很难解决我们面临的一些现实问题，因为地区不同，学校不同，人也不同。人是最复杂的变量，校长、中层、教师、学生、家长……每一个都是未知数，这就决定了每一个学校都是独立的样本，很少有经验可供复制。

那么，到底怎样才能成为一个好校长呢？其实我们只要想明白一个问题就行了——当初我们是怎么成为一个好老师的？从踏上讲台的那一刻起，每做一件事儿，我总是不由自主地回想自己的童年和学生时代，想自己那时候喜欢什么和不喜欢什么，告诉自己现在要怎样做和不要怎样做；而我走上管理岗位的时候，也自然而然地去回想自己的职业生涯，想我们需要什么和期待什么，告诉自己现在该干什么和可以干什么。

我曾经与朋友也探讨过这个问题，我问她，什么样的领导令你不服？她说的三个词令人振聋发聩，牢记于心——做事不公、业务不精、持身不正。

好啦，去掉三个"不"字，便是一个好领导的基本标准了。做到了这些，你便在及格线以上了，即使你仍然有各种各样的缺点和不足，即使仍免不了有人吐槽你讨厌你，但你总能被集体所接纳和认可，总能在经历不断地比较和筛选之后成为被选择和拥趸的那一个。

撇去浮躁的泡沫

带队伍的第一步首先就是要建立共同的愿景，形成共同的价值观，这个道理我们都懂，听起来挺高大上的，事实上却没那么复杂，一直以来我都把最简单、最朴素的道理以最快的速度植入团队，成为我们共同的处事原则，事实证明，这非常有效。

己所不欲，勿施于人

不知从何时起，"己所不欲，勿施于人"，这句话根深蒂固地扎根在我心里，成为我待人处世的第一原则，这让我做任何决定的时候都会习惯性地换位思考，从学生的角度去思考怎么做老师，从老师的角度去思考怎么做教研员，从下属的角度去思考怎么做领导，从家长的角度去思考怎么做学校教育……这种思维逻辑很快就在工作中为中层和老师们所接受。比如，当我们讨论一项工作时，除了要从工作本身去考虑方法和效果之外，还会习惯性地从"受众"的角度去预判执行过程中可能遇到的困难以及可能引发的问题，关注哪些地方可能会让他们（通常是老师、学生或家长）抵触甚至反感。这种习惯让我们的工作更加高效、简洁、人性化。

受人之托，忠人之事

可能是从小就喜欢武侠小说的原因吧，"受人之托，忠人之事"这八个字深入骨髓，成为我性格的一部分。我把每一份交给我的工作，都当成一份托付，所以当老师的时候，教好我的学生是受家长所托，当校长的时候，管好学校是受领导所托，工作做好了理所应当，做不好就努力改进。这种工作态度使得我的团队有了精品意识，凡事要么不做，做就做到自己的最高水平。也让我的团队更富使命感和责任心，很少为功过得失计较抱怨，这样的团队多少有了一些江湖侠气和兄弟义气，更有一种契约精神，每接手一项工作都默认是一份承诺，竭尽所能为对方负责，所以工作结束之后，往往能收获意想不到的敬意和友谊。

关键时刻不掉链子，外人面前不丢面子

这句大白话其实就是一种集体荣誉感。学校里的工作千头万绪，我们不可能要求每件事儿都做到极致，也不可能要求每个人都与自己步调一致，所以必须设底线，有取舍。这句话便是我对集体活动的唯一要求。所谓"关键时刻"就是迎接督导检查或重要比赛的时刻，涉及每一个环节都不能出错，不能因为一两个人的疏忽懈怠辜负了大家的辛苦与努力。所谓"外人面前"就是面对上级领导、社会人士、学生家长、媒体记者时，每一名师生都是学校的形象代言人，一言一行都要以维护学校的声誉为最高准则。这两句大白话在经过几次实践之后被老师和学生牢牢地记在心里，所以当学校面临大事的时候，行动快、标准高、效果好。

观念，是唠叨出来的。任校长十几年了，反反复复就这三句话，算是我与团队的"约法三章"，回想起来，没什么技术含量，但效果是真的好。越简单的东西越有效。

这么多年下来，我带的队伍未必有多么优秀，每个人都各有缺点和不足，日常相处也不总是一团和气，但好在有共同的做事标准，行动一致，能征能战，我很知足。

从别人的抱怨里能学到什么

我有个朋友，在别的学校做中层，我们一般很少谈及她的校长及学校内部的一些敏感话题，大家都是聪明人，懂得边界感的重要性。偶尔有一

次，她忍不住发了一句牢骚："最受不了他事先不拿主意，事后乱发脾气。"我深深地理解她的不满。

在我工作的最初几年里，所遇校长一男一女，风格迥然不同。大多数男校长都是"社牛"型的，他们的信条是"男主外，女主内"，给自己定下的主要任务就是要人、要钱、要政策……做好外围一切服务保障工作，至于学校日常的教育教学则全部下放给副校长和主任们，对于一些细节不是很在意，要求也不苛刻，虽然有时候中层也因他缺席重大事件没人拿主意撑场子而苦恼，但总体上还是满意的。

后来我遇到一位女校长，见识了完全不同的工作风格。她心思细腻，反应迅速，总能在听取汇报的时候找出方案中的不足并加以修正，总能在我们举棋不定的时候给予指导并提供帮助。后来我才知道，学校的每一项工作她事先都要在心里"过"一遍，在我们去汇报之前她已经有了全面的思考，因此我们的每一点疏漏都逃不过她的眼睛，我们曾打趣她"专业挑刺二十年"，她的敏锐让我们一切摸鱼行为、偷奸耍滑的想法、蒙混过关的企图都无所遁形，这让我们非常有压力，所以我们从不敢未加思考就去汇报，总是把通知看了又看，方案想了又想，不仅要有根有据，还得有备用方案，按她的说法就是"要让领导做选择题，而不是问答题"。跟随她一起工作的那三年，是我压力最大，收获最多、成长最快的三年，我从她身上学到了太多太多东西。

后来我做校长的时候，便不自觉地学习她、成为她。我也曾被中层抱怨"要求太高、压力太大"，但也有人真诚坦言："幸亏跟你一起工作的那几年锻炼了我，让我不论走向哪个岗位，跟从什么样的领导，都不怕。"我很骄傲，作为校长，我有义务带领他们一起成长，让相处的时光有收获、有价值。

那天朋友问我："你们当校长的是不是都希望中层是全才呀？既能挑担子，又能受委屈；既要人品好，又要能力高，最好什么事儿都别用你们操心，还能把学校里里外外打理好？"

我笑了，说："要是有这么完美的人，还轮得到我来领导？我没那么贪心。同样的，那种上得了厅堂下得了厨房，搞得定外交、理得清家事，工作能力强、脾气又特别好的完美型校长也是不存在滴。"

我们相视大笑，对彼此更多了一份理解和体恤。

真正的老板是贵人，能引导员工更有价值；优秀的员工是引擎，能促使老板日益精进。双向奔赴的成长，才是职场最好的模样。

"爱在心，责任在肩"值班手记

学校管理千头万绪，纷繁复杂，中层们除担任学科教学任务外，还有各自的分管工作要忙。如何将管理工作做到精细化、无缝隙，既能有效提高管理成效，降低意外事故的发生，又能有效提升管理艺术，促进"一岗双责"责任的落实？

"今早值班时发现卓然路的下水道盖碎了，已联系孙主任做了紧急处理，并在周围设置了警示牌，各位值班的时候都注意一下哈……"

2012年9月的一天，学校领导QQ群里值班主任随手发的一则广而告之引起了大家的注意。破碎的下水道位于师生上下学的必经路段，也是学生带队到操场进行体育活动的途经路线，在彻底修好之前必须加强警示，预防意外事故的发生。这则提醒同时引起了我的重视，如果每天的值班领导都能做到观察细致入微，处理及时到位，思想上重视，行动上落实，何来意外事故的发生呢？推行领导值班手记的想法在我心中悄然而生。

"教育无小事，时时需用心。"在学校管理中，除了肯用心、能吃苦之外，对管理者还有另一项特殊要求，就是要有非常敏感的神经，能敏锐地捕捉到身边发生的变化及其中隐藏的不安定因素，并迅速做出反应。校园安全事故发生的根源往往就在于管理者对小问题的漠视和忽略，由此还会进一步引发家校纠纷甚至信访事件，所以重视对细节的监督与管理是提升学校办学水平的重要一环。

于是，学校出台了"爱在心，责任在肩"领导值班制度，对到岗时间、值班地点和值班职责等都做了详细规定：每天早上七点前值班领导到达校门口，首先落实值日教师和保安的到岗情况，然后共同接班车到校，清点班车学生人数、监督学生路队纪律和处理外来人员进校办事儿等事宜；七点四十之后，值班领导开始巡视各教室及校园各处，看各班学生到校后的组织情况及各校队的训练情况；课间巡视各班学生管理及体育大课间活动的组织效果；午间观察学生午餐秩序、监督餐厅饭菜质量、管理午休（或学生自由活动）情况；白天上课期间，进行规范办学行为及教师从教行为的抽查；晚放学后组织各班学生列队出校，落实班车、自习学生和课后服务小组的组织情况，五点半后看校园体育设施对外开放的组织管理情况等。一天的值班结束后，将全天的观察结果及时梳理总结，并发送在领导班子QQ群中（附2）。

每位值班领导当值一天，差不多要负责12个小时的学校管理工作，责任很大，工作很辛苦，但效果也很好。

发现问题及时解决，管理更精细。每天下来，每位值班领导至少要巡视校园三四次，足迹遍布校园各个角落。对于及时发现的问题，能马上解决的马上解决，如：楼顶的大字年久失修容易坠落、冬天积雪融化结冰学生容易摔倒、校园围网的螺丝松动学生容易钻出去、建设施工临时拉的电线存在安全隐患等；不能马上处理的则向相关分管领导报备，先按紧急预案实施，再慢慢处理，极大地提升了学校精细化管理的效果。

相互学习彼此提醒，管理更艺术。学校领导班子成员成功借助值班手记这一平台，运用鲜活的素材、生动的描述、真挚的情感、多元的视角，真实再现了校园生活的每一天——或激情飞扬，或真诚睿智，或浅显易懂，或见微知著，流淌着对学校的热爱、对师生的情怀、对事业的执着。我们时常会回头一读再读，因为它是一种见证，见证着中层领导互相学习共同进步的每一天；是一种记忆，是同事之间温暖爱护，相扶相携度过的青春岁月。

资料留存真实有效，管理有借鉴。从 2012 年 9 月推行至今，领导值班手记坚持了十年多的时间，风雨无阻，从未间断，详细记录了每天发生在校园内的琐碎事件，既有安全事故处理的前因后果，又有校本文化研究的过程纪实；既有教育生态环境的营造之路，又有课堂教学的创新之举；既宣传了师生中感人的事迹，又引领了学校的管理文化。

学校管理没有极致，制度千条不如落实一条，强调千遍不如示范一遍。中层领导值班手记的推行，为全体师生树立了良好榜样，让服务更贴心、奖罚更公正，在学校精细化管理中发挥了重要作用，将"细节决定成败""关键在于落实"等理念真正贯彻到学校工作的方方面面，营造了风清气正的校园生态。

教师应该怎样过教师节

不知道从什么时候起，教师节成了廉洁教育、培训学习的节日，各级部门会下发"廉洁从教"提醒函，学校里会组织心理健康团建或读书沙龙、赠书活动等，老师们对这个节日越来越不感冒，越来越漠然。这不正常，也不应该。节日要过，而且要过得轻松快乐，所以每年的教师节，我所在的学校都会认真筹备，根据每年的不同情况组织不同主题的活动，通常是"简单的仪式、好玩的游戏、心喜的奖品"为节日三件套。此外，我们还开辟了"时光印记"栏目，一花一世界，一年一主题：2020 年《刚好遇见你》、2021 年《我们都是追梦人》、2022 年《师者如光，虽微致远》，作为每年教师节的开场视频，回顾相伴的时光，展现新进教师风采。

2022 年是比较特别的一年，我所在的峰山小学因为大幅扩班，从乡镇学校借调了很多老师来轮岗（所谓轮岗，就是在这里只教一年便回原单位，是教育局为缓解城区学校师资压力出台的政策）。我们并没有因此而忽视这个节日和这些来去匆匆的人，相反地，我们更加珍视这短暂的缘分。准备工作从几天前就悄然开始，《师者如光，虽微致远》视频一边拍摄一边制作，为了赶时间，分管领导和老师凌晨四点多就开始编辑，将峰山小学的 49 名老师的日常与电影《老师·好》的片段剪辑在一起，完美融合，效果令人震撼；游戏的创意和道具早就准备就绪，保密工作一等一。教师节这天，我们照例举行了小小的庆祝仪式。主持人热情洋溢地开场，之后是我的致辞。我没有带稿子也没有很正式地讲话，只是把自己的所思所愿讲给老师们听，如下。

老师们：

就在刚刚往台上走的时候，我突然想起去年教师节我说过的一句话：我说我在自己 46 岁的这一年，与 26 名老师，一起度过第 26 个教师节。转眼间，第 27 个教师节就来了，我们峰山小学真应了那句话：年年岁岁花相似，岁岁年年人不同。今年我们新来 28 名老师，新来的比原来的还多，28 名老师来自 19 个学校。有人说，我们是拼团，是散团，我说不对，拼团是游山玩水的，散团是临时搭伙的，我们峰山是组团，是抱团，组团打怪升级，抱团长远发展。

每一年的教师节我们都要讨论如何庆祝，咱家的原则是不听讲座不开会，不搞评比不发证，只要开心就好，毕竟这是我们自己的节日，我们要好好爱自己。

我们设计了游戏环节，一会儿王玲会向大家说明，玩的时候老师们尽情尽兴，放下身段释放天性的你，在孩子们眼里更美。除游戏之外，我们还能做点什么？因为我们峰山与众不同，人员更新流动得太快太多，有的老师可能只停留一年，即使只有一年也是弥足珍贵的缘分。我们想给老师们留下点值得纪念的东西，所以决定拍摄主题片《我们都是追梦人》。在看小样的时候，我的感慨太多了，最大的感慨就是老师们的镜头感都很棒，人人都有大明星的潜质。我不能剧透太多，一会儿老师们自己看，我们希望给老师们的职业生涯多留一些资料和一份纪念，多年以后想起这段经历、这群人时，仍然觉得温暖有力量。

第二个感慨，是舒展了眉头的你，带着温和微笑的你，是孩子们眼中、同事眼中，峰山校园里最美的风景。今年的主题是"追梦人"，希望每一位在这里工作过的老师，多年以后回忆这段工作经历的时候，都能说："峰山，挺好哒，我在峰山，挺开心的。"

我们所求的就是这一句"我很开心"，此外无他。在疫情不知何时结束、俄乌之战不知走向何方的背景下，我们无法拥有理想中的世外桃源，但我们可以建造自己的精神家园。接下来的工作中，祝老师们歌声、笑声、读书声，声声入耳；接下来的日子里，祝我们家事、国事、天下事，事事顺心。节日快乐，谢谢大家！

当天下午，全校的孩子们都在为老师加油鼓劲，在他们眼里，这些玩游戏有些笨拙的老师们更加可亲可爱。老师们也玩得尽情尽兴，整个校园是一片欢乐的海洋。

游戏后是抽奖环节，满满的祝福藏在精美的卡片中。老师们抽取自己的节日礼物（校长送生日蛋糕、禅洗头疗体验一次、亲情假期一天……），像小孩子一样高兴。当听到新进教师一句"这是我23年来过得最有仪式感的教师节"时，感觉一切都是美好的，值得的。

做眼里有人的教育，就是学校爱老师，老师爱学生。再忙，我们都要好好庆祝教师节，每年的视频老师们都会用心收藏，记录一起奋斗的时光和时光里陪伴自己的人。在轮岗教师回归本校即将退群的时候，用了视频中的一段话向我们告别："我不是在最好的时光遇见你们，而是遇见你们，我才有了这段最好的时光。感谢遇见，来日再见！"

什么事儿都要摆到台面上说

常有人说，领导要保留一些神秘感，不要轻易说话表态，不必亲自出头露面。说得有道理，我理解的"不要轻易说话表态"，是指未经调查和全面了解的情况下，不能轻易给人或事定性，无论是肯定还是否定，都有可能会辜负了下属的付出，伤害了员工的感情。而"不必亲自出头露面"，是指校长要抓大放小，要给中层和老师以充分施展或试错的空间，要有足够的耐心等待他们成长和进步，要在关键的时候能够做他们的后盾或为他们救场和兜底。但该开口的时候不能装聋作哑，该出手的时候不能拖泥带水。这么多年的经验下来，凡是在关键时刻校长缺席的学校，总难免会出现军心涣散、战斗力减弱的情况。

管理的本质就是沟通，只有沟通才会了解，只有了解才能理解，只有理解才会支持。因而学校里一切重要的工作，我都会把自己的态度明明白白地亮出来，把当前的情况、面临的困难、拥有的优势条分缕析地摆上台面，不遮掩，不逃避，不搞神秘主义。我们在各种会议上的发言，其实就是与老师们共享信息、交流思想、讨论方法、达成共识的过程。

最重要的会议是新学期教师分工会。每年我都会亲自参与前期的分工，对每位教师的特点与业绩、困难与诉求等情况做到了如指掌，全面考虑。新学期工作会上，我会亲自对分工情况进行说明，包括教体系统的政策导向、师资分布的整体趋势、本校师资情况的详细分析、分工遵循的基本原则、薄弱学科的扶持计划等，坦坦荡荡，公开透明。每年都会有老师在分工上提出一些要求，如不当班主任、不教某年级、不带训练队等。我们体谅老师的难处却往往爱莫能助，这个时候如果分工上出现含糊不清、交代不明的情况，就很容易引起老师的不满，所以作详细说明既是一种尊重，也是一种交代，以此取得每位教师的理解与支持。

第二个重要的会议是职称评审会。每一次职称评选政策下达之后，我都会亲自在教师大会上进行解读，把历年来政策的延续性和变化之处说明白，把积分计算的方法及利弊分析清楚，从来不会一读了之，从来不让老师一头雾水。因为职称中有很多条款，尤其是一些复杂的积分方法、评分标准、政策倾向，不分析老师们大多是搞不明白的。外界对老师这个群体有很多误解，总以为他们精于算计，实则恰恰相反，也许他们会在一些细节上较真，如学生作业、值班次数等，但真正涉及切身利益的事项，如工资、职称等反而大多搞不明白。经我解读之后的政策，老师们都能正确预估出自己的情况，再做决定和选择。

另外还有绩效工资分配和千分考核修订等，都是涉及教师切身利益的事儿。在这些重大事件上，我始终坚持两个原则：一是我们虽不是教师的衣食父母，但不能漠视他们的切身利益。在业绩考核、职称评聘等重要时刻，校长一定不能缺席，越是容易出问题的地方校长越要站在最前面。二是在解读政策、制定方案时切不可轻视民意，不可回避矛盾，要永远尊重老师的知情权，校长必须严格把关，做到程序严谨，解读清楚，让每一条政策的出台都师出有名，让每一次考核的修改都事出有因。

新官上任的第一把火

2016 年，我调任环山小学校长。环山小学是很好的一所学校，历年的考核成绩都很优秀，中层能干，教师敬业，日常工作中规中矩，可以说只要我这个新官不折腾，按部就班地就没什么事儿。

可能是"当局者迷，旁观者清"吧，我发现校园里存在的几处安全隐患并没有引起足够的重视。如：学校围墙有个地方一直是开放的，因为驻地户的太阳能正好在围墙建设线上不肯挪走；门市房的后窗是可以直接进学校的，因为缺少预算资金没能安装防盗网；学校与幼儿园的门是不上锁的，为了方便校内老师接送孩子；班车值班交接程序不够严谨，乘车人数的清点上存在一定问题……

不用说，新官上任的第一把火烧在了安全工作上。我默默地观察了一个月，亲自召开了一次安全工作专题会，抓的第一项工作是"规范值班"。自从区政府为学校配备了保安以后，部分学校为减轻教师负担放松了对值班的管理，一拖二就地便懈怠了下来，而安全管理最怕的就是这"懈怠"二字。

以下，是我关于教师值班的要求与说明，我不怕老师说我是唐僧碎碎念，我只要把问题尽量说清楚，让老师们知道为什么、做什么以及怎样做。

老师们，今天会议只有一个主题，就是安全。按理说咱的安全会应该在学期初开，之所以拖到现在，一是开学初的事儿太多；二是我也希望多了解一下各个环节的运作方法，包括局里的新要求、咱们学校的原规定等。把存在的问题理得更清楚一些，改进的方法想得更周到一些，开会说得更明白一些，工作才能落实得更好。到今天也不能说理顺得很周全了，只能说是大体的吧。新的规定和新的问题还会有，以后我们再随时补充。

一、日常值班

值班包括日常值班和节假日值班。首先说日常值班，目前主要存在的问题包括以下几个方面。

1.早晨大门口经常没有值班教师，主要原因是值班日期不固定导致的"遗忘"。

2.值班教师职责落实不到位，尤其是班车交接环节存在明显漏洞。

针对以上问题，我们将单线值班改为双线值班：一条线是门口值班，负责班车交接和餐厅秩序。一条线是楼层值班，负责午间楼层纪律及看护，具体安排如配当表（略）。双线值班的优势是日期固定、职责明确、点位清楚、任务简化；缺点是轮换的频次多了。请大家关注其中一些新增内容或调整变化的部分。

早上：中层、教师、保安全部7：00到岗，到岗后各司其职。

中层：落实教师、保安到岗情况，教师按时入校情况，关注并负责处理突发事件。

教师：组织学生有序入校，与班车照管人员交接，清点下车人数并签字。

保安：负责校园安保工作，7：50及时关大门，只留行人出入通道。

中午：校门口由中层和保安负责，11：30到岗，12：00结束，并关好大门。

门口值班老师11：30到餐厅负责学生就餐秩序，这样保证餐厅至少有一位值班老师、一位德育处干事、一位中层负责，能确保就餐的秩序与安全。

楼层值班老师12：10上岗，到12：50撤岗，这中间的一切秩序维护与学生看护等责任都是你们的，具体内容如表格所示（略）。

下午：中层、保安3：40到岗至4：30班车全部出发后，关大门，撤岗；值班老师先组织第一趟班车的学生上车，并清点人数、签名，然后立马去候车室清点学生人数，检查卫生情况，提前5分钟组织第二趟乘车的学生外出排队、上车、清点、交接签名。

　　这是值班老师的责任和要求。反过来看学生这边，班主任老师要设立乘车小队长，组织乘车学生排队去候车室，并负责本班学生的纪律和卫生。每天晨会，要对餐厅、候车、卫生、路队等进行汇报、总结。

　　总务处要定好候车室，给每个候车室选一个候车班长。根据各个班的人数划好候车区域，打印好名单张贴在相应位置，要求学生定人定位，以便于教师和候车班长点名，也便于出现问题追查到个人。候车班长还可以对各班的候车纪律进行考评，与班级考核挂钩。

　　说到这儿，就得说说候车教室的问题。目前我们的学生在教室外候车，是为了避免进教室导致的破坏行为，哪个班当候车室就会给哪个班增添麻烦，所以我理解大家都不愿意，但把候车的孩子放在外面不是解决问题的办法。昨晚开班子会特别讨论了这个问题，决定重新设立候车室，只要各个环节加强教育和管理就好了，作为候车室的班级，后部会在考核上予以适当奖励。先试行一段时间，有问题我们共同解决。

　　为什么我们要特别强调班车学生的组织与交接环节呢？一是班车学生的组织管理是校方的责任，《山东省校车安全管理条例》中对学校的责任有明确的规定，其中有一条："要建立完善乘坐校车学生登记、交接等安全管理制度，负责学生上学时下车至学校和放学时从学校至上车期间的安全管理。"二是因为保安人手本就不足，兼顾不了这么多，现在咱们的保安全部派到路上当交警用了，这是不对的，保安的任务是防止校园暴力伤害事件的发生。关于这一点，我后面会想办法解决。下一步，我们也要对保安人员的所有工作进行梳理、培训。

二、节假日值班

　　关于节假日值班。我们也做了详细的职责配当表，特别强调以下几点。

一是中层带班，要落实好值班教师和保安到岗情况，保持电话畅通，有问题及时处理或汇报，每天下午三点向教育局办公室报告情况。

二是教师值班场所在传达室而非办公室，要负责安全、卫生、接打电话、值班记录等工作，如有外人入校要查验证件、登记在册，并及时向值班领导汇报；上下午值班要做到无缝衔接，给保安留有足够的就餐时间。

三是要巡视校园及附近水域，将防溺水工作贯穿全年……

之所以要这样亲自布置，一是给全体老师"定标"，知道工作要做到什么份上，二是给中层班子"打样"，知道工作要怎样做。很快，在分管中层的主导下，又陆续补充了课堂组织、课间管理、餐厅就餐、学生出入校门、特殊体质学生排查、教师开车入校、安全责任状签订、学困生辅导、监控视频查阅等方方面面的管理规定，把平时容易忽视的环节、细节一一理顺清楚，让学校领导、班主任、学科教师、保安司机、餐厅经营者们各归各位，各司其职。慢慢地，大家的安全意识上来了，机制运转流畅了，习惯形成了，不仅安全工作更规范了，其他方面也越来越好。教师们也真正感受到职责清晰带来的公平与效益。

好的制度就是让自觉的人感觉不到它的存在，让不自觉的人感觉到不自在。

仅有"责任制"还不够

在很长一段时间内，学校的安全工作就是校长负责制和班主任承包制，所谓"一岗双责"总是说得多，真正落实到位的少之又少。学校里最经常见到的情形是无论学生发生了什么，发生在什么地方，哪怕是发生在课堂上，科任老师也只是打发给班主任处理，处理不好出现纠纷或矛盾的再由学校处理。这也是越来越多的人不愿意当班主任的原因。为了扭转这种局面，各个学校均出台了"安全首遇责任制"，详细地规定了不同情况下首遇人的责任与义务。它提升了教师"安全工作人人有责"的意识，对于维护课间纪律、调解课堂矛盾、规范报告程序等有明显作用，但还不够。

管理者经常犯的一个错误是把"提要求＋评比考核"当成工作的全部，就像很多老师要求学生写字"要认真、要漂亮"是一样的，学生不是不认真，也不是不想把字写漂亮，只是缺少从"认真"到"漂亮"的路径支持。基层工作做不好往往皆因如此，所以伴随着"首遇责任制"同时推出的必然是详细的流程说明。以"学生出现意外伤亡事故"为例，我们不能只说及时报告，要详细说明不同情况下分别报告给谁并附有电话号码，包括报告的先后顺序，以及报告的主要内容、遇到紧急情况送往哪个医院、由谁陪同检查、如何联系家长，甚至医药费的垫付、意外伤害险的报销等均有详细的说明。流程图下发工作群由教师下载保存，各个环节涉及的人均接受相应的培训。如此一来，学生就能及时得到有效救助，家长也能因为学校的积极作为而减少指责或埋怨……长年积累的经验让我们在疫情防控期间受益良多，无论是流程图的制定与运转，还是防疫知识的学习和实战操作，都迅速果断，有条不紊。

安全工作说难也难，说简单也简单，基本上管理者只要做好一件事儿就可以了——什么时间、谁、在什么地方、干什么、怎么干、干到什么程度……整得清清楚楚、明明白白（附1）。

学校不是无限责任公司

安全工作与其他工作不同，似乎永无止境且边界不清。以至于有的管理者在看到各种意外事故后丧失信心，把安全交给了"运气"——反正出不出事故与工作做得好不好没什么关系，全靠运气。的确，有些人做得一塌糊涂却从没出过大问题，有的人谨小慎微却未能避免出问题，这确实让人沮丧，但不是躺平的理由，我们仍然要尽最大努力去做好自己能做到的一切，保护好师生的健康与平安。只不过，老师不是万能的，学校不是无限责任公司，这个立场，我们必须清楚。

天福小学南边有一条新修大路，马路对面村子里有十几个孩子每天需要横穿马路，路上的车开得都很快，学生过马路挺危险的，所以家长要求学校派老师值日保护学生安全。可学校里值班人手本就紧缺，每天用于校门口、班车、楼层值班的人达六七个之多，再抽人就会影响学校的教学秩序。更重要的是，每一个决定后面都会带来一系列的问题。

1. 学校周边的开发速度越来越快，人口越来越多，以后孩子上学的情况越来越复杂，每个路口都要求老师值日，我们有多少人可供抽调？

2. 据以往的经验，没有老师在的时候家长会负责护送，有了老师就是老师的事儿了，很多家长就不再护送了，而且要求会越来越多。比如说，我们从7：30—8：00值班，有的家长上班早，不到7：00就来了，有的起床晚，8：20才到校。晚放学也是如此，情况家家不同，老师的值班时间会被无限延长。

3. 老师们每天在马路上来来回回也很不安全，挨风吹日晒不说，万一老师值班迟到或不到，出了事故就很难说清楚了。

但是隐患确实存在，学生的安全也不能置若罔闻。我们先是向教育局安全科打报告，要求协调交警加装红绿灯，回复说国道不能随便加红绿灯。后来我们要求交警设护学岗，答复说警力不足无法抽调人手，建议学校安排个年轻的保安去，交警负责给培训。我们不同意，学校保安得负责校园安全，帮助疏通校门口来往车辆……几番商讨下来，交警部门负责安装了报闪灯，加了减速带，学校加强了学生的教育与家长的沟通，多方合力共同承担。

所以我的观点是，学校要明确自己的责任边界，不要轻易被别人的声音所左右。该是我们的事儿我们严格地做好，不该是我们的事儿坚决不做。这是对教师身心健康及学校正常教学秩序的一种保护。

特别的爱给特别的你

我曾先后两次遇到学生因先天性疾病发生危险的事故。第一次是在我参加工作的第二年，中午值班看护学生午休的时候。那时候条件比较艰苦，学生一般把课桌拉到一起躺在上面休息，一个男孩突然从桌子上滚落下来，浑身抽搐口吐白沫，我吓得手足无措，但头脑还算冷静，立即拨打了急救电话，同时打发学生去报告值班领导，我留在原地一边观察学生的情况，一边安抚着受惊的学生。急救车来得很快，医生判断是癫痫。在送往医院的途中，家长已经接到电话并证实确实是癫痫，虽然有惊无险，我却终身难忘，每每想起仍然心有余悸。

它给我的工作带来的直接影响有两个：一是当我走上校长岗位以后，积极创造条件购买午睡床，且坚决拒绝那种传统两层的铁架床，改用低矮带软垫的折叠床，可能在我的下意识里，孩子们就是既要睡得舒服又要睡得安全。二是建立"特殊体质"排查机制。每接手一批新生，都要下发调查单，对孩子的相关信息进行登记，尤其是有先天性疾病的，要求家长如实上报，要求班主任严格保密，要求科任老师密切关注，要求德育处建档立卡。近几年，随着安全管理越来越完善，相关文件中也明确提出了"关注特殊体质学生"的要求，而我们早在十几年前就已经开始这样做了。

我们做了工作不等于就不会有事情发生了。2017年，一名在校外午托班休息的学生在起床时突然倒地休克，学校接到电话后立即派副校长和班主任老师全程协助，直至学生手术结束送进重症监护室。几天后孩子脱离危险，家长电话告知感激不尽。我们从家长处获知孩子从小患有先天性心脏病，只是家长怕对孩子影响不好，在学校调查时隐瞒了病情，家长表示非常抱歉。

事件发生之后，有两名学生家长私信班主任，将之前隐瞒的情况如实做了汇报，有身体方面的，也有精神方面的。

人教人百言无用，事教人一击必中。最好的经验往往都是从教训中来的，但以伤亡为代价的教训还是越少越好。

校长如何倾听老师的心声

2012年寒假前夕，我的邮箱收到一封信，是一位音乐老师发来的，她在信中诉说了自己由一名音乐老师改兼数学后的辛苦与无奈（数学老师突发脑疾住院，学校临时调整任教安排，由她接管其中一个班的数学）。事实的确如她所说，由于教材不熟悉，学生不适应等诸多原因，尽管她很努力，学生的成绩却仍然不理想。她本学年的考核成绩因此而大幅下滑，这些我们都知道；我们不知道的是，她的家人因她忙于工作、忽视孩子而埋怨指责她，她在付出了双倍的辛苦之后收获的却是双倍的委屈。我深深地理解她，并为此感到很内疚。学校里经常会出现一种情况就是所谓的"能者多劳"，能干肯干的累得半死，却受各种条件的限制未必"多劳多得"。我是从骨干教师走过来的，对此深有体会。我给她认认真真回了信，尽管未必能真正解决她的问题，至少对她能有些许宽慰。

这件事带给我的思考有两个：一是老师与校长之间有多远的距离？尽管我从未觉得校长是个领导，尽管我特意将校长室从行政区挪到了教师办公区，尽管我一直努力做个听民声接地气的校长，然而一年之中有几个老师肯走进校长室说自己的心里话，对学校工作提意见和建议？何况人的性格各不相同，有的外向有的内向，面对面的交谈从来不是了解真实想法的最佳选项。

我想起老领导说过的一句话："我们总说任劳任怨，其实人都是任劳容易任怨难。"每一个认真负责、无私付出的人在乎的未必是有形的奖赏，所追求的不过是一份理解，一份认同罢了。我申请了一个专用邮箱用于与老师的交流，可私可公，可具名可匿名，可发牢骚可提意见，一切随老师们自愿。"校长邮箱"只有我一个人可见，有些信我会一一回复，有些问题我会面上答复，有些建议会给予奖励。我由此也得到启发，将每年年末的"工作总结"改为"我为学校建言献策"，并设立"金点子"奖，调动老师们的主人翁精神，借助老师们的敏锐与智慧，发现问题及时改进。

与老师们的线上交流至今已经十年了，很多时候老师只是需要一个安全的途径，只是想领导知道自己的付出与苦衷，仅此而已。那种付出后的肯定与赏识、委屈后的安慰与鼓励、生气后的发泄与释怀……是每个人的情感需求，老师也不例外。想明白了这一点，我们就可以透过文字看到单纯的心灵，通过文字实现精神上的支持，就像老师对学生所做的一样。

第二个思考是关于"多劳多得"的问题。我主持修订了《千分考核》条款，增加了"特殊贡献奖"，对特殊情况下支持学校或做出重大贡献的给予奖励。连带着把一些模糊不清的、奖罚不明的、落后无用的款项一并进行了修改或删减。从征求意见到班子讨论，从教代会表决到最后定稿，前前后后耗时一个多月才尘埃落定。

人都是有惯性和惰性的，运转多年的规定一旦被打破总是会侵害到一部分人的利益，对于校长来说是有风险的，你动了别人的奶酪就免不了得罪人，这也是很多管理者明知考核制度有漏洞仍然选择视而不见的原因。

管理者又要干好工作，又不想得罪人，这世界没有那么好的事儿。对浑水摸鱼、违规违纪的纵容就是对勤勉踏实、任劳任怨的不公，所以有些责任和风险是我们必须要承担的。人心向背，有时不是一个分数可以衡量的。学校里有个老师，五大三粗的年轻人，在我刚来的时候就听说过他，常因不满意学校里的人和事到领导办公室吵闹，甚至拍桌子，我也亲眼见识过他在走廊里与教导主任争辩的样子。但在我们相处的几年里，他一直很好，需要教体育就教体育，少语文老师又回来教语文，班主任当得很受家长认可。我对他并不亲热，也从未特别关照。来天福的第三年，他给我的邮箱发来一封信，截取如下。

> 对于工作怎么干，也越来越明白了。对于人生和职业，我又多了一分淡定和从容。当然不是那种泰山崩于前而岿然不动的淡定，而是对荣誉、利益、名声的淡定；也不是那种消极无为耍滑头偷懒的淡定，而是尽力而为、奋发有为、踏实做事的淡定。成败输赢转头空，多想无益。做事拿得起，得失放得下。
>
> 教导处的几个人，很能干，也从不摆架子，我们都感觉与他们交流如同朋友，知无不言，言无不尽。有了这份和谐，还有什么难解决的问题吗？
>
> 至于困难嘛，谁都有，我能搞定的，就不必麻烦你们了。我搞不定的，遇见了问题后，再说也不迟。
>
> 只要你们像上学期一样，对我们充满信任、宽容和理解，就没啥说的。工作累点无所谓，本来都是应该承担的，应该干好的，干就是了。信任总要对得起信任，宽容一定对得起宽容，理解也一定对得起理解。

我离开天福以后，每年的感恩节都会收到好大一捧鲜花，卡片上写道："时间越久，越感恩过去的人与事，永不忘记您给予的关爱与帮助，愿一切美好伴您左右，健康、开心、幸福……"看着署名我实在有些惭愧，怎么也想不起曾经帮助过他什么。我与老师的关系一向比较疏离，首先是性格使然，在人际关系中向来不主动。另外一个原因是我牢牢地记住了老领导的话："不要与老师过从甚密，亲密的关系容易让人产生期待，而你这个人又太较真，对于人家提出的要求，你不答应会让对方产生怨怼之心，你答应了会让其他老师觉得不公平。只管做好校长该做的事儿就行。"事实证明，校长会不会笑，是不是经常夸人，能不能与属下促膝谈心并不重要，做好校长该做的事儿，剩下的交给人心。

人人都是最美教师

这几天又开始了新一轮的网络评选，有大学生的参赛作品，有各行业的优秀员工，随之而来的是轰轰烈烈的拉票运动，比拼的往往不是工作业绩，而是朋友圈里的人脉。参评与不参评的、愿意与不愿意的，都被裹挟其中。教育行业也有好老师的评选，只不过大家都相对比较谨慎，因为"好老师"的好，是一个没有边界的评价标准，远比好妈妈、好销售、好司机……要难得多。要从人品、修养、能力和业绩各个方面考量，要得到领导、同事、孩子、家长各个群体的认可，这样的典型树起来才能真正起到"扬正气、鼓士气"的作用。好在无论多高的山，总有人攀登得上，所以每年评选出来的人都是从千军万马中拼出来的优秀人才，因此也就带来了另外一个问题——绝大多数老师终其一生都未必有参评和获评的机会。

我想起 2011 年我们开展的"最美天福人"评选。起因是校长信箱里收到的一封吐槽"年年写工作总结"的信，基本观点是：教师的工作年年都差不多，取得的成绩也一目了然，学校就这么大，大家干得怎么样都心知肚明，干得好的不好意思自吹自擂，干得不好的也不见得就能深刻反思，那这样的总结和交流又有什么意义……说得好有道理，一些传统的工作方法是该改一改了。

怎么改呢？正好教育局推出了师德建设主题活动，要求"树先进、转作风、学榜样、争一流"，我们当即决定开展"最美天福人"评选与推广。评选的标准是"业绩＋事迹"，其中事迹部分由教研组进行材料撰写和推广，当选后全组成员均有奖励。这样做一是能保证推选出来的人是组内认可的、在群众中威信高的优秀教师；二是撰写材料的过程就是共同挖掘同事优点的过程，建立同事之间的欣赏与信任，形成团结协作共进退的氛围。

我们发现，从老师眼中看到的老师跟我们往往是不一样的，角度不同，感受不同，呈现的效果就不一样，来自同事的赞美更温暖和动人。自此，我们将年终总结彻底废弃，改为"走近你，温暖我"主题交流，以自己的眼光去发现他人的美好。篇幅可长可短，主角可以是个人，也可以是团队，学校筛选好的文章于校报刊发，并给予相应奖励。于是，最帅班主任、最忙教导处、最强宣传干事、最可爱老教师团队，以及最放心校车司机和最全能保安团队都上了校报的头版头条。

这个改变还带来了其他意想不到的收获。一位到幼儿园轮岗回来的老师用朴实的语言洋洋洒洒写了 5 000 多字，把自己在幼儿园的所见所感写了下来。这篇文章让我们对幼儿园的工作有了全新的认识。由于幼儿园年年扩张，幼师人手不足，学校时常需要调拨教师前去支援。老师们都不愿意去，因为幼儿园的工作琐碎繁杂没有假期，这成为学校每年暑假最头疼的问题。

在这封信之后，我们修订了轮岗方案，以三年为一个周期实行全员轮岗，对轮岗的老师在千分考核及评先选优方面给予政策倾斜……之前做这样的修改必然会引起不满，因为如果没有亲身验证，每个人都会觉得自己的学科最重要，自己的工作最辛苦，真正的换位思考是一件很难的事情。但这一次没有，教代会全票通过，顺利实施，帮助幼儿园度过了几年的艰难期。后来区政府出台幼师考选方案，师资问题得以根本解决。

念念不忘，必有回响

随着城市发展重心的不断东移，原来的城乡接合部变成了新的商业带，学校连年扩招，教师大量调入，四面八方的人带来了五花八门的论调，为学校带来了经验也带来了考验。恰好那几年职称评审全面停摆，很快便出现了"干多干少一个样儿，干好干坏都白搭"的论调，人心浮躁之际，计较、躺平、埋怨的声音渐渐地多了起来，如果放任其蔓延，对校风的冲击和杀伤力是巨大的，一旦形成气候便难以逆转了。学校需要一种主流声音，而这个声音应该由校长发出，只是要掌握好声调，调门太高太低都不行，说得自然，听得进去是听众对发言者的基本要求。2015 年，天福小学新学期工作会议上，我们事先制作了"快快乐乐过新年"PPT，将老师们过年的照片播放出来，让老师们结合着照片内容谈新年感受，谈新学期愿景。然后，是例行的校长动员发言，我顺着老师们的交流，将心里的期待坦然相告。

老师们所说的，正是我心里所想的。这是一份默契，也是人心所向。一年之计在于春，每年的这个时候，我们都会对新的一年有所期待。这几天我也回想了一下，对于学校，我曾经期待过什么？

当硬件设施落后的时候，我期待它可以改善，我们做到了，如今我们的设施配备已经跻身于一流水平；当师资短缺的时候，我期待多增添一些人手，我们做到了，如今我们的师资力量相比之前已十分富足；当幼儿园狭小闭塞的时候，我期待可以有一个新园舍，我们做到了，新的幼儿园漂亮大气，越办越好；当学校考核成绩不如意的时候，我期待我们能够进步，我们也做到了，四年的时间我们一路攀升，稳居前三……

一切都变得越来越好。那么，现在我又期待什么呢？是更好的成绩、更高的荣誉吗？居然都不是。我只希望我们的学校在设施先进、师资优越、声名日盛的基础上，能再多一些"味道"。

我期待的第一种味道，是"书香味"。

我曾经在我的书里写过，我最大的理想，就是建一所真正的书香校园，校园里最好的装饰是大大小小的书架和装帧精美的书籍，最美的风景是教师和学生在书香里沉醉的身影。有人说我这是陶渊明式的异想天开，在现今的条件下，想建一所教育上的桃花源，怎么可能？我不气馁，我知道真正的世外桃源并不存在，我只希望在现有条件下，能多做一些努力和改变。比如，在我们备课和批改的间隙，少一些上网淘宝的时间、刷微信的时间、打麻将聊八卦的时间，多看书多学习。书看得多了，心自然就静下来了，人也就变得越来越平和，平和使人变得更优雅，也更美。

不是有人说吗？三十岁以前的容貌是爹妈给的，三十岁以后的容貌是自己修的，是由内而外散发出来的气质和魅力。

尤其对于我们做教师的来说，读书不仅是自我修养的需要，也是工作的需要。高考的风向标已经有了，"搞定语文就搞定了高考"，学生们必须从小就养成读书的习惯，这需要我们教师的引领。不是说只有语文老师才需要出口成章，落笔成文。试想，如果我们每个学科的老师都能做到引经据典、谈吐优雅、语言幽默、形象生动，我们的孩子能不优秀吗？

我们是教书的人，身上理应有一些书生气。学校是传授文化的地方，理应多一些书香味。

我期待的第二种味道，是"人情味"。

可能真的是年龄大了的缘故，经历得越多，越觉得亲情和友情，包括同事情的重要。前面老师们也交流过了，去年一年，我们损兵折将、困难重重，包括小学的，也包括幼儿园的。但我们硬是咬着牙渡过了难关，太多的人做了原本可以不做的事情，牺牲了原本应该享有的休息时间，凭的就是这份同事间的体谅与关爱。

有的老师可能会想：既然如此，你为什么还要期待？我知道，我们学校是一个充满人情味的地方，这也是让我最骄傲的地方，我只是希望坚持下去。看看我们身边，太多的变化让我们应接不暇，养老金并轨、退休年龄延后，现在又有消息说，要取消教师职称制度，工资变成底薪加工龄加绩效。绩效好不好？当然好，它的初衷是鼓励能者多劳，多劳多得。可是我们又不得不担心，因为学校里太多的工作是没办法量化的。真到了那一天，会不会人人变得斤斤计较，为多代了一节课、多批了几份卷子、多擦了一块玻璃而纠结埋怨？利益最终冲淡了人情味，没有了人情味的集体该是多么令人失望。

所以，我希望我们能把天福的这种人情味坚持下去，对学生、对同事、对家长，都多一些体谅和宽容。温暖别人，也温暖我们自己。

我今天说的话，与以前的风格有些不同。之前，我好像从不发感慨，有一说一，有事说事。请原谅我们这些进入 40 岁的人吧，是要有一些感悟了。莎莎说，再不努力，我们就老了。我得说，再不感悟，我们就白老了。

最后，是不是应该回到今天的主题了？其实之前我所说的书香味和人情味，都是幸福的味儿。祝我们所有天福人天天幸福！谢谢老师们。

书香味和人情味是我对一个校园、一群人最美好的期待，所以不论走到哪个学校，我都为着这个念想去努力。我相信"念念不忘，必有回响"，相信每一天的坚持都会有每一天的收获。在接手一所新建校的时候，这种期待随着我的每一次发声，慢慢地植入这片土地，伴随着新建校的发展与疫情的考验慢慢滋养着每一个人，成为一种文化，一种力量。

关于师德建设的思考

对校长来说，师德建设是一个绕不开的话题，也是学校管理工作中最核心的课题，是重点，更是难点。师德建设的过程，考量的是一个学校的文化底蕴、管理水平和人文素养，非一人之力，非数日之功。因而我一直不主张大张旗鼓地开展"师德建设主题月"等一类的活动。有句话说得好：当教育者意识到你在教育他的时候，教育就已经失败了。对学生的教育我们极力主张"润物无声"，对成人的教育为什么要敲锣打鼓？所以每当有文件下来不得不做的时候，我总是尽量减缓一下落地的坡度，对中层提出了"不喊口号，不走形式，不增加负担"的三不原则，确立了"文化引领、管理修身、活动凝心"的总体思路，尽己所能地摒弃"读文件、提要求、说处分"的生硬做法，努力做好"结合"的文章，把工作融入教育教学日常中，努力调整好腔调，把话说到教师的心坎上。

例如，2013 年，学校收到市长信箱转发的一封表扬信，是二年级四班瞿同学的家长所写。据此，我们了解到王建英老师的事迹：家长回四川老家料理老人后事，孩子无人照管，为了不耽误孩子的学业，王建英老师主动将瞿同学接回家，做了两周的"代理妈妈"，照顾孩子的衣食住行，辅导孩子的作业。家长感激不已，送来财物向王老师表达谢意，王老师坚决不收。最后，家长将表扬信投进了市长信箱。我们意识到这是一个难得的教育契机，将家长的表扬信公示给全体老师，并让王建英老师作了事迹交流。王老师朴实的语言和无私的行为，家长真诚的谢意和孩子对"教师妈妈"的爱意，温暖并感动着全体老师。

主题教育贵在引领，形式很重要；日常工作贵在落实，走心是关键。太刻意的东西，往往效果会大打折扣。所以师德建设不能搞集中攻关，而应贯穿于教育教学全过程，将每一次活动都当作是一次师德教育契机，舍得花心思，下功夫，如此才能取得好成效。如 2012 年的暑期远程研修，正值伦敦奥运会我国健儿为国搏金的时刻，我们将研修动员会的主题确定为"扬奥运精神 做研修达人"，听起来有趣、鼓劲；每学期的总结大会，我们打破校长一言堂的传统形式，以"走近你，温暖我"为题，以课件展示的形式交流教师间互爱互助的感人事迹，给人以启发和动力；2015 年寒假，我们创新个人总结形式，以"这一年，我最……"为主题进行回顾总结，写一件自己最感动、最骄傲或最遗憾的事儿，以具体的事例描述自己一年来的心路历程，读起来温暖、感人；2015 年新学期工作会上，教师们又创新性地推出了"开心度假，快乐工作"交流环节，以微视频的形式晒自己的假期生活，看起来开心、走心；日常文体活动中，我们有意识地开展爬山、拔河等团体性比赛，在合作中凝聚力量、增进情感……

人心的凝聚是一个滴水穿石的过程，日久见真功。在我校，几项特色活动的开展，真正发挥了凝心聚力的作用。

比如校刊，它不仅是给学校留下的发展史料，给学生留下的童年记忆，也是给辛勤工作的老师们留下的一份职业生涯的永久纪念。校刊里的每一张图片，每一行文字都细致地记录着老师们的日常点滴，凝聚起天福人对学校的一份深厚的感情。

再比如宣传片，从筹划、拍摄到制作前后经历了一年多的时间，相当于一次漫长的团建过程、挖掘素材的过程，勾起了老师们对共同奋斗历程的幸福回忆；拍摄影片的时候，老师们体验了一把当明星的感觉，很快乐，也很有成就感。当宣传片在校会上播放的时候，老师们热泪盈眶。外省校长到校参观时看了宣传片，感叹道："你们学校的师生面貌都特别好，老师们脸上都带着善意，这是骨子里流露出来的，让人感觉很舒服。"

在认真编撰校刊、精心制作宣传片的过程中，共同的经历，同样的感受，让彼此之间更多了一份理解和感动。老师的心、家长的心、孩子的心慢慢交融。教师的辛苦付出得到了最温软的肯定，教师对学校的归属感，对教育工作的认同感，都在不知不觉中得到升华。经过岁月的洗礼，天福小学形成了温厚平和、积极乐观的人文氛围。

师德建设永无止境，我们只有用心去做，坚持去做，才能在这条路上走得更加稳妥、扎实。

在大型活动中拉练队伍

拉练队伍最好的办法就是实战。当年我被破格提拔为校长的时候，关心我的师长很冷静很客观地分析了我所面临的困难，我听得很认真并一一记录了下来。

1. 从个人分析：你第一年做校长，各方面的经验不足，对学校又不熟悉，这会让你觉得格外艰难，你需要一个对学校各方面工作都特别熟悉的人辅助你，但现在学校没有这样的人（那一年人事大变动，校长与教导主任同时换人，没有副校长）。

2. 从三大处室分析：姜主任对学校不熟悉，不能马上接手教导处的工作；你们两个主要领导对学校都不了解，对开展工作极为不利，很容易在启动之初留下遗憾；于艳华主任只干了一年，缺少全面驾驭教导处工作的经验；教导处肖老师支教，开学初学生学籍管理、转入转出手续办理、学校各项档案材料整理等工作没人接手，所以总的来说，教导处的工作存在巨大缺口。

3. 德育处李主任是今年新提的，与其他学校的德育主任相比，缺乏全面驾驭工作的经验，所以这一块儿，也需要你兼顾。

4. 总务处吴主任也只干了一年，以前有周主任指导协助，现在一切全靠他自己，独立支撑很难，所以你也得分出一部分精力去关注。

5. 从教师队伍分析：学校人手少，能说能写能为学校分担额外工作的人也少，所以很多事儿全压在你们几个中层身上。这个学校建校两年从未参加视导评估，老师们没经过大场面的历练，中层也没有迎接检查评比的经验。

6. 学校内部管理上：与市直学校相比，多了班车、食堂、幼儿园三大压力，尤其是班车管理很复杂压力很大，你来自市直学校，这一块儿缺少经验。同样是幼儿园，你那里面临的问题更多：孩子少、收费低、支出高。设施不到位，管理不规范，区里要求停办、市里验收不过关，教师不满意工资、家长不满意师资，办也不是，不办也不是。园长也是刚接手的新人，一切工作还得你一起商量、决策。

7. 在对外关系上：市直学校只有教育局和教研中心两级领导，你们学校要面对教育局、教研中心、中心校、办事处，还有二十几个行政村需要打交道。方方面面关系的梳理，对你是个巨大的考验。

8. 这所学校的建设并未完成，按规划还少一幢教学楼、一座幼儿园，学校围墙、操场、绿化美化工作都是压在你身上的担子。你是教学出身，这方面是你的短板。

结论：你在这学期或者这一年里，要带着各处室克服一切困难，在保证教育教学工作正常运转的同时还要理顺内外关系，维护校园的安全、稳定，调整好自己的心态，尽快适应角色，并力争做出成绩。

这不是给我泼冷水，而是让我有充分的心理准备，让我认清形势，知道自己该做什么和怎么做。

市直学校的老师为什么自信从容？市直学校的孩子为什么落落大方？因为他们经历过历练。以上所有的问题可归为两类：一是人，二是钱。钱的事儿可以慢慢解决，人的成长刻不容缓，拉练队伍最好最快的方法就是实战。所以我在半年之后争取了市级的现场会，这是建校以来第一次大型对外活动，对于每一个天福人而言都是极大的挑战，从中层到老师到学生都没有经验。我从方案制订、人员分工、推进配档、师生服装、音响准备、学生管理、餐饮安排……一点一点教，一步一步做，事无巨细，不厌其烦，准备工作历时三周之久。准备的过程是烦琐的，结果却是甜蜜的，会议举办得很成功，师生均以最好的精神面貌展示着自己，赢得了与会者的高度赞誉，用领导的话说："这是一场完美的战役。大家都很兴奋，收获也很多。"

磨刀不误砍柴工，类似的活动前期需要我们付出很多，哪怕是有经验的中层、见过大场面的师生，也需要进行战术磨炼，主要任务就是明确责任及标准。在实战中拉练的队伍成长很快，一段时间之后，就会形成自动应急机制，遇到检查、参观、疫情防控等大事时能够立时启动，各归各位，应对自如，到这个时候，我们就可以放手了。

信任的丧失是管理最大的失败

分工分班是学校最重要的两件大事，公平公开是教师和家长最基本的要求，做得不好会严重损害教师和家长对学校的信任。我在这两件事上一直持万分谨慎的态度，教师分工相对好办一些，每年都有分工会，分工的结果明明白白地呈现在老师面前，每个人心里都有一杆秤，合理不合理、公平不公平一目了然。最难的是分班，近几年社会上关于阳光分班的呼声越来越高，对择班现象的质疑越来越强烈。为了做好这项工作，我们制定了详尽的分班流程。

1. 学期末，由班主任老师牵头，科任老师参与，对学生进行分班，兼顾性别、班干部、成绩及特殊情况（如残疾生等）进行均衡分班，按顺序编号。

2.学校按照序号进行搭配分组，形成名单。计算学科成绩，班与班之间的分差控制在2分之内；然后由各学科老师再次评估，根据实际情况进行二次调整，努力做到总体均衡。所有班主任及科任教师签名确认，教导处封存。

3.开学前，教导处将名单全部打印到一张A3纸上，召开"阳光分班"专题会，邀请人大代表、政协委员、家长代表及全体班主任到会。新任班主任现场抽签、签名确认。最后由各位代表签名确认。

4.开学当天，按照名单现场分流。班主任一一确认后向教导处报备。分班完成。

5.学校发布公众号，将整个流程进行详尽说明，并向家长公开承诺：每个班的师资都是精心搭配的：经验老到的搭配年轻肯冲的，热情开朗的搭配温柔内向的，思维缜密的搭配幽默风趣的……年龄、性格、风格，全面考虑，方案几经推敲，最终留下的必定是优质均衡的，所以不管孩子在哪个班，家长都可以放宽心。

我自认整个操作周密严谨、公开透明，没有丝毫纰漏，家长们也非常满意。没想到的是，半年以后，我从外行业的朋友口中得知，有老师传言学校在分班上动了手脚，依据是自己班的学生明显比别的班差，据此猜测学校在抽签后又作了调整，否则为什么抽签之后的名单不在宣传栏公开或让班主任拍照？

我乍一听挺生气的，班上学生整体差的原因很多，无端猜疑学校毫无道理。名单就在档案室，如果有怀疑可以直接查验，以讹传讹损坏学校声誉得不偿失。最让我不解的是，正式分班之前学校专门召开会议向全体老师说明了阳光分班的重要意义及操作规程，郑重承诺随机分配，一个不调，这么不信任学校委实让人伤心。

气过之后静心一想：老师们没有参与整个过程，没有勇气去查验名单，也不明白学校为什么不公示、不让拍照，有这样的质疑不是很正常吗？至于信任的问题，这些新来的老师与我、与我们首次搭档做同事，没有平白相信我们的理由，或许在他们的职业生涯中不止一次经历过类似的事件，因而很难相信学校会一丝不动，尤其是今年，很多家长通过各种关系对学校提要求的传言他们早有耳闻。我们防止名单外传就是为了避免择班，只不过当时我无法向老师们明说。

无论如何不能让这种误会继续传播，因为它不仅会伤害干群关系，还会影响学校的形象与口碑。我在例会上开诚布公地作了说明，并提出两个要求：一是任何情况下有不明白的可以直接要求查验，不要草率下结论；二是用心感受并认真监督学校的每一项工作，给予学校充分的信任。

关于管理的理论有很多，管理者的修炼永无止境。但要记住的是：信任的丧失是管理最大的失败，不论何时何地，我们都要把信任的建立与维护放在首要位置上。

你会吐槽你的下属吗

2018 年暑假，我去青岛观看足球比赛，偶遇了当地一位校长朋友，聊天时她接到了一个电话，由于离得近，对方声音又大，因而听得很清楚："林校长，孙建刚当初是不是跟你干过？你都是怎么用他的？我怎么就带不动他呢？我刚上任，本来就不熟悉学校的情况，正是最需要他的时候，我多么希望他能都管起来不用我操心，他可好，老是不在状态，就说前几天吧……"

林校长谈了一些自己的建议，放下电话后对我说："她说的我都理解，也能想象得到。我与孙建刚一起共事的时候，他刚被提拔为副校长，也缺少经验，所以我对他的期望不高，也给了他充足的学习时间。第一个学期他的主要任务就是熟悉学校的情况，了解我们的运作方式和行事习惯，包括班子会上如何汇报工作、如何制定活动方案、同事之间如何打配合战、一项工作在完成的过程中如何积累资料、整理档案台账等。他是我们这个团队里的'自由人'，遇到力所能及的工作就上，遇到力不从心的就学。他是'社牛'型人才，以副校长的身份干着秘书的活儿，却一团和气其乐融融。

"在此期间，我对他的每一次亮相或主持的工作都严格把关，包括他在校会上的发言，都要写好稿子给我看了、改了之后再说，直至他摸到了规律，找准了节奏，明白了我们的风格习惯，半年之后班子重新分工，才让他从自己最擅长的领域做起，慢慢加担子。在担任副校长之前，他已经干了多年总务主任，为什么我们还要如此步步为营？每个学校的情况不一样，每个校长的做事标准和行事风格也不一样。一个团队最重要的是步调一致、分工合作，这需要磨合。前期磨合得越好，后续配合得就越好，所谓'上下同欲者胜'。我们在提拔中层的时候，总是希望对方的人品、态度、能力俱佳，事实上如此完美的人才很少见。有一句话说得好：'没有完美的个人，只有完美的团队。'懂得了这个道理，我们在建设中层队伍时就能够知取舍，懂进退。

"孙建刚是一个优点和缺点都不太明显的干部，所以他的作用发挥得如何，取决于他身边的人，中层队伍中任何一个人的调整，都会影响到他的分工。在中层的分工安排上，我一向主张不必拘泥于'某某职务'应该怎样，而要看我们需要他怎样。一把手的变动对一个团队的影响更为巨大，所以当新校长以为自己什么都不必说中层们就应该担起一切的时候，中层们可能还在因为不了解新校长的要求而无法聚焦或重新定位，尤其是像孙建刚这种非业务型干部。"

那天我们就着这个话题聊了很久。用人是一门艺术，我有时也很迷茫。我在13年的校长生涯中先后换了三所学校。每一次都面临着中层人手不足或动荡不定的局面，建立一支三观契合的队伍是非常艰难的，往往需要五六年以上的时间才能初见成效。而每一次换岗位，都意味着要重新开始磨合，这个过程相当痛苦，但又不可或缺。每个管理者心里都有自己的用人标准，我在选择战友时也有自己的坚持。

一是宁缺毋滥。如果没有合适的人选，宁肯虚位以待也绝不将就敷衍，提拔的人不对，是一件很头疼的事，或影响工作效率，或损害干群关系。

二是人品优先。只看能力不看人品的提拔容易丧失民心，对工作的伤害是隐秘而巨大的。

三是分工合作。"和谐"的前提是合理的分工，一个队伍最怕的是"有的干有的看"，心理失衡导致的矛盾很难调节。

四是心理素质要好。有强大自愈力的人才能在这条路上坚持下去。

五是圈子不同，不必强融。目前的机制下，中层的选拔和任用要服从教体局的整体调配，有些人就是合不来也不必强求，只要人品不出问题，其他都是小问题。

职场中吐槽和批评是常态。吐槽是一种温和的表达，领导和下属偶尔相互吐槽一下，不仅不伤情面，有时还能增进感情。但批评不一样，批评一定是建立在反思和改进的基础上，对事不对人。例如，每一次大型活动之后我们都要复盘得失，功过是非都摆在当面，我会一边批评一边给出意见和建议，让错误成为反思和成长的契机。如果是我错了，我会真诚地道歉，并为自己的过错积极采取补救措施。

不是只有一团和气的团队才是好团队。如果批评不自由，那么赞美再多也毫无意义。所以我们的原则是当面说缺点，背后说优点，对内讲问题，对外讲成绩。这让我们的团队更有边界感和力量感。

附 1：

增强意识　关注细节　构建平安校园
——2015—2016 学年学校安全管理经验交流

安全工作，说到底，就是一种意识和一份责任，做到"思想上重视，行动上落实"。在座的各位都比我有经验，所以今天我以"意识、细节、管理"为关键词，简要汇报一下我校在安全工作中的做法，期望得到各位领导的批评指正。

一、增强意识

挂在墙上，不如放在心上。在学校安全工作中，我们似乎正不知不觉地陷入一个误区，就是恨不得穷尽所有的力量对学生进行全天候、无缝隙的监管与保护，可是如果学生本身缺乏自我保护的意识和能力，即使投入再多的人力、物力也是白搭。所以说，安全教育是安全工作最为重要的一环。

我校在安全教育工作中遵循两个原则：一是"全员参与"，即在校工作的所有人员都要参与学习，包括教师、学生、家长、保安、司机及餐厅工作人员等，使每个人都能明确自己的职责，掌握自护与他护的知识；二是"分层跟进"：就是针对不同的人群以不同的方式进行不同内容的培训。如教师方面，我们通过例会、论坛等形式对"一岗双责、安全事故首遇责任制""校园安全事故的处理方法"进行解读和学习。学生方面的内容更全，形式也更加活泼多样，如通过观看视频、现场演练等方式学习交通、消防、食品安全的知识，如通过模拟表演"当陌生人来搭讪""假如我是乘务员"等生动有趣的方法，增强自我保护的意识。

二、关注细节

"细节决定成败"是我们耳熟能详的一句话。把这句话用在安全工作上再恰当不过了。落实在具体的行动上，就是学校的任何工作，包括设施更新和活动安排，都以安全为首要原则。

例如，去年我校需要购进大量午睡床，在资金和校舍紧张的情况下，本应选择双层床，但考虑到学生上下床时可能发生摔伤、磕碰等意外情况，我们最终选用了三折叠的午睡床，离地 25 厘米，安全舒适。

再如，在校园文化建设中，我们不仅考虑美观和实用，更重视安全。为此，我们从"位置""材质""形状"三个方面把关：位置方面，尽量不做悬挂式，因为悬挂的东西太高，学生看不见，而且容易坠落，对师生造成伤害；材质方面，尽量不用玻璃和金属等材质；形状方面，避免使用长方形或正方形，尽量采用圆形或圆边处理，以免尖锐的材质或形状对学生造成伤害。

在活动安全方面，我们一直坚持抓好两个环节。

一是发放"邀请函"，像家长开放日、家长委员进校园这种涉及外来人员入校的活动，我们都会事先发放邀请函。邀请函有三大作用：①活动通知书，让家长知道何时何地在何处参加何种活动，确保活动井然有序；②安全通行证，家长要出示邀请函才能进入校园，避免闲杂人员混入；③意见反馈卡。邀请函上附有意见征询表，家长可以把活动中的感受或建议投放到意见箱里，学校安排专人负责收集、整理。

二是确保"各司其职"。各司其职的前提是每个人都明确地知道自己的职责在哪里，所以每一次大型活动之前，我们都要做详细的计划部署，什么时间、谁，在什么岗位、做什么、怎么做、做到什么程度，都有精细的分工。

例如，每次召开家长会，谁在教室里迎接提前到来的家长，谁负责分发材料，谁负责指挥车辆停放，谁负责楼层指引和人群疏导，谁负责照管跟随家长到校的学生及教师子女，谁负责楼内安全，谁负责校园巡视，中层领导分别负责哪个年级的指导、参与和总结等，一一安排妥当。做到不漏人，无空岗，无死角。

三、做到极致

安全事故发生的根源往往就在于我们对小问题的漠视和忽略，所以我们特别重视对常规工作的监督与管理。我校推行的"爱在心，责任在肩"领导值班手记制度，效果比较好。

我校的值班领导每天早上七点前到校门口，落实值日教师、保安到岗情况，共同处理班车发车、外来人员到校等事宜；七点半之后，值班领导开始巡视教室及校园，看学生组织及校队训练；课间巡视学生管理及大课间组织效果；午间观察学生午餐、午睡情况；上课期间进行规范办学抽查；晚放学看班车组织情况等。最后总结一天的观察结果并及时发送到 QQ 群中。值班领导这一天的责任很大，工作很辛苦，效果也很好，因为所有的问题都能及时被发现并得到解决。例如，楼顶的大字年久失修容易坠落、冬天积雪融化或结冰学生容易摔倒、校园围网的螺丝松动学生容易钻出去、建设施工临时拉的电线存在安全隐患等。领导值班手记到现在坚持了近 5年，风雨无阻，从未间断，极大地提升了学校精细化管理的效果。

在安全管理工作中，除了肯用心、能吃苦之外，对管理者还有另一项特殊要求，就是要有非常敏感的神经，能敏锐地捕捉到身边发生的变化及其中隐藏的不安定因素，并迅速地做出反应。

例如，班车管理一直是学校安全工作的重点和难点。我们除了要做好日常的工作之外，还要随时准备应对突发的情况。如，每次遇到半夜突然降雪的天气，我们都会在早上四五点钟查看路面积雪和结冰情况，甚至亲自开车到特殊路段进行勘察，再与我及时沟通，商讨是否停运。一旦决定班车停运，所有的环节都会迅速启动：德育处负责通过网校发信息通知家长，教导处负责发信息通知教师，总务处负责通知班车司机和照管员，王校长负责到校门口值班，并组织教师扫雪等，环环相扣，井井有条。

再如上学期，办事处提出要用我校的阶梯教室进行村民选举，前后历时一个月。从安全角度考虑，学校是不能答应的，因为这么多的村民在学校里来往，既影响教学秩序又存在极大的安全隐患。可是作为办事处投资建设的学校，于情于理我们又不能拒绝。为此，我们做了以下应对。

1. 所有的人员和车辆不得从东大门入校，全部改由学校西边的侧门步行入校。因为阶梯教室就在学校的西北角，从侧门进入，距离只几步之遥，与学生、教师以及班车不发生任何冲突。

2. 西门口有天福派出所的公安和本村村干部各一名，负责对进入校园的村民的身份进行核实，防止闲杂人员入校。

3. 从西小门到阶梯教室这一路段拉有警戒线，让学生活动与村民选举互不干扰。

4. 班主任及德育处加强对学生的教育和监管，防止学生到阶梯教室观望、吵闹。

5. 对餐厅工作人员加以提醒，因为我校餐厅就在阶梯教室旁边，为确保学生的饮食安全，我们要求餐厅工作人员务必保证不得让外人进入餐厅。

事后，我们也想过，如此大动干戈、如临大敌是不是有些神经过敏了？可是，正如前面所说，安全工作没有极致，做得再多也无法保证万无一失，所以我们只能尽己所能地提升安全系数，相信我们的付出一定会有收获，也衷心祝愿我们的家人、朋友、老师和孩子们，包括我们自己，都能够一生平安！

谢谢大家！

附 2：

逐梦奋进，奔向未来

—— 峰山小学 2020—2021 第二学期工作会

老师们：

今年的新学期会议与往年有两点不同。一是在工作回顾总结、规划展望之外，增加了更为重要的一样，就是防疫演练，所以今天的总结、计划包括我后面要说的内容都大幅压缩，让位于会后的演练，要求老师们克服倦怠和懈怠，认真对待。

第二个不同是今年寒假有人事变动。经过之前的民主推荐和组织考察，全区共提拔了 37 名中层干部，正式文件在 1 月 29 日下发，咱们学校林治妍老师任教导处副主任一职。从她走上这个岗位开始，她的磨砺就开始了，其实我更想用的词是磨难。有校长问我："中层上任前，你是否与其单独谈话？"我说："谈。"她问谈什么，我说你就告诉她，"加得了班，挨得了批，受得了委屈"是中层的标配。治妍我还没谈，谈起来远远不止这些，我怕说的太多把她吓跑了。未来的两三年是治妍的成长期，而不是成熟期，她离胜任中层岗位还有很长的路要走，不论中层还是老师都要一边帮助一边宽容，让她可以在这条路上坚持走下去。所以我提议用热烈的掌声给治妍一点信心和鼓励，告诉她，别怕，我们一直都在。

谢谢老师们。我会另外选择一个合适的时间，把为什么在学年中进行中层人事调整，上级的要求是什么，各个学校的难处是什么，我们学校与其他学校不同的地方在哪里等，都跟大家聊一聊。因为未来几年，我们峰山小学至少还有五个中层岗的空额，而我们学校有很多优秀人才的专业和年龄都符合，老师们是在教师的岗位上走专业发展的路，还是在中层的岗位上走打磨锤炼的路，都需要我们静下心来好好地做个规划。

　　下面正式进入主题——"逐梦奋进，奔向未来"，我们的梦是什么？这一个"奔"字对我们峰山有什么意义？

　　峰山小学是文登近十年来唯一一所新建学校，所有人都对它充满了期待。峰山小学的发展与未来，由谁来决定？这个问题的答案在我们这些人的手上。我们这所学校会形成什么样的校风，将来能培养出什么样的孩子，源头都在新建伊始，可以说，我们是什么样的，峰山小学就是什么样的。

　　局领导深深地知道这一点，所以在人事安排上顶着重重压力，给我们配备了最强军团：有积极进取的年轻骨干，也有经验丰富的中坚力量，人事安排自古以来贵精不贵多，所以尽管我们人数少，但是我们什么都能干好。

　　老师们也看到了，梦想尽管高大上，但我们并没有瞎折腾，一直在稳妥扎实地做着真正对孩子们成长有益的事儿。再伟大的目标也需要我们一步一个台阶走出来。新学期，以下三点与大家共勉：团结、友爱、多读书。

一、团结

　　能在一起工作是缘分，能参与一所新学校的建设与发展，成为第一批开疆拓土的人更是一种难得的缘分，未来的两三年中，我们仍然会比较辛苦，毕竟万事开头难，所以从这个意义上说，我们不仅是同事，更是战友。只有团结一心，才能战无不胜。新建校肯定会有很多不完善的地方，包括硬件、制度、人事安排、活动开展等，需要慢慢摸索、逐步改进。在这个过程中，我们需要大家心往一处想、劲往一处使，节奏一致，没有杂音，像爱护新生儿一样爱护峰山小学的发展，像爱护自己的眼睛一样爱护学校的声誉。对内说问题，对外说成绩；当面说缺点，背后说优点。希望从现在开始，这能成为我们峰山小学第一代建设者共同遵守的约定之一。

二、友爱

　　我们与其他学校不同，是拼团，从个体来说，每个人的脾气个性不同，相互之间需要磨合、适应；从工作上来说，大家来自不同的学校，会带着原有的经验和惯性，可能会对有些活动持有不同的意见。都不要紧，君子和而不同，只要彼此能够体谅，相互帮助，就没有解决不了的难题、渡不过的难关。比如说班主任需要常年驻守在教室，那么办公室卫生其他老师多担待点；离家远的下雪时交通不便，离家近的就多扫点；岁数大的电脑使用不熟练，年轻的就多干点……我们一楼中厅的主题是"爱多一点"，这种爱，是我们对学校的爱，是老师对学生的爱，更是同事对同事的爱。教师工作很辛苦，有了爱与体谅，我们这份工作才能干得有滋有味有奔头。辛苦，心不苦，是我们当下最好的状态。

三、多读书

在构思校园文化的时候，我和丛校长交流过很多次，我们究竟想培养什么样的学生，是我们一切理念和行为的出发点。一直以来，我的想法很简单，就是培养知书达理的孩子。将来从峰山小学走出去的学生，都是有文化有修养的、从骨子里透着君子范儿的孩子。所以三个关键词就是"健康""阅读""礼仪"。其中，阅读是核心。要培养爱读书、会读书的孩子，老师就要多读书、读好书。这不仅是教学需要，也是自我提升的需要。放下手机拿起书，将是我们峰山小学内对老师、外对家长的要求。

未来，峰山小学最大的不同是校园里没了戾气和怨气，多了人情味和书香味。

峰山小学是"新生儿"，我们是第一代奠基人，这在我们每个人的从教历史上都是一个重要的经历，也是宝贵的财富。从现在开始，我们所做的一切都是在创造峰山小学的历史。将来我们退休了，看到峰山小学越来越好的时候，能够自豪地说："这个小学是我们当初一手打造出来的。"而我们也能在共同奋斗的过程中成为工作上的战友、生活中的朋友。

谢谢大家！

第四章

生生不息的校本教研

学校这个教育实验室，是全体教师的创造性的结合体，是每天不断的智力交往，是精神财富的相互交流。

——苏霍姆林斯基

很长一段时间内，校长似乎是一个行政职务，负责人事、财务、外交等"大事"，对具体的教学教研工作介入得不多，一般由分管教学的副校长和主任负责，走的是"男主外、女主内"的分工路线。随着"教育家办学""专家型校长"的呼声越来越高，校长队伍的结构在逐渐发生着变化，包括性别比例，近几年业务出身的女校长越来越多。

峰山小学的刘爱芳校长便是一位数学名师，即使走上校长岗位，也一直活跃在课堂教学的最前沿。像她这样的"名师型校长"都有一个共同点，就是特别注重也特别擅长教学教研工作。他们牢牢抓住"教师专业成长"核心任务，走出一条"校长成就教师，教师成就学生，学生成就学校"的发展之路。

有什么样的校长就有什么样的学校。刘校长以自己敏锐的思考力和洞察力带出了一支爱学习、好研究的教师队伍。

我喜欢刘校长身上自带的书卷气，喜欢看她写的文字，喜欢她为学校发展规划出的清晰路径，喜欢她几十年如一日地坚持着正确的选择……

时间是最忠实的记录者，也是最客观的见证者。从刘校长身上我看到了教育人的初心与担当，明白了该如何在追求梦想的道路上不畏纷扰，勇毅笃行，以优秀的专业能力和非凡的初心定力将理想的教育生活亲手创造。

冯青青·海南

校长的课堂在哪里

按照规定，校长每周任课不少于 8 节。一般情况下校长们都是根据原任学科安排一两个班的课。我也是这样做的，并没有觉得有什么不妥，直到为优质课反复换班试课以后，我产生了校长"走班"上课的想法。

2013 年，我参加优质课比赛，比赛之前反复磨课，试课，因为区级、市级、省级的课题都是随机抽取的，我几乎把三、四、五年级的学生都试了一遍。试课的过程感慨万千：不同年级、不同班级、不同老师、不同学生，课堂上呈现出来的样貌大相径庭，上课的体验感千差万别。

那些看得见的差别

最浅显的差别体现在班级环境上：班主任爱干净，班级就窗明几净。班主任爱漂亮，班级的窗台上就会有花有草。班主任做事有条理，班级的物品摆放就井然有序……这样的环境有生机有活力，令人心情舒畅。生活在这样环境中的孩子也是清爽利落，令人一见生喜。反之亦然。

如果说一个好校长就是一所好学校，那么一个好的班主任就是一个好班级，这是一样的道理。一个好的班级环境，体现的不仅是"爱心"问题，还有做事的条理性、管理的精细化，甚至审美的差异等。我曾认识一个班主任，有爱心，有耐性，也勤快，却怎么也打理不好班级卫生，似乎骨子里天生缺少这根弦，根本带不动。

另外一种明显的差别体现在学生上课的状态上。有的班级气氛活跃，学生愿意回答问题，思维也很开阔，上公开课的老师都喜欢这样的班级；有的班级气氛沉闷，学生即便知道答案也不举手发言，一切活动只等老师安排，学习主动性差。这固然与学生的性格有关，更与老师的性格与风格有关，年轻活泼的老师与严肃沉默的老师教出来的学生就是不一样。但思维活跃的纪律性一般较差，安静沉默的成绩一般较高，两全其美的可遇不可求。那次试课时我遇到了一个这样的班级：孩子们状态舒展而有规矩，回答问题条理清楚而有创意，正是我们所追求的"规范的行为，自由的心灵"。

同样是课堂纪律好、常规好的班级，细比较之下也有不同。有的班级老师在不在都一样有秩序，有的班级只有班主任在的时候纪律才好——一个只听班主任话的班级不是好班级。

隐性问题也不可忽视

当然还能发现很多隐性问题，比如说分班的问题。尽管我们实行了"阳光分班"，也自诩操作周密没有纰漏，公平公正相对均衡，小小差别即使有也在可控范围内。事实证明我们还是太自以为是了。俗话说："不比不知道，一比吓一跳。"的确有的班各方面都差，当然这与老师的教育水平有关系，也与学生的先天素质有关系。阳光分班只能均衡性别、成绩、干部搭配等显性的东西，很难均衡性格、教养、视野见识等隐性指标……当班主任抱怨自己班的孩子不如别人的时候，作为管理者一般很难认同，如果不是这次我亲眼所见，委实难以相信。

这是"面"上可见的问题，如果从"点"上看，最大的差异在家庭教育上。除去我们通常关注的特长培养、实践研学、礼貌礼仪这些方面外，亲子关系、教养方式、文化氛围真是天差地别。有一节课上我跟孩子们聊父母的职业，结果让我大吃一惊，我遗憾地发现有些父母除吃喝拉撒之外完全不与孩子交流，他们是做什么的，在什么地方，经历过哪些人和事儿，有什么快乐与烦恼……孩子一概不知，两代人的生活除了衣食住行的交集之外几乎是隔绝的，孩子成了父母的圈外人，正如孩子长大以后父母也成了圈外人一样。因为我上的是《品德与社会》（后更名为《道德与法治》），课上又总是喜欢扯闲篇，所以总能发现类似问题，包括有的孩子说父母的爱好就是刷抖音，可能从他们记事起，父母一直是盯着手机的样子；有的孩子眼里时常带着挑衅又恐惧的矛盾神情，原因是他在家里只要犯错就会挨揍，不犯错就会被遗忘……而我总是一边心疼、感慨，一边感到无力与无奈。

还有一种感慨就是好老师真的是孩子生命中的贵人，有些孩子一年级时表现特别差，到了二年级忽然就懂事了，三年级以后又故态复萌……只因二年级他遇到了既有耐心又有方法的老师。他们都是成长中的个体，身边的环境与人的变化都会影响他们的心智与行为发展。

有发现就会有改变

这次经历对我的影响很大，我明白了所谓校长要扎根一线，不仅是指要守在学校里，更要进到课堂中。进课堂的方式不仅是听评课，更重要的是亲自上课。上课不能只给某一个班上，最好能给全校上。所以自此以后，每学期我都会创造机会给尽可能多的班级上课。

还有一个变化是，之前我喜欢给高年级的学生上课，因为好组织好发挥。之后我将主阵地转移到一年级，因为起始年级更重要。之前我会把好的师资安排给高年级，因为要抽考要保成绩；之后我把最优秀的班主任派给一年级，因为好的开端是成功的一半。

任何一件我们司空见惯的现象中都可能隐藏着更多可能性，都可以开挖出更多价值，关键在于我们愿不愿意去发现、去改变。

一人行速，众人行远

师资是学校发展的根基，这个道理大家都明白，所以建设高质量的教师队伍一直是学校工作的重中之重。为此各个学校奇招频出，2010 年前后以名师、名班主任、名教研组长评选为主旨的"三名工程"和以师徒结对帮扶为主旨的"青蓝工程"是主流。我当时所在的天福小学也紧跟其后做了一些探索。

名师带动——中层领导带头，优秀教师引领

首先，学校制订了《天福小学"三名"带动工程暨中青年教师培养实施方案》，成立了"三名工作室"，举行了"三名带动工程"启动仪式。让全体教师明确活动的意义和要求。之后，由教导处三位主任分别以课堂教学、说课、讲座三种形式进行引领与带动，发挥中层"领着教师干，干给教师看"的示范作用，调动教师参与的积极性和主动性。接下来，从各个学科中分别选定名师人选（市级以上教学能手、特级教师、骨干教师），举行"名师魅力课堂教学展示"活动，要求全体教师积极参与听课研讨，倡导跨学科听课，学习名师的教学智慧，提高自身教学水平。

其次，要求名师结合日常教学，对青年教师进行"传、帮、带"，重点把好三关：一是备课关，与青年教师共同进行教材分析、教案设计，对青年教师的教学设计进行认真审查并签字；二是上课关，指导青年教师的课堂教学，每月至少为青年教师上一节示范课，每学期听青年教师的研究课不少于10节；三是反思关，每一轮示范课、研究课结束之后，与青年教师共同分析问题、探索改进的方法和策略，指导青年教师撰写教学反思。

名班主任带动——优秀班主任"一日工作展"和经验交流

首先，我们从历年评选的市级优秀班主任中确定人选，举行"名班主任一日工作展"，各班主任老师可根据自己的需要走进他们的教室，学习优秀班主任在晨检、午休、班会等工作中先进的方法和经验。

其次，举行"立足实际、创新思路"班主任论坛交流活动，开展"我讲我的教育故事""班会课设计"等比赛活动，促进理论与实践相结合，

理清工作思路，掌握科学方法，不断提高班级管理的水平，为学生的学习和教学质量的提高打下良好基础。

名教研组长带动——优秀教研组长经验交流和教研沙龙展示活动

学校每月举行一次"交流共享、携手共进"优秀教研组长经验交流活动，着重从创建和谐团队、打造有效教研、促进专业成长等方面总结经验与做法，鼓励和引导教研组长积极发挥业务先锋的作用，与组员携手并肩，共建优秀团队。另外，不定期开展优秀教研组"教研沙龙展示"活动：结合课例教研及课题研究的开展情况，选定优秀教研组以沙龙的形式展示和汇报一节课或一个课题的详细研究过程，为各教研组教研活动的开展树立目标和榜样，进一步提高教研活动实效，促进教师专业发展。

说到底，不论各个学校冠以什么样的名目，最终都是针对课例研讨进行的教研活动，这无疑是教师队伍成长最根本最有效的途径。但几年下来，总感觉这轰轰烈烈的活动背后缺点什么，就像学生的教育一样，一刀切、齐步走、大水漫灌的模式之下，缺少了对个性和细节的琢磨。教师在教学中究竟需要什么？还有哪些问题是我们未曾关注到的？为什么这么多轮的研磨下来，有些教师的成长仍然收效甚微？

任何工作都一样，都会经历一个从热闹到冷静、从形式到内涵、从浮躁到沉淀的过程。

教有妙招，学有巧思，育子有道

"三名"工程实施一段时间后进入了总结反思阶段，我们做了各种形式的调查，评选最受欢迎的活动，"班主任一日工作展"高票当选。这让我们对"培训"有了更多的思考：相对于理念更新，方法跟进更为重要，只有看得见摸得着的东西才更有说服力。我们决定在主工程之外再加一些附属工程：从教师、学生、家长三个层面开展"教有妙招、学有巧思、育子有道"系列活动，为提高教学质量、学习效率、家庭教育水平支招，实现师生与家长的同步成长。

所谓"教有妙招"，就是交流教学中最实用的小招数，这些招数往往是一些教师多年摸索历练出来的独门绝技，如果不是学校开展这样的活动，恐怕都会成为不传之秘。为了做好这项工作，起初我们利用校会"打样"，由抓班级、抓成绩最有经验的老师进行交流，每次例会一位老师，时间5分钟左右，内容自拟、形式自由，唯一的要求就是"实用"，广受大家欢迎的授予金点子奖并收录在《教育智慧录》中。老师们很重视，毕竟这是当着全校领导和同事"亮剑"的时刻，纷纷拿出了看家本领，去除一切华丽的包装，直达问题的根本。比如《备好新授课中的"时间差"》教给老师如何解决课堂上学生完成习题快慢不均的问题；《家庭作业"PK"榜》教给老师们如何把自己从作业的追缴和批改中打捞出来；《时常挖个小陷阱》告诉老师们如何培养学生高超的"审题"能力……

后来我们把"教有妙招"的交流进行了微调，将具有普遍性的好经验放到校会上交流，将学科特点的好方法放在教研组内交流。很快这个活动带动了其他方面的改变，如数学组受《复习教学不简单》《用统计知识上好讲评课》等交流的启发，将学校课例研究的重心从"新授课"转移到练习课、复习课和讲评课上；语文学科根据一位老师的交流《由教学生写"·"想到的》，开展了写字教学的小专题研究，继而将每周四的学科大教研改成了随机小教研，将课例研究由整节课改成了"片段"课……

学生层面"学有巧思"的交流方式更加灵活，可以在晨会、班会上，也可以在课堂前中后各个时间段，交流的效果出乎意料地好。首先，内容非常精彩也非常实用，以数学学科为例，今天这个交流如何利用"五指记忆法"记住长度单位之间的关系，明天那个就给出如何利用"排座位"的方法掌握"大数目读写"的窍门，前有自创"射箭观察法"辨别图上方向的，后就有借助"化功大法和乾坤大挪移"帮助解方程的……新奇的方法和新鲜的方式让孩子们既受益又兴奋，不仅提高了学生学习与思考的能力，也提高了他们的自信心与表达能力。有的学科老师从中受到启发，在自己咽炎严重的时候尝试让学生替自己讲课，在课堂辅导力不从心的时候让学有余力的学生当"助教"，在古诗背诵达标过关的时候聘用"考官"帮忙考核……

家长的"育子有道"通过几个途径开展：一是家长会和家庭教育讲座；二是校刊校报刊登；三是微信公众号等新媒体推送。家长们交流的话题往往是他们最困惑、最感兴趣的话题，教给的方法也是他们最迫切、最需要的方法，干货满满非常受欢迎。比如有的家长交流自己如何不着痕迹地"引诱"孩子去读书，如何把"游戏"变成奖励，从而引导孩子养成先写作业的好习惯，如何在辅导中掌握"读题"和"读懂题"的差别等。后来，我们对"家长大讲堂"做了两点改动：一是讲的内容由家长"点单"，二是将家长中的优秀人才吸纳进了家庭教育讲师团。

最终我们发现，从"实用主义"出发的方法交流，促进了师生家长的主动学习与思考，让理论学习与理念更新不再是一句空话，而是伴随着实践不断生发，更好地服务于成长。

"心中有想法、手上有方法、行事有章法"，这是我对领导团队的定位和要求，也是我们培养优秀人才的目标和方向。

"青鸟"教师成长工作室

青年教师的成长关乎学校的发展和教育的未来，一直是队伍建设的重点。然而回顾近几年所做的工作，我始终清醒地知道这中间有隐患、隐忧，也有隐痛，是那种你辛辛苦苦做了一桌满汉全席，可人家就是不动筷子的无奈，是那种高原上烧水，不论表面上怎么沸腾内里的温度却始终达不到预期的挫败。如果我面对的是一个运行良好、发展平稳的老校，我可能会一边犹犹豫豫，一边不动声色地走下去，毕竟有氛围和底子在，让年轻人自然地顺着走也没有什么大问题。但新建校不一样，正是形成风气心气的时候，正是开创崭新局面的时候，青年教师的成长直接决定着学校发展的成败。所以当我接手一所新建校的时候，我们尝试带着旧的问题与新的思考重新出发。

重新出发的时候，我们从重新认识青年教师开始。

青年教师首先不是教师，而是青年。新时代背景下的年轻一代，这几个关键词是我们不得不正视和面对的——从"佛系"青年到"丧"文化，从躺平到摆烂，从90后整顿职场到鄙视权威拒绝PUA……这几个关键词代表了这一代与我们的巨大差异，忽视这种差异会让我们所有的方法还未出手就已经失效。

其次，峰山小学的青年教师队伍极其特殊，由于新建校不断增班，所以教师队伍也在大量扩充，从四面八方拼团而来。目前的28名青年教师来自4个学段（高中、初中、小学、幼儿园）19个单位（学校、机关、教研中心），顶着不同的身份（乡镇轮岗、正式调入、幼儿园顶岗、大学生考选），有着不同的基础（零点起步、小有成就、原地不前）……带着原学校的烙印和各自的经历走进峰山小学，文化和习惯的冲击让他们在不断地磨合和动荡中寻找自我。如此复杂的人员构成向教师队伍建设提出了巨大的挑战，没有套路可用，原有的经验和模式都要打破重建。

面对时代背景下的观念差异、疫情冲击下的心态重建、峰山队伍的复杂多变，青年教师成长这件"难而正确的事情"我们该怎样做？

这条路，坐想都是问题，起行才是答案。伴随着新校师资队伍的组建，我们一直在思考与探索，从"青蓝工程、青椒计划、青鸟行动"，工作从亦步亦趋、中规中矩到别开生面、有料有品。

接纳·憧憬——你当像鸟，看见你的山

"教育的目的不是引领你去往某一座山，而是让你成为你自己，然后飞往你的山。"这是塔拉·韦斯特弗在自传体小说《你当像鸟飞往你的山》里揭示的教育的意义。我特别喜欢这句话，后来我在《新校长》杂志第10期看到蒲公英智库创始人李斌的文章《亲爱的老师，你当像鸟飞往你的山》时，这个主题便印在我心里了。

成长首先需要的是启动内驱力，要促使教师去反观自身，认识自我，明确自己在哪里，要往哪里去，继而以外力加以辅助，让教师在这个过程中获得目标和方向感。

内省 + 憧憬：画好教师自画像。成长就是过自己的关，缺失了自我反省与憧憬的驱动，再美好的愿望都是空谈。进入峰山小学的大部分教师都不是职场小白，他们已经在各自的岗位上摸爬滚打了几年甚至十几年。这些年的时光是如何度过的，是一个重要的参考值。进入峰山小学的每一位青年教师都会收到一份精心设计的矩阵图以及一份自答卷，通过数据描摹和问题引领，让教师在新的环境里对自己进行"二次定位"，帮助教师从自身的优势、劣势和外部的机会、内心的期待等方面进行"矩阵式"分析，描绘"我的教师自画像"，找到自己心目中教师的样子。以此为支点展开专业研究。

初心 + 路径：添加认知辅助线。当局者迷，旁观者清。在教师自我观照的同时，我们通过各种途径来丰富和加深对他们的认识，信息渠道有两个：一是来自"人"的评价，包括他们的中学老师、曾经的领导和同事、学科教研员、学生及家长；另一个途径是来自"事"的反馈，新来的教师我们不急于下结论，会交给一些任务去做，如提交一个计划、组织一项活动、参与一次讨论等，可独立完成也可协同作战，他们提交材料的立意与

文笔，组织活动的流程与效果，参与讨论的准备与观点，甚至待人接物的礼仪、对待学生的态度、文字的校对与排版等细节都在我们的观察之列。然后将观察结果与他们的自我认知、他人的评价相比对，用至少半年的时间完成对一个青年教师的初步认知，接纳并帮助他们看见自己、发现自己、找到目标……教师的初心和实现路径，学校始终在跟进，就像教师全面追踪学生的成长。经过一段时间的观察，每个青年教师都有了一个多重指标下的侧写分析（包括：专业成就、班主任工作、带队成绩、考核位次、同事关系、群众威信、特长领域、发展方向、成长需求等）。

接纳＋规划：搭建成长脚手架。在初步完成了对个体的认知之后，我们借助四象限法对队伍的整体状况进行了梳理：有的适合向名师的方向发展，主攻业务提升；有的适合向中层管理岗位发展，多向兼顾；有的只要做好本职工作，达到合格线即可；有的尚在观察期，未来有无限可能……在此基础上成立专家团队，定制成长支持策略。

策略的核心理念是——万物生长自有方向。我们为不同象限的教师提供不同方向的支持，在专业、品格、天赋组合起来的"三元方程"中，为每个人使用不同的参数，唯精唯一，帮助其寻找到属于自己的天空。

落实策略的两个重要的方法是——因材施教和教学相长。如王洋老师，其长项是课堂教学，已经多次获得省市级比赛的优秀成绩，因此由他担任两位新毕业教师的课堂教学导师。他本人的短板是科研和写作能力，这在一定程度上限制了他进一步成长，所以我们为其配备了这方面的导师。在我们的支持体系里，每个青年教师都将成为身兼多个角色的"斜杠"青年。

2022年10月，我们正式启动了"青鸟行动"计划。在启动仪式上，我明确地表示了三个观点：一是你有权选择自己的未来；二是如果你选择了努力，学校会全力支持；三是一切都不是定数，允许修正和改变（附1）。

启动仪式之后，几位青年教师写下的文字让我们深受感动，从中可以看到他们对这个活动的接纳与认可、对成长的期待与憧憬，这是一个好的开始。

引领·聚力——你当像鸟，飞往你的山

教师，首先是"职场人"，其次才是教师。"人"的成长优于"师"的成长。所以教师队伍如果只关注专业成长是长不好的。思想和行动同时上路，方能行稳致远。

立体课程：从"单一"走向"多元"。构建"教师基础职能的底线标准＋高位自主的发展逻辑"双线课程，做到专业、品格、天赋互相兼顾，为青年教师量身订制"青鸟行动"课程：包括"理想信念篇——人在职场"，为教育涂上爱的底色，重师德但不刻意去讲师德，《24 年的教育"恋爱史"》让青年教师懂得唯有坚持和热爱才能做好每一件事；"专业素养篇——博学洽闻"，让教学溢满善的本色，从上课的准备、听课的细节、写作的表达等每一份实操性的培训都是进入职场的"通关秘笈"；"成长历程篇——登峰足迹"，让未来绽放美的姿态，从两年目标到五年规划，签订承诺的那一刻起就要仰望星空，脚踏实地。

团建助力：从"闭合"走向"敞开"。不知道从什么时候起校园团建活动日益淡化，是师资队伍老化，活力与热情慢慢消失？还是职业压力太大，心气和激情消磨殆尽？原因是多方面的。我们要重新开启团建活动，就要遵循年轻人的游戏规则，比如教师节不听讲座拍 MV、中秋节不做月饼做"冰墩墩"、庆元旦不演节目做魔性游戏、六一节与孩子们一起拆盲盒……除此之外，工作室每周的集体学习时间，我们既鼓励专家团队的专业讲座与分享，也乐见于年轻人偶尔"皮"一下，比如他们发起的"吐槽，是年轻人与世界对话的一种方式"，我和几个校级领导被提前通知不得参加，听说那期老师们情绪特别高涨。轻松自由的氛围让青鸟行动更接地气、增人气。

众筹赋能：使"优点"聚合"优势"。人总是靠长处创造业绩。我们通过两个活动让青年教师在自己擅长的领域持续发力，成为"不可被取代"的那一个。一是项目化学习推动专业成长。结合学校整体工作及青年教师需求，针对性地成立了几个专项活动，如创新课堂、家庭教育、幼小衔接、课间游戏、甲骨学堂……青年教师根据自己的特长加入其中一个或两个项目组，在一个方向和领域内持续发力，不断提升自己的同时也推动了学校重点工作的开展。二是搭建平台让教学之外的兴趣特长得以发挥，让他们在一个集体里成为"独一个"，如擅长主持演讲的、平面设计的、微视频制作的、服装定制、糕点烘焙的……学校有意识地创造机会鼓励钻研、展示才华，这不仅让他们获得自信和成就感，更成为一种不可多得的教育资源。青年教师们越来越懂得：专业靠谱，是人在职场最大的底牌。

双向奔赴：变"内耗"为适度"内卷"。职场竞争的最高境界是合作共赢。青鸟行动在管理上并没有特别之处，两个关键词——尊重与激励。一是尊重选择权，表现在导师与学员的匹配是双向选择的，因为今后的路他们要共进退，同荣辱，彼此的认可是良好合作的基础；二是尊重创造力，除规定动作之外，日常的学习与研讨活动均由他们自主开展，各个学科、各个项目行走方式不同却都能殊途同归。学员与导师可能是这个项目的合作者，也可能是另外一个领域的竞争者，最终她们取得的每一分成绩既相互成就，又各自光彩。学校的作用是多关注少干扰，多支持少掣肘。支持人的成长是一切工作的原点和终点，

愿景·未来——你当像鸟，飞越你的山

我们常说"未来已来"。青年教师是通往未来教育的天选一代，当下我们的每一次变革都是在为他们的未来以及教育的未来作准备。峰山小学的教师们该如何飞越山峦，抵达那个明亮的未来？

我看过一份来自全球教育领域的专业报告所描述的未来教师素养图

谱，描述了未来教师要担当的角色、要具备的素养、要掌握的能力以及时代对我们提出的职业期待，这让我们不禁感叹：未来的教师非"超人"无以胜任，而现实是不可能有这样的超人存在的。所以我们需要另辟蹊径——放弃完美个人的打造，锚定完美团队的建设。

寻找路径：诠释教育超人的可能性。如果把教师发展之路看作"一生中的 100 里路"，"前 50 里路"我们能给教师的是价值观、知识、技能，尽可能多、尽可能具体、尽可能实用的方法，为他们注入原始的动力，这是我们当下正在做的。"后 50 里路"是教师作为匠人的成长和作为专家的成长，我们能做的就是陪伴、引导，帮助每个教师不断寻找新的生长点，锁定"未来素养图谱"中的"必选任务"，找到自己的优势区持续生长，以独辟蹊径的专业高度，撑起团队的某一个维度。教师个体不可能成为教育超人，但由一个个优秀教师组成的优秀团队则可以发挥超能力。

文化育人：描绘青鸟教师群像图。青鸟行动的核心理念是"遇见更好的自己"，与我校的育人理念完美契合，因而这条路越走越顺，短短两年半的时间成效已然显现。有些是看得见的，比如专业方面；有些是看不见的，比如青年教师们的明媚气质和舒展的状态。青鸟行动更重要的是青鸟计划发挥了鲇鱼效应，激发了中年教师的二次成长，带动队伍整体提升的目标正在逐步达成。

峰山教师群像图最打动人心的是他们眼里有光，脸上有笑，行动带风的样子。

人是最大的变量，青年尤其如是，所以青年教师队伍建设永远在路上。我们时刻提醒自己不要犯"想当然"的错误，不能离青年人的圈子太远。我们给自己定了一个标准：如何考量自己是不是落伍了，是不是被年轻人抛弃了？看自己孩子的朋友圈是否对自己屏蔽了，如果是，那就没有资格说自己了解年轻人。能与孩子无障碍交流才有可能与年轻人打成一片。

我们要求自己不断地学习，除看书外还坚持听书，"喜马拉雅"上一些人文通识、影视评说、心理咨询类节目让我受益匪浅，时刻提醒我改掉多年形成的"说教"习惯——对青年人说教就是犯了过来人傲慢的错误。

最后，我们创造机会让青年人与我们一起工作，学校中层队伍中破格提拔了两名青年教师，青鸟工作室每一项活动的推出都能听到青年人的声音，他们热衷推崇的东西，乐于接受的形式，都是我们开展工作的依据与参考。

让想得到的教育，成为看得见的风景。这条路，道阻且长，行则将至。

不该被荒废的基本功

在我刚毕业那几年，学校对教师基本功的练习非常重视，经常组织"三字一话一画"的比赛，"三字"即钢笔字、毛笔字、粉笔字，"话"是普通话，"画"是简笔画。我曾暗暗后悔自己在师范读书时没有好好努力，看着同事一手漂亮的字画艳羡不已。

后来，随着电脑慢慢普及，电子白板逐渐兴起，碳素笔全面取代钢笔，普通话变成了一纸证书，书法课被美术教师接手……"三字一话一画"的练习几乎销声匿迹，取而代之的是课件制作、白板使用、云平台上传下载等技术型培训。这似乎是时代发展的必然趋势，无可厚非。

同时，我们也发现了另外的问题：随着中师教育的逐渐式微，大学里走出来的师范生或许知识更丰富、眼界更开阔，但写写画画的基本功确实一代不如一代，尤其是书写方面，别说赏心悦目了，连正确的笔画笔顺都保证不了，教师编"考选"的时候，有些考生的板书简直是大型翻车现场，让评委老师们无法直视。这也是近几年优质课、公开课上越来越少见到教师现场板书（统统改成了花里胡哨的彩色板贴）的原因。

我们常说："教师的言行举止、衣着打扮都是学校'美育'的重要组成部分。"那么教师的书写、诵读、演讲等更是不可忽略的美育内容，是当代教师不可荒废的武功，其中关键是练什么和怎么练的问题。

从"急用先行"的原则出发，我们决定从教师的硬笔书写和板书设计入手，从外功慢慢向内功拓展。我们从书法家协会聘请了老师，每周来校上一节书法指导课；给每位老师发放了练习本，每个月组织一次教师书法作品展；教师作品与学生作品一起展出，一方面激发教师好好练字的紧迫性；一方面也激发学生与老师比拼的兴奋感。在刚开始的时候，为了照顾老师们的面子，我们让每位老师都给自己选了"笔名"，大家嘻嘻哈哈地颇费了一番心思，光是品味这些笔名也足够乐呵一阵子了。

板书的设计与书写采用"随手拍"的方式进行，教师每天选自己最满意的一次板书拍照上传进行云上交流互赏。体育老师也没逃过，要根据学校开展的"古诗推送"活动，每周选一首古诗写在教室黑板上以供拍照上传。每个月学校会随机抽取一天通知开展板书比赛，老师们放学后把规定内容写在黑板上即可离开，学校组织评委巡评。

"内功"主要是阅读和演讲。在读书这个问题上我一直有自己的看法，反对各种形式的"同读一本书"，我觉得读书是一件非常个性的事儿，就像吃饭的口味不同一样，不能总吃一样的套餐，我们教育上齐步走的现象实在是太多了。另外，我也反对只读专业类书籍，毕竟目前专业类书籍写得都不怎么好看，专业类书籍就像羽绒服，天冷的时候自会去穿，我们的任务只是去激发这种需要就可以了。专业书籍之外的各类图书不妨多读一些，让老师们有更开阔的视野、更愉悦的心情、更深厚的文化底蕴才是长久之计。最后一点就是尽量不要给老师们增加太重的负担。一个想法或一项工作无论出发点有多好，只要负担过重就会遭遇抵触，抵触久了就会无疾而终。所以我们以相对轻松的方式去缓慢推进，不做硬性要求：校长带头，成立"校长读书吧"线上读书会，举行了《阅读，遇见最美的自己》启动仪式。每轮读书活动以一个月为周期，每月一个主持人，负责发布信息，组织交流。读的内容以必读和自选两种形式进行，必读书目每学期一本，通常是教研中心规定的内容。其余时间皆为自选，时间和形式也非常自由，老师们可以发布读书推荐，也可以撰写读后感悟，其他老师可以跟帖评论，也可以相互借阅。如果哪一本书的点击量比较高，感兴趣的人比较多，学校就会统一购买赠送，于下一个月开展线下的专题交流。我一直有读书和听书的习惯，所以经常把自己喜欢的书分享进来，遇到书荒的时候，也会到群里看看大家的推荐，再去搜索购买。

演讲是一项很重要的能力，尤其对于老师来说，我觉得每一节课都应该是一次演讲。好的演讲不仅能锻炼人的口语表达能力，也能提升人的自信和气场。这个没有捷径可走，就是一个字"练"。我们从"脱稿"开始练起，首先是我的每一次发言，包括校会、开幕式、启动仪式、参观解说等，从来不带稿子，也从来不假手他人写稿子，"用自己的嘴说别人的话"永远不可能是一场好的演讲。慢慢地全校都卷起来了，从中层到老师到学生，一些重要场合的发言都实现了"脱稿"。这样长期坚持下去，就会成为一种习惯，就会让更多人得到提升。

主持人董卿曾说："我始终相信我读过的所有书都不会白读，它总会在未来日子的某一个场合帮助我表现得更出色。"相信我们所做的每一点努力和每一次微小的改进，都会在平凡的日子里默默发力。

让书香味成为校园最美的味道，让书卷气成为师生最好的气质，这是我心中美好校园的模样。

好将军不打无准备的仗

常规的课例教研每个学校都驾轻就熟，但疫情之下的线上教学却真真正正给学校领导者出了一道急题、难题，考验着领导班子的应急能力、预判能力和执行能力等。

先后经历过三次线上教学，各个学校的情况和面临的困难大致相同，但最终呈现出来的效果却大相径庭。在全国各地不断爆料线上教学的翻车事故时，我们学校一直都非常平稳顺利，这得益于我们的中层能够临危不乱、精准预判、谋定后动，让每一次考验都成为一次成长的契机。

给教师最有力的支持

第一次线上教学大家都没有经验，没有准备，也没有指导和帮助，一切全凭学校自己判断和摸索。这个时候，如果学校只是下达一个线上上课的指令给老师，必定会人仰马翻。与其出了问题再手忙脚乱地解决，不如防患于未然。所以我们接到通知后没有立刻执行，而是延迟了两天，用这两天做了大量周密细致的准备，除去软件下载、课表安排、教学资源录制等常见的工作之外，我们还在两个方面给出了与众不同的方案。

首先是师资安排。与其他学校"各人上各班"的规定不同，我们决定先由年轻骨干老师上，这样安排是出于两种考虑：一是线上教学是新生事物，年轻老师接受得快，软件操作也灵活，能迅速上手，给老教师们一个慢慢学习和适应的过程；二是居家期间屏幕前听课的不仅有学生，还有家长，骨干老师的课更能经得住审视，有利于前期的平稳过渡。

而在具体实施过程中，我们发现这样安排的好处远不止于此。比如这样能把中层领导全部腾出来，用于跟踪听课，发现问题及时解决；再比如每天的体育锻炼时段，由健美操专业的体育老师带领全校师生上大课的做法，赢得了家长的热烈回应，为学校圈粉无数，也为居家期间的线上锻炼创出了先进经验。

其次是线上课例教研。这是很多学校缺少的一环。我们在软件操作技术培训之后，像打磨优质课一样打磨线上课，尤其是第一周要亮相的老师要通过线上试讲一一过关，全体老师一边听一边扮演学生随机回答问题，练习软件使用技巧，讨论课堂组织方法，一举两得。另外，我们还专题打磨了班主任的晨会课、晚点课和班会课，将安全、德育、心理健康教育融入其中。正式上课的时候，主讲老师负责讲，其他老师负责观察、组织、批改、答疑等，完美的配合让首次线上教学就取得了成功。

做眼里有人的管理者

第二次线上教学，大家都有了经验，准备工作齐备、教学资源充足、上级督学跟进，顺利度过不在话下。到第三次线上教学时按说不应该出现问题，但很多学校相继出现了家长投诉事件，教师中也是抱怨之声四起。

首先是软件使用的问题。之前线上教学用的软件屏蔽了部分功能，必须缴纳近万元的年费才能使用全部功能，否则有些学科就不能用了。我们反复比对后选择了一款更流畅、功能更齐全且收费很低的软件，学校统一购买后，由中层先熟悉软件，学会使用方法，然后对全体教师进行培训，再由班主任对家长进行培训和说明（包括为什么要启用新的软件）。一切准备就绪后，学校统一规定：班级 QQ 群用来下通知发信息，新软件用来教学，二者功能不可混用，除此之外不得用另外的软件。

正式上课不久，有的学校就因为软件使用混乱而遭家长投诉，因为学校事先没有规定，老师们用哪个软件顺手就用哪个，导致前一节课的老师用完一个，下一节的老师又用另外一个，一上午 4 节课换 3 个软件，家长手忙脚乱地退出进入，既麻烦又耽误事儿。

其次是师资安排问题。尽管老师们都有了线上教学的经验，但 2022 年底正是很多师生感染新冠病毒的时候，我们考虑到这一点，再次启用"上联课"的方式，让"阳"了的老师安心养病，其他老师每人分担一个学科，既保证了教学质量，也减轻了老师的身心负担。大多数学校仍然沿袭之前的规定，让老师们按课表自己上自己的课，生病发烧的自行调课。但因为当时"阳"的老师很多，大家自顾不暇，课很难调，老师们不得不带病坚持上课。另外有很多老师是兼科的，比如一个班主任，主学科是语文，同时兼任道法、传统文化或写字课。这样一天下来，要上晨会、晚点、语文、道法、传统文化等好多内容，备课压力太大，上课效果难以保障，老师们难免心生怨言。

我们常说："一将无能累死三军。"在每一次考验来临的时候，老师们需要的不仅是指挥和指导，还有体恤和支持，这就是我们作为管理者存在的意义和价值。

专业的事情还是要交给专业的人来做

心理健康教育很重要，但是怎么开展我始终心存疑虑，指导性的文件很多，各个学校的心理咨询室越来越高大上；各式各样的培训不少，拥有国家二级或三级心理咨询师证书的教师也越来越多；各级各类公开课、优质课等教学教研力度越来越大，心理健康教育的方式方法不断推陈出新……然而效果究竟怎么样，我实在没有明确的指标去衡量，尤其对于小学来说，有多少孩子真正走进过心理咨询室？有多少行为是真正经过老师的疏导而得到矫正的？或者再退一万步讲，有多少行为是我们能够清晰进行界定的？我不知道别的学校怎么样，我看到的事实是：昂贵的心理测试仪器没有人真正会用，经过短暂培训的心理咨询老师对心理健康教育的贡献微乎其微，对真正有问题的孩子一样束手无策……在我看来，心理咨询是一个多么专业的事情，不是培训几个老师、购买几套设备、打磨几节优质课可以解决的。

如果非要说学校该如何开展心理健康教育，我只能说，做好我们教育的每一件平常琐碎的小事就是最好的答案。比如，认认真真地给师生减轻负担，包括工作负担和精神负担，让老师回归教学，让孩子像个孩子；认认认真真地做好家校共育，减轻家长的焦虑，建设良好的亲子关系，别让父母的焦灼灼伤孩子的童年；认认真真地设计好每一次校园活动，让孩子对校园充满向往，在有意思有意义的活动中经历竞争与合作，学会争取成功，也学会接受失败……归结到一个点上，那就是让孩子们跟情绪稳定的人在一起学习和生活，在充满安全感的环境里找到自我。

所以我一直特别在意班主任队伍的人选，学历不是关键，成绩不是关键，学科、年龄、性别都不是关键，爱心和情商才是。有爱心的人才能对后进生、问题生、家庭特殊生有体恤之心，才愿意对他们付出更多关注与关心，才能更敏锐地发现问题，从而更好地解决问题；情商高的人才知道怎么去化解冲突矛盾，怎么去解锁孩子心灵的密码，怎么赢得孩子的信任与亲近，怎么让童心能在校园里安然栖居……

每一个好老师都是一个优秀的心理学家。

当然，特殊情况要特殊对待，比如疫情防控期间，必然为懵懵懂懂的孩子们上好这人生大课。我们组织中层和班主任老师从铺天盖地的信息中筛选适合小学生的内容，从各种心理健康指导课中淘选孩子们最易接受的方式，精心备课，集体教研，层层把关，环环分解，将防疫安全知识与当下时事新闻及心态心能建设等融合在一起，分解到晨会、晚点、班会、道法课、健康教育课中，用不急不躁的态度、不惧不怠的作风陪伴他们，教导他们，教会他们懂得什么是爱与责任，增强内在稳定性，学会在灾难中成长。同步在线更新"登峰家长学院"内容，从最细微处入手，教会父母们适应突然变慢的生活节奏，把平时忙于工作、打麻将的时间还给家人，一家人好好待在一起吃饭、聊天、相互陪伴。父母要做孩子的榜样，好好学习防控知识，以理性、从容、感恩的态度带着孩子渡过难关。要好好经营一家人的生活，过自律、健康、和美的隐居生活。

但不论怎么努力，相比于学校其他工作，心理健康教育始终是个短板。专业的事情还是应该交给专业的人来做，所以我们学校近几年申报的课题都围绕着心理健康教育来做，通过课题来寻求与高校合作的机会。目前我们学校已经与高校成功对接，由他们的专业团队对学生进行跟踪评估，每次测评后点对点给家长发送报告，为每个学生建立健康档案，对有需求的家长提供专业指导……如今已经合作了三年，家长们很认可，对专家的意见接受度很高，相信假以时日，必有所成。

"你好，小学生"百日成长记

峰山小学建成的第一年只招收了一年级 8 个班的学生，此时开展幼小衔接工作无疑是促进学生成长、学校发展的最佳选项，于是我们迅速申请并加入了幼小衔接实验中。由于在对的时间遇到了对的项目，使得峰山小学在起步之初就有了强大的动力和稳定的方向感，在短短两年的时间内就打响了品牌，这得益于我们工作中能够因地制宜、审时度势地开展研究工作，并能将其融入"双减"背景下进行个性化思考，探索出带有峰山烙印的特色活动。

开启新奇的小学生活，是幼儿生命旅程中的一场奇遇。他们在社会角色、学习内容、生活环境、人际关系等方面都发生了巨大的变化。峰山小学紧紧抓住七、八、九三个月的黄金期，开展为期 100 天的"你好，小学生"主题活动，帮助儿童迅速适应新环境。

七月·初体验

"小学校园是什么样子的？小学课堂是什么样子的？老师是怎么样的？"对于孩子来说，进入小学是一件未知的事情，有好奇与期待，也有忧虑和彷徨。我们借助 7 月这个黄金期开展"小学生活初体验"活动，组织幼儿到学校里做游戏、进教室里听故事、在走廊里寻宝藏……沉浸式体验活动及学校着力打造的童真童趣的文化氛围让孩子们对即将开启的新生活充满期待和向往。

与此同时，峰山小学的老师们利用假期走进幼儿园跟岗学习，了解孩子们的生活日常，与孩子们近距离接触，建立起亲近与信任的师生感情，消除孩子们在人际关系上的陌生感，也为"幼小衔接"课堂教学改革积累经验。

八月·心相牵

幼小衔接不仅是幼儿园和学校的有效链接，更需要家长和学校的双向支持。家长的心态与状态直接影响孩子的身心健康。为此，我们于8月着力开展家长的"岗前"培训，缓解焦虑情绪，实现角色转换。

一是"家长学院"助力成长。校领导以"2020，刚好遇见你"为题讲述我们的当下与未来；班主任以"做家长，我准备好了吗"为题从操作层面指导家长做好各项准备工作；心理健康专家以"看见孩子，看见自己"为题为家长的角色转变提供专业的咨询服务……

二是全景开放赢得信任。8月下旬，我们着力开展"家长进校园"活动，让家长亲身感受学校在文化环境、设施设备、课堂教学、餐饮管理等方方面面所做的准备，并现场解答家长的疑问。

三是线上报到精心指导。一年级线上报到之后，群里每天都会有实时更新：学习用品准备、疫情防控要求、胸牌制作说明、家长接送区域、新生入学礼仪……配图配视频，清清楚楚、明明白白。

幼小衔接的关键是要带好家长，家长从容，孩子不慌。

九月·暖相遇

人只有在熟悉的环境中才有安全感，身心才能放松下来，所以，我们抓住9月这个关键期，想方设法帮助学生顺利过渡。

首月坐班制。每个班级安排班主任和副班主任两位老师坐班，既能最大限度地关注到每一位学生，又能在班级管理上向幼儿园模式靠拢，用陪伴的方式给予学生心理上的安全感。

入学周课程。以游戏的方式帮助学生尽快熟悉环境，如孩子们胸前贴上卡通动物胸牌，顺着图标的指引，像走迷宫一样找到自己的班级；课间，孩子们通过胸牌结交到好朋友等。什么时候教室门牌已经从动物图案换成了文字标识，孩子们浑然不觉，其变化和适应的过程是不露痕迹的。

美丽校园新发现。利用每天晨会时间让孩子们交流自己的新发现——学校和幼儿园有什么不一样？寻找的过程既是孩子们熟悉校园环境、课程安排、学科知识的认知过程，也是教师发现学生心结和困扰之所在，是及时帮助解决问题的过程。

"3 + 2"夹心饼干式课堂模式。以"时间不变节奏变、内容不变形式变、目标不变评价变"为原则，对低年级学科课程进行了适应性改革，各学科教师根据教学内容及学生特点不断开发有趣的手指操、益智小游戏等，实现教学活动游戏化、知识学习趣味化的目标，让孩子们在短时间内适应学习生活，实现幼小平稳过渡。

"你好，小学生"成长百日行活动，通过家园校三方携手、课内外双线并行，为孩子们的成长定向供氧，让师、生、家长都能在这个过程中实现自身的拔节成长，成为更好的自己。

那些草草收场的课题研究

对于学校层面开展的课题研究，我始终信心不足，可能是因为见过了太多潦草的剧情：轰轰烈烈的开场，劳民伤财的过程，偃旗息鼓的结局。早几年更离谱，只有开端和结局，过程都被省略了。

印象最深的是"翻转课堂"实验。

大约在 2016 年前后，"翻转课堂"的理念席卷而来，全员推进。起初我没在意，因为直觉上这种学习方式对师生的要求都很高，不适合小学生。但通知很快下来，要求小学从三年级的语数英学科开始同步跟进。

三年级的孩子，铅笔刚放下，钢笔还没拿稳，一、二年级不留家庭作业形成的惯性还没克服、课堂上各种常规和习惯还未完全养成的一群小朋友，怎么可能一下子成为学习的主人？晚上看视频自主学知识，上课小组合作互动交流，担任小老师给别人讲课……这样高难度的动作别说小学三年级，就是高中三年级也未必办得到。老师们一头雾水，手忙脚乱学起了视频制作，质量难以保证；孩子们两眼抹黑，视频看了一遍又一遍还是不知所以；家长们十分抓狂，面对"任务单"不得不披挂上阵亲自讲解……人仰马翻，怨声四起。

结果可想而知，课堂没有翻转，实验翻车了。

不可否认的是，翻转课堂的理念是好的，也取得了很多显著的成果，如教师"以学生为主体"的教学理念更牢了，研究教材和学生的主动性更大了，学习和利用先进技术为教学服务的意识更强了，在研究与反思中提炼教学经验的热情更高了……只是再好的理念也要在合适的土壤里才能生长，盲目地拿来主义只会水土不服。

后来，由翻转课堂演化而出的"微课实验法"在小范围内继续推行，其本意是借助"平板电脑"技术解决之前的诸多问题，如：学生不再需要回家预习，而是在课堂上根据教师提出的问题和提供的素材进行自主学习，及时上传答案由教师一一批改反馈，巩固练习时可根据自身情况选择不同难度的题目等，个性化学习与因材施教的理念有了更充分的体现。

只是仍然不可避免地出现一系列新的问题：平板电脑每天要充电，学校需要购置充电柜等设备，教师每天要负责给每个电脑插好充电线；每次上课之前学生要打开平板，总有学生忘记密码和操作失误，等所有学生都准备好了，半节课的时间已经过去了；这么多电脑同时上网，难免出现卡顿，拼命转圈圈的电脑只让人心烦意乱；平板电脑技术不稳定，出现问题要返厂维修，一来二去得半个月……无数糟心的瞬间让实验班的老师几近崩溃。实验最后以大部分学校放弃结题、自动退出结束。

教育经不起折腾，凡是需要消耗大量人力物力的改革，都难以为继。

当然，教育需要有改革精神，需要不断地探索创新，所以实验研究和教学改革永远不会停止，只是我们要热情而冷静地对待每一次变革（附2）。近几年，我们在申报课题的时候越来越谨慎，总是选择那些能贴地行走的、能与学校日常教学密切结合的、能带来实实在在收获的项目开展研究。如结合新建校实际开展的"幼小融通课程体系的构建与实施研究"，结合《家庭教育促进法》的颁布开展的"'双减'下以家庭教养方式的转型促学生心理健康发展的研究"，结合"体质健康管理实验区"建设开展的"以传统游戏促学生体质提升的路径研究"，立足本地红色教育资源开展的"依托乡土资源开展爱国主义教育的实践研究"等，这些题目不时尚、不前卫、不高端，但都取得了实实在在的效果。从这些工作中我们也总结出课题研究的成功条件。

一是依托大背景顺势而为：大背景指的是党和国家的政策方针，如"双减"、《家庭教育促进法》等。

二是借助好平台乘势而上：好平台指的是本区域大力推行的重点项目，如"五项管理实验区"建设、"德育一体化实验基地"等。

三是立足真情境因势利导。真情境是学校的实际情况和真实需求，如新建校的生源现状、学校周边的地域资源等。

最后一点是必须要有人才支撑，作为普通中小学来说，就是要积极争取与高校的合作机会，将专家的理论指导与学校的实践研究相结合，才是课题研究的正确打开方式。

"双减"大事，从作业做起

天下大事必作于细。近几年教育上的大事，莫过于"双减"了。这样一个浩大的工程，涉及教育的方方面面，如果没有做好准备，最好不要一下子铺开。先从最前沿的事情做起，从自己能做得到的事情做起，迈小步，不停步，持续进步。

先从"减轻课后作业负担"说起。分层作业、因材施教、创新思路、减负增效——提了好多年了，只是效果一直不甚理想，主客观的原因都有，学校没有真正重视、缺乏深入的研究是一个很重要的方面。

小学有书面家庭作业的科目是语文和数学。数学作业的布置、批改与辅导一直是重灾区。这一次，我们打算集中火力先攻难关，优化和改进数学作业的各个环节，真正实现减负提质。从我校数学教研组长李琦文老师的交流中可见一斑。

一、因材施教设计分层作业

一线老师累，很大部分累在作业上：一是学生不愿做，"查作业"与"逃作业"成为引发师生矛盾的主要诱因；二是学生人数多，作业的批改与辅导成为教师日常工作中一项沉重的负担。

"双减"政策出台后，家庭作业改革的方向是减少作业量和实现分层作业。"减量"不难，难在如何分层和拓展。

1. 课外作业与课内效率挂钩。每天的数学课上我都会留出几分钟的测评时间，对学生当天的学习情况进行评估，根据评估结果布置作业。作业分为A、B、C三类，A类是当天所学基础知识的练习与巩固；B类为基础知识加拓展练习；C类为趣味性作业。

趣味性作业是为"学有余力"的学生准备的。起初的时候只是一些趣味十足的题，如"羊、白菜和老虎过河""糊涂叔叔买卖鸡""阿凡提改羊圈"等，最大限度地调动起学生的积极性，他们那些奇奇怪怪的答案，有些看起来不合情理，琢磨起来却特别有意思，给我和学生都带来了无穷的乐趣。慢慢地其他学生也受到感染，参与的人越来越多，题型也越来越丰富，有时是趣味题，有时是数学书上的思考题，有时可以"混搭"。天长日久地积累下来，学生的思路越来越开阔，对数学的兴趣与信心也慢慢增强。

课堂上学得越好，家庭作业数量越少。学生为此而更加认真听讲，实现了课堂内外相互促进的良好态势。

2.书面作业与实践作业结合。数学知识是为生活服务的，小学数学与生活的关系尤为密切，"做中学"是个好方法。每周三学校实行"无书面作业日"，这一天就是我们"做数学"的时候，如学习"时分的认识"之前，学生与父母一起制作钟表盘。学生做得精美且富有创意。通过制作，学生对钟面上数字的排列、大格小格的意义、时针分针的区分等一一了解。上课时，学生用自己制作的钟面当学具进行学习，既提高了兴趣，也解决了学具不足的问题，一举多得。

3.适当穿插长线作业。有些作业是需要学生当天完成的，有些则可以放长线，让学生以小组合作的形式完成。如三年级数学上册有一个"物体的影子"实践活动，我把它当成一次作业布置给学生，4人自由结合，一个月的时间完成，把结果用表格的形式记录下来。在此基础上进行拓展——晚上回家跟父母散步时，观察路灯下影子的变化情况，并跟日光下的现象进行比较，说说自己的想法和做法。学生不仅学到了很多课本上没有的知识，还锻炼了合作意识与实践能力。

事实证明，并非所有的作业学生都不愿做，这些实践性的作业，包括一些小调查、小制作、与家长一起进行的数学游戏、自编数学故事、测量自己的身高体重等，都是学生喜欢并乐在其中的作业。

二、精心统计提高讲评质量

作业的讲评是一个非常重要的环节，直接影响到作业的质量与效率。因此，我特别重视讲评的效果，一次普通的家庭作业至少要"磨"两到三次，先做后批、统计分析、重点讲评。

每份家庭作业我都会先试做一遍，琢磨学生可能出现的问题，分析重点、难点。预估大部分学生作业所需时间，及时调节作业量。批阅作业的过程中边观察边记录，做好三轮统计分析。

第一轮：统计每一道题出错的人数、类型及原因。这个统计结果是为讲评做参考的。一般出错在 3 人以下的题目课堂上不讲，因为这样的题目通常都非常简单，出错的或是因为笔误，或是几个学困生，抽空单独辅导一下就可以了；出错在 6 ~ 10 人的题目要有针对性地去讲，对学生出现的各种错误类型进行分析，梳理出课堂讲评的重点；出错在 10 人以上的题目重点讲评，领着学生一点一点把题目读透、读懂，知道解决这个问题需要调动的所有知识以及运用的方法，知道自己的问题出在哪里以及如何改正。不仅如此，我还会在讲评之前准备好相关的题目，运用同样的知识不同的方法去解决。一份作业讲评下来，学生对所有涉及的知识都进行了充分的复习巩固，收到了以一当十的效果。

如果缺少了这个统计过程，课堂上从头到尾把所有的题目蜻蜓点水似的"流"一遍，学生的印象不深，不会的仍旧不会，师生的一番辛苦都付之东流。

第二轮：对每个学生的试卷进行分析评判。看优生的作业，主要看哪些题目是不该错的，哪些题目对于学生来说难度过大等；看中等生的作业，主要看哪些错误是带有普遍性的，计算扣分的有几处等；

看后进生的作业，主要看他们的基础知识完成得怎么样，有哪些可取之处，按照他之前的基础，本次作业有没有进步等。

这个分析结果决定着学生的评价。主要的原则是鼓励后进生，比如书写漂亮的，奖；计算题全对的，奖；成绩比以前有进步的，奖。

第三轮：与平行班的情况进行对比分析。看看哪些地方做得比较成功，哪些地方不够好，差在什么地方。与同事交流心得，学习同事的先进经验，用以改进以后的教学，取长补短。

三、正向激励实现评价"增值"

家庭作业的评价研究很容易被忽视。作业评价往往等同于作业批改，关注的只是作业的完成及对错情况。激励方法最常用的就是"奖你一朵小红花"，忽视学生的年龄特点及心理需求，评价功能被弱化。我们需要一种具有学科个性的、刺激性强的、人人都有机会的激励方法。

我发明了"数学作业PK榜"，操作流程如下。

1. 科学编组。把全班学生编成6个大组，每组6～8人。编组借鉴了王坦老师的"合作学习"理论，按组间同质、组内异质的原则进行，即各组力量均衡。

2. 选好组长。组长人选很关键，必须是组员们信服的才行。我一般不选学习特别好、内向的女孩，喜欢把机会给那些聪明但有些顽皮的男孩，或者性格开朗学习中上的女孩。另外还有两个因素要考虑：一是不用校队的学生，因为他们天天要参加训练，时间和精力不够用；二是不用身兼数职的学生，尽管他们很优秀，能力也很强，但一心不能二用，我要的数学组长，必须是一心一意干组长的人。

3. 评价方法。每组每天有100分的底分，然后根据作业的数量、质量、订正的效果进行加减。

数量：早上上课之前收齐并上交作业的，奖10分，每有一人次没交扣10分。

质量：作业为A等及以上的，每人次奖10分；B等的不奖不罚，C等及以下的每人次扣10分。

订正：晚上放学前全部订正过关的，全组加10分。前三名的组加20分。

4. 奖励措施。每天累加一次，每周总结一次，成绩排在前三的小组可免周末作业。

以小组为单位进行奖励，目的就是为了发挥集体监督和合作的力量。为了得到免作业的机会，学习好的同学会每天检查后进生的作业记清了没有，会主动督促他们抓紧时间订正并为他们进行辅导。

在这个"主线"奖励措施之外，我又特别追加了一条"个体"奖励措施：作业每积累三个A+（书写认真且全对的为A+），可免作业一次，不影响小组评价。这样更好地避免了优生被"拖累"的可能性，优生不会埋怨，后进生不必内疚，一团和气，共同努力。

这一套奖励措施下来，核心的内容就是"免作业"，看起来简单，却是最符合童心、最受欢迎的方法，也是教师自我减负的有效手段之一。因为学生重视每次作业，所以会特别用心地去做、做完还会主动检查，作业质量越来越好；因为时常有一半或一半以上的学生免作业，订正和辅导方面又有组长把关，所以教师每天批改和辅导的工作量大大减轻；因为趣味作业的吸引力越来越大，很多学生在做完基础作业后自愿尝试趣味作业，学生创造性解决问题的能力在逐步提高……

作业作为学校课程的一部分，承担着重要的育人功能，目前作业的改革还是浅表功夫，还有太多问题需要考虑，如课外作业如何与课内学习效率挂钩，作业如何分层以满足不同学生的需求，如何分清家校职责发挥作业的育人功能,作业的布置、批改、评价如何关联呼应完成一个研究闭环……不着急,慢慢来。

"双减"的路才刚刚开始。热情参与,冷静思考,扎实推进,才能走得更稳更远。

"双减"视域下这些安静的变化

减负担不难,把作业量降下来便立竿见影,提质量不易,把课堂教学抓起来需久久为功。"双减"视域下的校园生活,是一场轰轰烈烈的革命,还是一次安安静静的改变?

向课堂要质量是教育教学改革中从未动摇的初心与使命,一直在努力,一直在进步,因而它不会因为"双减"而大动干戈,只会借"双减"之力精耕细作,让课堂成为师生成长的更好的土壤。

"双减"之下,峰山小学立足学科教学,美术、语文、数学……一个学科、一个学科地精研细磨,从一道题、一行字、一幅作品中,倾听孩子内心的声音,讲述峰山小学成长的故事。

美术课——童心童绘,有情有趣

美术课堂上开辟了"童心童绘"鉴赏专栏,以提升学生审美能力和人文素养为中心,兼顾技法技能与良好习惯培养,打造趣味化、情境化、问题化课堂,让学生们在作品赏析、主题绘画、手工制作等过程中表达自己的观念和情感,追求高雅的审美品位与独特的审美趣味。

第一期主题绘画是《我的新朋友》,让一年级的小豆包大胆、自由、稚嫩地把"新朋友"表现出来——我的新朋友非常文静,她的眼睛会说话;我的新朋友对一切充满好奇心;我的新朋友每天都扎着两个漂亮的马尾辫;

我的新朋友头发颜色有点发黄；我的新朋友笑起来眼睛就眯成一条缝；仔细观察，我的新朋友的脸有点长哦……充满童趣、表达个性、传递情感。

美术教师似乎都养成了随手拍的习惯，恨不得把每一个孩子每一件作品都纳入镜头（公众号受篇幅所限不能全部展示，老师们就在黑板上、窗台边、班级群给孩子随手打造出一个一个小展台），孩子们因为自己能进入老师的镜头而兴奋，因为自己的作品被欣赏而骄傲……成就感，对于小小的他们是多么重要！

语文学科——全景阅读，全员成长

语文团队集中火力钻研"阅读"教学，主抓课内与课外、校内与校外的阅读课程建设，以生动活泼的课程，丰富多彩的活动，把教书和育人有机结合起来。

课内阅读以"大单元教学"为方向开展一系列专项教学研究，主攻方向是整合主题阅读的内容，压缩课时，提高教学效率。课外阅读的主攻方向是如何利用好遍布学校各处的"阅读角"及学校图书室的资源，让书从图书室里"走"出来，走到学生的眼里去。校内阅读主要研究的是如何将德育处与教导处开展的各类读写比赛与语文教研计划进行整合，互为裨益；校外阅读以亲子阅读为抓手，优化语文作业设计，在教师、学生、家长三方参与的共读、共写、共享中满足个性化成长，在文字中遇见更好的自己。

数学学科——数学阅读，全新解读

当下很多老师并不重视"学生数学阅读能力的培养"，或者认识不足，或者行动不力，尤其是小学数学老师，所以这一次，我给数学学科"命题作文"，让他们在数学阅读能力的培养上下功夫。

很快，数学阅读的重要性、数学阅读的特点、数学阅读的方法、如何提高学生数学阅读能力等初期成果便有了，接下来，数学组开展了小切口的数学"听、说、读、写"能力的训练，从正确地读、勾画着读、对比着读、思辨着读等方面着手进行细致有效的指导。

另外一个收获是，数学团队从教师的"教学习惯"入手展开讨论，讨论的第一个主题是"要不要给学生读题"，进而研究如何提高学生的审题能力……这是一个长期的工程，却也是一个重要的工程，假以时日，学生定然能在读的过程中养成质疑、思辨的良好品质，从而全面提高数学学习效率。

体育学科——传统游戏进课堂

体育学科的课堂教学研究围绕着"传统游戏进校园"进行，从学生认知规律和身心发展规律出发，对益智类、健身类、竞技类的传统游戏进行分析研究，构建传统游戏融入体质健康的教学模式，发挥游戏在创设教学情境、突破重点难点、运动整理放松等方面的作用，实现专项技能的趣味化和体能项目的课程化。与此同时，我们申报了"依托传统游戏优化体质提升路径的研究"研究课题，围绕着"传统游戏如何引入课堂、如何在不同年级螺旋上升、如何再开发再创造、如何从课堂教学走向课题研究"等问题不断学习创新，将课堂教学改革与科研课题研究同步推进，进一步加快体育教师的成长步伐。

另外，体育课堂、体育大课间、体育社团、体育课外活动、体育家庭作业……这些工作并没有因为"双减"而有大改变，因为多年来此项工作一直都在做，一直都做得很好，本次只是从学校实际出发，工作做得更细致了一些：低年级的运动有趣味，高年级的运动有挑战；晴天有室外体能操，雨天有室内一米操；夏天防暑低消耗，冬天燃烧卡路里……

音乐学科——乘着歌声的翅膀

音乐团队"锁定每天上下午的课前十分钟时间，恢复全校师生的课前一支歌"的建议得到了大家的支持。课前一支歌是我们小时候校园生活中最美好的记忆之一，希望峰山小学的课前一支歌也能成为孩子们童年最闪亮的回忆。

上午、下午各有 10 分钟的时间，孩子们清唱也好，表演唱也好，自由发挥；音乐老师一人一个年级指导，参与，让孩子们的歌声更动听；各班不设文艺委员，每次一个领唱，全班孩子都有机会，让三尺讲台成为每个孩子的舞台。

每天课前的音乐声一起，校园里就回荡起孩子们嘹亮的歌声，他们有时边弹边唱，有时边歌边舞，有时是一人领唱，有时是男女比赛……别样的课前热身方式，唱出了峰山少年的精气神，孩子们常常为了"领唱"和指挥而更加努力练习，家长们也热烈地支持着孩子每一次锻炼的机会。

"双减"大政策，落实靠细节。我们在每个学科每个领域找到一个小切口，细细微微地推进。摸索了一段时间之后，我们邀请教研中心来校"视导"，对我校的工作进行全面检视，精准把脉，专业点评，给予我们最温和的肯定、最诚恳的建议和最美好的期待，让我们的"双减"探索有了更明确的方向和更强大的支持。视导结束后，我校分管教学的主任在值班笔记中写道："这一天诸事不扰，心无旁骛，我们似乎都回到了以前好好上课、好好批作业、好好聊学生的幸福时光。其实我们从来不怕忙，只怕忙得不值当。"

在"双减"政策落地一年后，我们盘点这一路的探索与收获，除去课堂教学效率、教师专业成长这些显性的成果之外，还有很多隐性的收获，比如师生关系似乎更好了一些，可能因为"减负"减少了焦虑和压力，让师生之间有了更多对话和交往的空间。有的老师说，现在她一进教室，孩子们就亲密地"黏"在自己身上。亲其师，信其道，我们对孩子的欣赏和热爱终将能换来孩子们超大份额的爱和回报；在新一轮的家长满意度调查中，我们也取得了更好的成绩，这也难怪，孩子爱谁，家长就爱谁，这是一个回路，起点和终点皆在于此，可归结为一句话——眼中有学生，是解决很多教育问题的关键。

"双减"涉及方方面面，急不得，快不了，把握好节奏，抓得住关键，分得清轻重缓急，才能有好的开始和可期待的前景。

"双减"之下的花式带娃

"双减"之下的课后托管以雷霆之势推行开来，很多地方在师资、场地、课程等相关工作尚未齐备甚至文件精神尚未吃透的情况下便匆忙上马，以至于出现托管质量差家长不满意、额外任务重教师不开心、强行被托管孩子不愿意等问题也就不难理解了。

把好事办好的前提是真正从人的需求出发。背离了方向的努力，只能越跑越偏。

以人为本，顺民意才能暖人心

理解家长、学生和教师的真正需求，是做好托管工作的关键所在。

应托尽托是家长的"刚性需求"。我们对应托尽托的理解包括两个层面：一是有需要托管的托管，不可硬性要求全员托管；二是需要托管多长时间就多长时间，不能搞一刀切。第一个问题好解决，这得益于我们教体局不看数量看质量的评价导向。第二个问题给学校的安全管理、课程设置、人员安排都提出了巨大的挑战，这是托管工作的难点之一。

有趣好玩是学生的"内在需求"。放学以后如果没有任何压力，学生愿意在学校逗留玩耍，而一旦有任务就唯恐避之不及。托管是家长的需求而非孩子本人的意愿，如果我们只是把"人"留住，那就违背了"双减"的初衷。课程如何设置才能既留住孩子的人也留住孩子的心，这是托管工作的难点之二。

身心平衡是教师的"精神需求"。 一直有人强调"双减"是给学生和家长减负,给教师和学校增压,体现教育的"加减平衡",乍一听似乎没什么问题,细思之下是站不住脚的;如果这个"增压"指的是提高课堂效率、创新作业设计等,那不算压力而是教师的本职工作;如果这个"增压"指的是延长教师工作时间、增加额外精神负担,那就必然要牺牲托管质量。所有加诸教师身上的压力最终都会转嫁到学生身上。"花样带娃"要求教师不仅要像钢铁侠一样超长待机,还要像孙悟空一样会七十二变,这是脱离实际的一厢情愿。如何解决师资不足、减轻教师工作压力是我们面临的又一个挑战。

因地制宜,抓重点才能破难点

从安全管理、课程设置、人员搭配等关键环节出发,因地制宜地开展托管才是长久之计。

三时段弹性离校方案。 家长接送的时间要求等不一,学校与家长之间只能相互将就。因此我们分析了家长的诉求之后提供了"三时段弹性离校方案"供家长选择,既方便了家长,也便于学校管理。每个时段由老师统一将学生送出校门口,与家长一一对接。有特殊情况需临时托管或提前接走的,需亲自到校签字确认,用最严格的流程确保安全第一。

三类课程供个性选择。 在托管内容上,家长、学生与学校之间难免存在错位,家长希望写好作业,补习知识;学生希望新鲜好玩,来去自由;学校则更多地需要考虑师资情况、设施条件等。我们兼顾三方折中而行,推出了三大类课程——"基础课程"完成作业、答疑解惑;"特色课程"诵读经典,运动健康;"社团课程"个性选择,发展特长。

三方助力构建师资队伍。 社会上有一种误解,似乎课后托管是老师赚取外快的机会。实则老师们上有老下有小,自愿报名托管的少之又少,硬性安排"值日"又难以保证托管质量。我们采用多个途径解决师资问题。

一是内选骨干。学校充分发挥校内教师特长，在自愿报名基础上，选配优质师资组建了课后服务管理和教学团队。基础课程由各科教师轮流上岗，特色课程由语文教研组骨干教师担任，音体美和有特长的老师担任社团课程的指导老师。

二是外聘专家。积极与非遗艺术协会、书法家协会、足球俱乐部等社会组织对接，采取专家聘任、公益助教等方式与学校开展合作，如剪纸、足球、航模、戏剧、器乐等，填补校内师资空白。

三是家校联手。通过家委会组织、宣传、筛选，让有时间、有热情、有才能的家长以志愿者的身份参与课后托管工作，缓解了师资不足的问题，增进了家校互信互助的友谊，让家长从疑虑观望到放心支持，从旁观者变成了参与者，疫情结束后更多的家长加入"社会大课堂"，不断拓展和丰富课后服务内容。

创新路径，变思路才能有出路

没有哪一个方案是完美的，也没有一个模式可以一用到底。及时地发现问题改变思路，抓住机遇调整方向，托管工作才更有活力。

校内"30 + 30"弹性管理。低年级没有作业，阅读也好，游戏也罢，一个多小时下来再好玩也没意思了；高年级写完作业后干什么，看着外面丰富的活动哪还有心思学别的？课程超市说起来挺好听的，具体操作起来仍然有很多问题，最主要的是托管时间远远超过一节课的时间（大多数学生托管时间为一小时），孩子们的注意力坚持不了这么长时间。

我们调整了课程安排，采用"30 + 30"弹性管理：一节课为 30 分钟，每天学生可以选择两个课程。比如高年级的学生可以选 30 分钟的学科作业和 30 分钟的特色社团活动；每 30 天为一个周期，学生可以在下一个月托管之前，决定留在本社团继续提升还是选择其他社团丰富体验。

校外"打卡 + 实践"延展服务。以上所说只是日常托管的探索与改进，目前为止，节假日托管始终是个空白，尽管通知一再要求学校提供节假日托管服务，仍因各种原因难以全面落实。在"家校社协同育人"的启发下，我们决定在这方面增加一些经验。峰山小学拥有得天独厚的地域资源，峰山公园、文登学公园、市民文化中心、图书馆、红色主题公园、商场、法院、汽车站等。我们把节假日托管与"党员进社区""青年志愿服务"等活动结合起来，根据托管学生人数、季节气候特点、场馆活动安排等开展校外托管。如利用周末组织党员教师带领学生走进红色主题公园了解英雄故事，走进新城社区烹制小麻花开展劳动教育，走进音乐厅观看童话剧表演，打卡汽车站开展志愿服务等。寒暑假则与青少年宫联手，将特长学习与假日托管结合起来，或者与博物馆联手，开展"小小解说员"培训与上岗服务……内容丰富，形式活泼，实现了托管服务与实践研学、劳动教育的结合，受到了学生和家长的欢迎；老师们一边带娃，一边积累志愿服务时长，一边学习糕点制作等技能，参与度和积极性日渐提升。

所谓"眼里有人"的教育，就是要充分关照人心、人情、人性的教育，就是要在知识之外关注生活、生命、生存的教育。如何将课后服务的"小课堂"拓展成学生成长的"大空间"，如何让教育更有力度与温度，如何将"双减"工作真正落实到位，需要我们每一个教育工作者的认真思考与积极探索。

附1：

智慧地成长

《你当像鸟飞往你的山》是摆在我床头的一本书，书中有一句"教育的目的不是引领你去往某一座山，而是让你成为你自己，然后飞往你的山"，我被这个故事和这句话深深打动并由此想到了教师的成长。

成长是人一生的事业，对教师来说尤是，因为教师是"以成长引领成长"的人。陶西平先生曾经说过："素质教育就是高素质的教师实施的教育。"从这个意思上讲，教师的成长就成了一个关乎希望与未来的庄严命题。在踏上教坛26年后的今天，我尝试着对这样一个命题表达一些自己的理解。

像竹子一样自由而努力地生长

竹子的生长历程给了我很多感触。它在最初的5年里生长十分缓慢，慢得让人几乎感觉不到。它悄悄地壮大自己的根系，为日后的生长积蓄营养和能量。5年过后，它像被施了魔法一样突然发力，以每天60厘米的速度"节节拔高"。每一次拔节，都是向着更高的目标前行，每一个节点，都是它努力生长的见证。它向我们诠释着"厚积薄发"才是成长的最佳状态。

不想当将军的士兵不是好士兵，每个人都渴望被肯定，只是别忘了打好成长的根基。就像创造"第56号教室的奇迹"的雷夫老师一样，他的成功源于二十多年的默默坚守。尽管我们可能永远跟不上他的步伐、达不到他的高度，但至少我们可以像他一样拥有坚持的力量，在重重条件的限制下，在别人异样的目光中，仍然可以怀着圣徒一样的情感，坚定地做着自己认为对的事情。

成长需要磨砺和积累。首先要克服的就是急功近利之心，它是成长的杀手。成长要像竹子一样耐得住寂寞、经得起考验；要将根须深深地扎进理论与实践的肥沃土壤里，认认真真学习、踏踏实实工作，努力汲取成长的水源和养分；要坚守自己的信念并为之不懈努力，即使经历风雨也依然能够自由而努力地生长；要在成长的过程中学会反思，每一步都留下清晰的印迹，就像竹节，从前一段路程中总结得失，为后一段征程积蓄能量。

追求一种匀速前进的状态

我特别欣赏这样一句话："世界上最快的步伐，不是跨越，而是持续；世界上最慢的步伐，不是小步，而是徘徊。"

成长，没有捷径，但有规律可循，我试着总结了一下：正确的方向，持续的动力和合适的速度。

做教育也是一样。每当谈起职业理想的时候，我的眼前总是不自觉地浮现出这样一幅画面：一条路，很长很长，远方的路标指向刘永宽、吴正宪、柏继明这样的名师。身后是一个一个的驿站，我们是行路者。

是的，我们的一生都是在路上，有人奔跑，有人彷徨。奔跑得太快，容易伤了脾胃、后劲不足；犹豫彷徨，只能错失青春，一事无成。最理想的状态是，向着正确的方向，脚踏实地、匀速前行。不要因为急于赶路而遗失了沿途的风景，更不要错过加油的驿站。

所谓智慧地成长，其实就是一种态度——把成长当成一生的事业，不断充实和丰盈自己，因为只有我们自身成长了，才能更好地引领学生成长；要为自己调整一个最佳的状态，努力工作更要开心生活，因为美好的生活是我们持续前行的动力源泉。

如此，才能成长为智慧的教师。

附 2：

教师，你当像鸟飞往你的山
——"青鸟教师成长工作室"首场开讲

听完这个方案会不会觉得有压力？有压力就对了，有一位心理学家说："压力就像琴弦，拉得不紧就无法产生美妙的音乐，绷得太紧就会断掉，所以人最好的状态就是保持适度的压力。"成立青年教师成长工作室这件事我们筹备了很久，今天既是启动仪式，也是首场开讲。我给大家讲三个问题：一是为什么我们要开展"青鸟行动"；二是为什么要开设"人在职场"这个栏目；三是为什么这个栏目由我来首讲。

一、为什么我们要开设"青鸟行动"教师成长工作室

我们先从主题讲起——教师，你当像鸟飞往你的山，由何而来。

你当像鸟飞往你的山，这句话本身有双重解释：一种是"逃离"，一种是"找到新的信仰"。

它被用作一本书的书名，即《你当像鸟飞往你的山》。作者塔拉出生在一个极其特殊的家庭，从小在废铁堆、垃圾旁长大，直到 17 岁，才开始去看外面的世界，才有心去学习，通过自己的不断努力上了哈佛大学、剑桥大学，拿下了硕士、博士学位。教育让塔拉像鸟一样从更高视角来看待自我，让她能够理解和接纳原生家庭对自己的影响，摆脱旧的自我，重塑新的自我。

我被这个故事深深打动。2020 年，我在《新校长》杂志第 10 期看到蒲公英智库创始人李斌的文章《亲爱的老师，你当像鸟飞往你的山》时，这个主题便印在我心里了。

那我们教师应该像什么样的鸟儿呢？这就说到了青鸟的由来——青鸟，是凤凰的前身，传说为王母娘娘的信使，后人将它视为传递幸福和快乐的使者，也象征着对梦想与希望的追求。青鸟成长的过程便是凤凰涅槃的过程，这一切的寓意都与青年教师的成长高度契合。

"山"是目标，是远方，是梦想。其寓意与我们"登峰·向未来"的文化主题一致。

再看我们的校徽，一只飞鸟翱翔在群山之巅。与我们的主题"教师，你当像鸟飞往你的山"完美呼应。由此，工作室的名字便诞生了。

第一个问题我讲明白了吧，那希望老师们能从中听到的不仅是一个名词的由来，更是我们峰山人做事时的那份用心，那种深意，那种精品意识，以及带着文化人的特质前行的心气。

二、为什么要开设"人在职场"这个栏目

谈到教师的成长，人们大多关注的是专业。教师作为一种专业技术人员，专业能力是职业生涯中极为重要的方面，这没错，但它并非一个人成长的决定性因素。因为教师同其他所有行业一样，首先是个职场人。职场里的成长又岂是如此简单的一件事儿？关于这个问题，我曾这样写道：

一个人的成长绝非一个崇高的职业理想那么简单，而是各种因素综合作用的结果，他的成长经历、家庭氛围、对生活和工作的态度，都决定着他往哪里走、走多远。

下面我要讲的，都是我关于这个问题的经历与思考。老师们可能会想：校长，你这是要开始说教了吗？是要 PUA 我们吗？不，我没那么傻，我只把我们这代人的一些观点，以及在职场打拼的心路历程跟大家交流一下，大家可以择善而从之，也可以当作故事听一听。

我分享的文章是我自己写的《人在职场——学习士兵许三多》。

在所有的职场励志人物里，我最喜欢的人是许三多。

他是一个山里孩子，相貌平平、愚钝、倔强，甚至不可理喻，但就是这样一个看起来平平无奇的人，却创造了事业和人生的奇迹。

在三连五班，当身边的人都失去斗志、得过且过的时候，他依然坚持严整的军务军纪，坚持修完那条早已被放弃的路，也为自己赢得了一个别人梦寐以求的机会——进入钢七连。

在钢七连，他经历了身心的双重煎熬，忍受着连长的嘲笑和指责，依靠顽强的毅力，在班长和战友的帮助下一步步超越自己，最终完成从垫底士兵到拔尖战士的凤凰涅槃，于是，他又进了老 A。

在老 A，他经历了一次次生死考验，不论情况多么艰难和危险，他始终选择继续前进，在他心里只有一个目标，就是完成任务。他因此而确立了自己的人生位置，赢得了信任和尊重。

"你现在混日子，小心将来日子混了你。"

"日子就是问题叠着问题。"

"人不能太舒服，太舒服就会出问题。"

"活着就要做有意义的事，有意义的事就是活着！"

大道至简，每一句都直白简朴，可是每一句都是金科玉律，在他身上，几乎汇聚了所有职场正能量。

在散漫的环境里不能随波逐流，要始终坚持做自己，做好自己。

即使遭遇痛苦和打击，也要守护最初的梦想，不抛弃不放弃。

打铁还需自身硬，如果你足够优秀，就会赢得尊重和信任，而尊重和信任就是最大的机遇。

总有一些人和事在推动你成长，像班长的帮助、连长的历练、教官的赏识……记住他们。还要记住：最好的回报，就是做更好的自己。

最后这四句话代表了四层意思。

1. 人生是用乘法计算的，如果你自身为"零"，那么机遇再多也毫无意义。我们常常说："你是谁并不重要，重要的是你和谁在一起。"这话不错的，环境对一个人的成长至关重要，但更重要的是自己的选择，尤其当大家都处在同一个环境中的时候。所以，你和谁在一起很重要，但更重要的是你想成为谁。我们身边总会有各种人，其中一种非常具有杀伤力的是，自己不想努力也不希望他人努力的人，他用负能量拉拢你一起躺平。你要怎么办，是你的第一步选择。

2. 心有多大，舞台就有多大。人在职场，误会和伤害是不可避免的，所以要学会自嗨、能够自愈。原谅别人的无心之过，原谅自己的不够完美。

书法大师启功在接受白岩松的采访时说："岂能尽如人意，但求无愧我心。"人要有一颗大心脏，不妨像电脑一样，也给自己的大脑安装一套杀毒软件，定期查杀病毒，防止恶意攻击，清理垃圾信息，腾出存储空间，定期更新升级，保持奋斗动力。

人的心胸都是靠委屈撑大的。你能承受多少委屈，就会有多大的成就。

3. 越努力，越幸运。我看过一篇文章《最受欢迎的应届毕业生》：一个叫刘辰的年轻人，学业及各方面似乎都没有什么过人之处，唯一特别的是对北京市内所有的公交、地铁路线了如指掌，他凭借这一点参加了天津卫视的《非你莫属》节目现场求职，不论主持人和台上12位老板怎么问，他都能准确无误地报出站名，设计出最佳的出行路线。他因此而得到了非常好的职位和待遇。一位老总道出了原因："很多单位不招应届大学生，不只是因为他们缺少工作经验，更主要的是，他们缺少一种专注和投入的精神。而刘辰最打动人的，就是他的敬业和那种往里钻的专注。只要有这种精神，无论在哪个行业，都能干出一番成绩。"

成为某一个领域中不可被取代的那一个，你的人生就稳了。学校里也是一样，需要各种人才，班级管理、课堂教学、课件制作、主持演讲……你如何定位你自己，就决定着你将长成什么样的自己。

4.你在职场最大的贵人就是靠谱的自己。成长是一个漫长的过程，像一部连续剧，我们是剧中的主角，然后在我们身边会出现很多人，发生很多事儿，这些人和事与我们的性格、内心的追求交织在一起，作用于我们的每一天、每一步，决定着我们往哪儿走，走多远。

职场需要贵人相助。所谓贵人，就是所有愿意并且能够帮助你的人。比如今天的专家和骨干老师们。但前提是，你值得，所以首先你要成为自己的贵人，可靠的人品、专注的敬业精神和出色的业务能力，是赢得信任的前提。赢得信任，才能拥有机遇。

三、为什么要由我来讲

很简单，不是因为我比谁优秀，只是因为我是校长，是这个活动的发起者、参与者与支持者，所以未来的路我会与大家一起走，我把我的想法开门见山地分享给大家，也希望能听到大家的心声，坦诚相告、真诚以对，是最好的职场之道。

职场生存本已不易，职场进阶更加艰难，要学的太多，不是一次两次讲座或交流能说得透的，更多的道理需要你亲身去经历，去撞南墙才能获得。今天所有话最后汇聚成一句：每个人都有选择自己生活的权利，年轻教师们可以选择"佛系"的人生，也可以选择挑战自我，看看自己可以到达的高度。我们成立这个工作坊，绝不是要代替你做选择，只是提供一个平台、一个机会、一种可能。所有老师必须成为合格的教师，这一点不容置疑。在这个基础上，所有想努力的老师，不论你是想成为专业上的佼佼者或是管理岗上的同行人，告诉我们，只要你肯努力，我们就会尽全力，把好的资源向你倾斜，为你铺路搭桥，助你一臂之力。

最后，送大家一句话：名字是最短的自传体小说。

多年以后，你们的人生会有分类，而不是分层。分层代表着上下与好坏，分类只代表所走的路不同。有的终其一生是老师，有的是名师，有的还可能成为名人。人生这本书，我们既是主人公又是作者，要怎么写，笔掌握在你自己手中。

祝我们都能遇见更好的自己，谢谢大家！

附3：

热情而冷静地对待改革

—— "威海市中小学特色培育学校校长访学研修" 学习笔记

一段时间以来，有两项改革成为教师们关注和关心的话题——翻转课堂和走班制教学。前者是进行时，是教师正积极参与并努力实践着的变革；后者是将来时，是大家热议着、期盼着的一场即将到来的风暴。所幸的是，这两个热点问题在本次访学的内容中均有涉及。莱州双语学校赵福庆校长介绍了 "如何在课堂中培养核心素养" 的成功经验，潍坊文华国际中学赵桂霞校长介绍了走班教学的实践与思考。尽管两所学校改革的内容不尽相同，探索的路径与成果形式也各有特色，但细心聆听，总能发现其异曲同工之处。或者，这正是他们改革的成功之道，也是值得我们静心思索、深刻领悟的宝贵经验。

一、改革要坚守底线

莱州双语学校的 "创新教育与核心素养的培养" 是从建校之初便开始的一项研究与实践，如今已走过了16个年头，构建了十大创新支柱，其中 "套餐式学校课程" 和 "合作达标课堂教学" 是最基础的、最关键的两大支柱。尤其是套餐式学校课程的建设，走过了漫长而艰辛的探索过程，这一改革是基于素质教育的要求，经过 "自上而下" 和 "自下而上" 两个回路形成的。首先，由学校"创新教育"的理念出发，以培养学生的核心素养为目标，对课程和课堂提出要求；其次，由教师和学科教研组为单位，以课题研究为途径进行尝试和探索，对国家课程和地方课程进行校本化研究、对课堂教学进行生本化的改革；再次，经过反复实践、反思、修正、再实践，最终形成了独具双语特色的课堂教学方式。

虽然赵福庆校长并没有详述这个改革的过程，但作为来自教育教学一线的校长们，都深知并理解其中的种种难处，至少大家都想到了一个最实在的问题：改革是一种探索，是期待成功也允许失败的，因而改革的过程是需要付出代价的。但教育的改革有其特殊性，是不允许失败的，不能以牺牲一批甚至几批孩子的成长为代价。所以，我们的改革必须要有底线，这个底线，就是赵校长所说的"不降低教学质量"。

由此，联想到我们正在积极探索的翻转课堂教学改革。改革首先意味着"破"，要破除很多原本大家已经习惯了的东西，比如教学方法，比如备课方式，等等。由于惯性突然被外力干扰，很多人，包括教师、家长和学生都会出现不同程度的不适应，惯常的教学活动势必会受到冲击进而出现波动，而波动最终影响的必然是教学成绩。于是，问题也就产生了。既然是探索，谁也无法保证不走弯路，相对于整个改革的过程来说，这是正常的，但是，一旦成绩下滑，家长和教师都会产生怀疑甚至抗拒，改革就会出现阻力，甚至还会产生回流和反弹现象，这对于改革来说，又是极为不利的，是必须避免的。

因此，作为实践者，作为带领并指导教师进行课堂教学改革的我们来说，必须时刻绷紧"质量"这根弦，谨慎对待、精心谋划，既要有对全局的把握和展望，又要有对推进过程中每个细节的考虑和落实，戒急戒躁、精耕细作。在改革的过程中，始终以"质量"为标杆谨慎前行，以课堂教学改革的稳步推进实现教学质量的稳步提升。

任何改革都会有阻力，我们的任务就是把阻力变成动力；任何改革都要付出代价，我们的任务就是把代价降到最低。

二、改革应崇尚简约

课下讨论的时候，一位同行的校长谈到改革的话题时，反复强调的两个关键词就是"简洁"和"高效"。这个观点得到了一致赞同：只有简单的才是最有生命力的。任何一种方法，即便再好，如果需要老师们付出巨大的劳动，老师们的精力就会跟不上，精力跟不上，动力就会不足，靠学校硬逼着去做，是不会出成果的。这位校长的话实实在在地打动了我，以及和我一样在变革的风潮中左冲右突、探求出路的践行者。

在翻转课堂教学改革起步之初，我们一度陷入迷茫。首先是教学模式的改革带来备课方式的改变，原来的面对面教学变成了在线教学，学习和制作微视频在一段时间内让教师的工作量成倍增加；原来给学生上课只需备一套方案，按一个流程推进即可，现在得根据学生学习的不同效果随时随地进行调节，对教师和学生的能力都提出了空前的挑战——教师能不能真正做到因材施教，随机应变处理生成的问题？学生能不能很好地调节和把控自主学习的效能，课堂上主动积极地通过提问和合作获取知识？还有，学生在家看视频的效果如何评价？家长在这样的学习方式中应该充当什么样的角色……一系列的问题摆在面前亟待解决，教师一度将精力消耗在知识教学之外。当课堂教学效率不升反降，与期望的结果背道而驰的时候，教师参与改革的热情明显冷了下来。

冷了是好事。冷，代表着冷静，冷静才能很好地思考。是什么导致了这样的结果？是不是我们将人力和物力用偏了，我们过于重视课堂教学改革的"物质载体"，而没有深入细致地挖掘其内涵和本质？"简约"和"高效"两个关键词恰好给了我们深刻的启发，也更坚定了我们的信心，让我们知道，翻转课堂教学改革的关键不在于每节课学生手中有没有平板电脑，教室里有没有先进的多媒体设施及精美的视频资料，而在于"个性化教育意识"有没有深入师生心中，学生自主学习能力的培养有没有落实到师生的行动中……走出误区，理清思路，以最简约和实用的形式实现最理想的效果，就是我们下一步在改革中所应牢记并努力遵循的准则。

教育应该是简约而高效的，把复杂的问题简单化才是真正的智者和教育者。

三、改革须因地制宜

于局长在开班仪式上对参加访学的校长提出了三个"潜心"的要求：潜心学习几所学校的先进经验，潜心思考做一个校长的境界与追求，潜心研究如何做好与新学校的磨合……

是的，校长在带领学校进行特色建设的时候，必须始终坚持因地制宜，因人而异。学校管理应走向个性化、多元化、本土化，移植和克隆是不可取的。

赵桂霞校长在文华国际中学推行走班制教学改革之所以能够取得成功，有两个条件是必不可少的：一是师资优势。文华中学的教师，一部分是从公立学校挑选的优秀教师，一部分是学校招聘的专业人才，学校可以根据走班教学的要求进行灵活调配或调整师资结构。二是学校充分的办学自主权。任何一项实验或改革，都需要与之相匹配的评价机制支持，包括对教师的业绩考核方法，对学生学业的考核方法以及上级主管部门对学校成绩的考核方法等。一所学校的成功经验，未必适合另一所学校。因此，我们的学习必须建立在思考与甄别之上，只能是参考和借鉴，而绝不能奉行拿来主义。

两所学校，两种改革的范本：一是以课堂教学改革为切入点，带动学校教育教学工作的全面创新；一是以人事制度改革为突破口，通过有效的制度建设为提高教育教学质量服务。各有特色而又殊途同归，最终都回归到了教育工作的本质上来——培育人、发展人、成就人。

　　海阔天空，只有智者翱翔。面对改革，我们热情参与，朝着教育的更高境界坚定前行；直面现实，我们冷静思考，以简约而高效的过程赢来最理想的结果，这就是我们面对改革、参与改革所应持有的态度。

第五章

家校合作中的痛与暖

家庭教育才是我们整个教育链基础的基础，关键的关键。

——朱永新

家校合作不是一个时髦的话题，却是学校教育发展中不可回避的重大命题，良好的家校关系是对学校发展最大的赋能，反之则是桎梏和羁绊。然而在过去很长一段时间内，家校合作未被重视，教育是学校和老师的独家经营。

　　自 2010 担任校长以来，我亲历了家校合作从无到有，从点到面，从疑虑重重到积极探索的过程，合作趋势一路向好。然而不知什么原因，近几年风向突变，网络上"家长怒退班级群"等事件的发酵提醒我们不得不小心翼翼地维持家校的平衡，这种如履薄冰的状态必将影响到学校的良性发展，最终伤害的还是孩子。

　　2020 年，在我即将接手新学校的时候，我去拜访了刘爱芳校长，向她取经，她说："实则家校关系的所有努力，就是一场赢得信任的拉锯战。信任从哪里来？从真诚的态度、精细的管理、扎实而富有创意的活动中来，这是一场长期的、反复的、艰难的保卫战，容不得一丝疏忽，来不得半点虚假。"

　　一个时代有一个时代的矛盾与问题，这些问题总以不同的形式折射到教育中。教育很难，却难不住在行动中学习的人。家校合作这条路，我们需要努力的地方还有很多。

林宏·青岛

把信任刻进 DNA

　　峰山小学是 2020 年投入使用的新建校。由于疫情的影响，学校的建设进度、招标采购、师资调配等均相应延迟，令学校从一开始就置身于信任危机之中。如何迈好家校关系第一步，将信任刻进 DNA，是此时我们需要思考的问题。

云端上——诚意看得见

　　家长对新建校最为关注的有两点：一是师资配备，二是空气质量。在疫情的影响下，原定的家长见面会、家长进校园等活动全部取消，家长被阻隔在学校之外疑虑重重，稍不小心就会引发舆论危机。此时，学校信息输出的时机、方式和内容至关重要。

　　一份校园实景攻略。家长对新校园的好奇之心，对孩子学习条件的关注之情，我们都能接收到。既然家长进不来，那我们就"送出去"。我们事先做了充分的准备，邀请了一对母女参观校园，摄影机全程跟拍，不仅有校容校貌、设施设备、文化氛围的全景展示，还有入校礼仪、餐饮条件、如厕路线、防疫要求的详细攻略……这份精心制作的视频是学校释放爱心与善意的第一次信息输出。

　　一次用心的家长会。线上家长会由校长和优秀班主任接力进行，让家长能够初步了解学校的办学条件和师资力量，学会为孩子准备上学用品，掌握幼小过渡的方法等。当然还有家长最关心的空气质量问题，学校将设施设备的采购情况、空气质量的评估结果及爱心企业捐赠的空气净化器等向家长作了详细说明，家长心里有底了，心情也就放松了。

　　一张教师群像图。开学的前一天，学校公众号发布文章"我在峰山等你来"，峰山小学的 26 名教师一一亮相，用自己的方式表达着对首届小学生的欢迎与期待。老师们阳光自信、从容明媚的样子让家长们对新建校的好感度直线上升。

校园里——爱在细节中

开学第一个月是孩子和家长适应新生活、新角色的关键期。家长最关心、最好奇的"焦点"就是学校信息输出的"亮点"，分两条线进行。

学校线。通过微信公众号和电视媒体推送学校动态，如师生在大型活动中取得的成绩、学校运动会的全景报道、秋冬季流行病及疫情防控温馨提示等，让家长看到学校在规范办学的基础上蓬勃发展的状态，看到教师为提高教学质量和自身专业水平所做的种种努力。

班级线。通过班级 QQ 群以小视频的形式播报孩子们在学校读书、跳绳、游戏、就餐、路队、午休、晚托的情况，让家长看到孩子在教师的关爱里快乐学习的样子，看到学校为保证餐饮质量和孩子的健康成长所做的万全准备，清风不言，人心自知。

疫情之下，网络平台成为家长和社会了解学校的主要途径，学校精心规划和打造信息输出的关键时段和关键事件，把工作做到家长的心坎上，让"以信任为底色的家校关系"在打开每一篇文字、每一幅图片时发生。

首创"家长优质资源库"

接手天福小学的时候，正是家校合作从"相识"到"热恋"的过渡期，各地都在努力探索家校合作的途径和方法。那时天福小学建校仅两年时间，面临着师资不足、音体美教师缺编等种种问题。家校共育的理念启发了我——有人就有资源。

对于天福小学来说，这是一项全新的尝试，我心里没底，不了解家长的情况，不便贸然行事。于是，我决定先摸摸底，天福小学生源复杂，家长的职业和文化层次差别很大，给学校工作增加了无形的压力。针对这样的现状，我着力在家委会建设方面创新思路，依托家长优质资源在教师、家长和学校之间建立起一种崭新的协作关系，以合力提升课程建设水平，共同推进学校教育的不断进步和发展。

一、精心筹建"家庭优质资源储备库"

为进一步发掘和运用家长中的人力资源参与学校管理，丰富学校教育元素，更好地为学生成长提供良好的环境和条件，学校在全体家长中展开调查，开展了家长优质资源数据库筹建活动。学校希望通过此次活动，充分发挥家长特长，让家长走进校园，真正融入学校的教学和管理中来。

筹建"家庭优质资源储备库"之前，学校精心设计了《致全校家长的一封信》，其中"跟您说件新鲜事儿"专栏，让家长了解"家长助教"和"家长义工"的工作职能，让家长了解参与此项活动对丰富学校教育资源、对学生成长不可估量的意义和作用。"向您发出诚挚邀请"专栏向热心教育事业、关心孩子成长人士发出真挚的邀请，同时也让家长解除顾虑，学校会尊重家长的意愿，根据家长的特长和学校工作的需要进行合理设计。

下发的《家长助教申请表》分三个板块：社会大课堂、才艺大舞台、爱心大家庭。学校对每一类又进行细化，比如"社会大课堂"包括励志演讲、知识讲座、育子经验交流、心理辅导、读书写作指导、课堂教学六个方面；"才艺大舞台"包括绘画、书法、民乐、剪纸、舞蹈、田径、篮球、悠悠球、魔术、微机、手工等校本课特长的多个方面；"爱心大家庭"包括社会爸爸妈妈、班车值班、学生路队管理、学校环境建设、餐厅管理、图书管理六个方面。经过学校搜集、整理和汇总，家长积极响应支持，共有700多名家长义工的资料被录入数据库中。

二、因人设岗，用人所长

学校根据资源备库中的人才分布情况，将家长分类、分时、分段请进校园，推动社会大课堂、才艺大舞台、爱心大家庭三大活动有序开展，对提升课程建设水平，全面丰富学校教育元素起到了不可估量的作用。

（一）"社会大课堂"，融合社会教育新资源

1. 定期举办专题讲座。来自各个行业的优秀人才解决了学校在法制、消防、科技、心理健康等方面师资不足的问题，也为"家长学校"的成功举办提供了人力支持。

2. 积极开辟"第二课堂"。来自商品批发市场、敬老院、车站的家长为早期学生的校外实践提供了活动基地，并利用自己的专业知识指导孩子们设计问卷、实地考察，参观访问及撰写报告等，成为我区学生大规模开展校外实践的先行者。

（二）"才艺大舞台"，拓宽学生培养新途径

1. 丰富"七彩阳光校本课"。家长优质资源的加入大大丰富了学校选修类课程。在 2010 年起步之时，就有 12 位家长加入进来，为民乐、漫画、悠悠球、四驱车、刺绣、编织等校本课程提供专业指导。

2. 参与"七彩少年才艺秀"。在学校举行的红歌赛、体育节、才艺秀等各类活动中，家长们或充当公正公平的裁判，或作为表演者参与策划和演出。那一年的六一儿童节，我们为 14 名优秀家长颁发了"情系教育优秀助教"奖。

（三）"爱心大家庭"，构筑学生成长的爱心堡垒

1. 爱心守护构筑安全防线。在学校周边村庄拆迁和重建的几年里，为保障学生出行安全，家长们自愿组建了一支家长义工护送队，与老师们一起在各个路口轮流值班，维护学生出行安全。

2. 捐资助学情系贫困儿童。有爱心家长与贫困学生建立长久资助关系，

并在此过程中建立了两个孩子甚至两个家庭的深厚友谊，在学校里传为佳话。

实践证明：让家长从教育的幕后走到台前，是一个共赢之举。在此后的校长生涯中，我一直坚持"向内求变，向外聚力"的家校合作模式，让家长充分发挥自身优势，全面参与学校的各项工作，家长与教师成为孩子的铁杆伙伴，共同解决孩子成长中的难题，家校合作从浅尝辄止走向深度融合。

家长进校园看什么

为什么家长参与学校活动的热情越来越弱？

这个问题就像"淄博的烧烤为什么能火"一样，烧烤的口味大同小异，所差就在体验感和获得感上。学校教育没有什么新鲜事儿，做来做去也翻不出什么花样。以"家长进校园"为例，无非是听课、开会、观摩、交流等一些常规套路，怎样把这项司空见惯的工作做出新意、符合民意？是我们要思考的问题。

家长进校园最想看的是什么？是教师的素质、孩子的表现、学校的管理。依家长的愿望安排活动，以家长的视角审视效果，把细节做到极致，让家长觉得这所学校值得托付，是增进家校"互信"的重要一环。

全景开放——您所关心的，都在这里

每年的校园开放日我们都从一年级开始。一年级的家长与其他年级的家长相比，所关心的内容和侧重点有所不同，除教学质量外，他们还关心孩子们的生活条件和学习环境，考验的是学校全景开放的底气。所以要做到从早晨入校、课堂教学、课间活动、体育锻炼、午餐午休、饮水洗手、如厕环境、晚托组织等实行全程开放，让家长看到孩子在校园里舒服自在，在课堂上勤奋自律。学校的人气在这些看得见、摸得着的感受中慢慢凝聚，并逐步向社会蔓延。

全员互动——精细管理，邀您同行

校园开放做得好是加分项，做不好则适得其反，锤炼的是学校精细化管理的能力。要精心设计开放的每一个环节，大到精品课堂的反复打磨、校园环境的绿化美化、学生活动的有效组织，小到邀请函的设计、家长入校的接待、座位车位的安排等，每一个文字都经得住推敲，每一处细节都经得起检验，师生的精品意识在这些细节中慢慢凝练，并逐步向家庭蔓延。

一项活动的效果首先取决于管理者的认知。如果我们只是把家长进校园当成一项任务，那么下意识里就会产生倦怠和敷衍的情绪，而学校领导一旦有了这种心态就会迅速蔓延到老师。在这样的情况下，家长进入校园的体验感就会大大下降。要知道，学校的所有活动对于我们而言是"年年岁岁花相似"，对于家长而言却是"岁岁年年人不同"。作为校长，必须始终对每一项活动保有激情，思考每一种可能，关注每一个细节，让家长获得充分的尊重。不要小看任何一个细节的失误，因为每一次失误都意味着一次失望，而每一次失望都会"掉一大波粉"。

以阅读实现高质量的陪伴

家庭教育的关键是陪伴、阅读和习惯。道理家长们都懂，只是不知道该怎么做。"双减"之下，老师留的任务少了，家长大显身手的时候到了，但新的烦恼也来了，没有教师的权威性，家长在作业之外的任何要求都在执行时大打折扣。因此，学校要通过具体的活动为家长提供贴心实用的指导和帮助。

我们开展"看见孩子，看见自己"主题亲子阅读百日行活动，以阅读实现高质量的陪伴。首先，学校发布宣传预告，家长自愿报名。根据报名情况成立阅读群组（每组成员在50人以内），由分管教学的副校长亲自主持，家委会成员担任群主，学校选派优秀语文组长协助，所有科任教师均作为成员加入亲子阅读行列。

每天阅读半小时，对阅读基础弱的学生来说，这并非易事，前期更需要家长的陪伴。我们以不同的方式发布短小而精美的文字，引领家长沉下身、静下心，跟着学校的脚步慢慢走，如"一本好书是一个故事，让我们看到世界；一本好书是一幅画卷，让我们遇见未来；爱读书的种子需要用勤奋和坚持浇灌，才能慢慢萌发；老师们别急，家长们别催，让知书达礼的峰山少年与书香校园一起慢慢长大"。同时，学校精心制定"亲子共读，阅见幸福"活动指南，用创意活动引领家长和孩子保持兴趣、坚持行动：一是鼓励家长"放下手机拿起书"，通过定时间、定位置、定数量、定内容明确亲子阅读要求，每周四进行亲子阅读打卡点赞活动，以积分的形式调动家庭阅读的兴趣；二是推出"我和书塔合个影"活动，通过"搭建个性书塔"记录阅读进程，开展"我家的悄悄话"亲子互动点评，一年级不会写字可以用画画的形式表达，让文字和绘画传递收获与感动；三是"清晨寄语"伴你我同行，每天清晨，群主丛校长都会推送"清晨寄语"，引领家长进行成果分享、互动点评、经验交流等，互相鼓励、相伴同行，让家长看到在这个活动中，有你，有我，有大家，一起走才走得更远；四是定期开展阶段性总结表彰活动，如每月线下分享、每学期书香家庭评选等，为家长们加油鼓劲；五是校内开展"美文赏析"教学研究，在阅读课上开展"名家伴你赏美文"和"小先生说美文"栏目，让学生学会欣赏、评析和表达……家长越来越意识到，孩子身上一切优秀的品质，都来自持之以恒的培养。

绵绵用力，久久为功。《最好的学区房是你的书房》《"有本事"家长与"没出息"孩子》《最美的教育最简单》等越来越多的好书和好文章进入家庭，越来越多的父母和孩子受到吸引加入活动，越来越多的老师发现，这样的活动既锻炼了自己，也提升了家校共育的质量。

"双减"之下，由学校主导的必选项少了，需要家长决断的选择项多了，面对突然而来的挑战和考验，调试不及的家长陷于焦虑，焦虑使人敏感而脆弱。

"双减"，从家长的改变开始；改变，从放下手机拿起书开始。学校引领、亲子共读，让书香味成为峰山小学最美的味道，让书卷气成为峰山师生最好的气质。

苏霍姆林斯基说过："你教育孩子，也就是教育自己，并检验自己的人格。"建构学习型家庭，把育人变成育己，让家庭教育与学校教育理念相同、步调一致，是家校关系可持续发展的动力源泉。

开设"登峰家长学院"

在家校合作中，家长的理念和行动是一个巨大的变量，直接决定着家校合作的成败得失。因而家校共育不是一件简单的事儿，如果没有经过科学的培训而任凭家长"原生态"地参与，就会成为学校教育的阻力。在社会培训体系尚不健全的当下，学校要主动承担起这份责任。所以，尽管"家长学校"给我们额外增加了负担，但我们还是要坚持开下去并且要开好。峰山小学从建校之初便开设了"登峰家长学院"，培训匆忙上岗的家长。

在做第一期课程之前，我们邀约了部分家长进行座谈，出现频率最高的一个词是"焦虑"，家长们为孩子的学习成绩焦虑，为习惯培养焦虑，为阅读兴趣焦虑……奇怪的是，这种焦虑并没有促使他们去学习，只是让他们变得脆弱和挑剔。有些年轻的家长本身还像个孩子，对"家长"的角色和义务认识得实在太少，对孩子成长的助力委实不多。学校教育和转化的对象真的不只是学生，更是学生背后的家长与家庭。

"登峰家长学院"前几期的选题很快就确定了下来，如《大手拉小手，和拖拉说 bye》《游戏好不好，我们说了算》等，我们没有选择对家长进行"说教"，而是选择帮助家长解决问题，慢慢建立起家长对课程的信心和兴趣。

我至今仍然记得第一期登峰家长学院的情形，在《大手拉小手，和拖拉说 bye》的讲座之后，我们紧跟着一项互动"暖冬之约，邀您共赴"，让家长明白，改掉孩子身上的坏习惯要从父母做起，要父母知道只有"以成长陪伴成长"才是最有力量的爱。

当全体家长在丛校长的带领下一起诵读"从此刻起，我要无条件地去爱孩子本来的样子，而不是我要求的样子……"时，我的眼里涌上泪水。

一项工作，肯用心，才走心。

峰山小学精心定制的"陪伴"密码，由"安全感、鼓励与肯定、言传身教、聆听与沟通"等 10 个关键词组成，由一个"爱"字链接。每一位家长都能从中读到最让自己心酸、喜悦、感触的文字，然后郑重地写下来，作为本月努力的目标，30 天养成一个好习惯，不着急，慢慢来。改变，从来都不是一件容易的事儿。只要家长肯坚持，我们一直都在。

在教育这件事上，家长需要的，就是我们为之努力的。两年的时间下来，我们一边探索一边改进，让学习内容更加符合当下家长的需求，让组织形式更加具有吸引力。基本流程如下。

"线上点单"。登峰家长学院的课表由家长来定。前期学校通过"问卷星"线上发布，家长可以勾选自己感兴趣的主题，也可以填写自己想了解的内容，由学校汇总后形成课表，家长根据需要自主选择。

"线下邀约"。学校邀请专家、学者、优秀教师或家长到校，举行开班仪式、开展讲座、心理团建、结业颁奖等，让家长也和孩子一样不断被激励，保持参与的兴趣。

"云端送课"。线下活动线上推送，家长可以通过云端观看直播，也可以收藏下载随时回放；每周开设专家在线，为有需求的家长提供一对一或一对多指导。

与此同时，我校从尊重、发现、慧爱、赋能四个板块精选家长最关心的话题，如《唤醒孩子的内驱力》《接纳不完美的孩子是更深的爱》等20多个内容编写成册，为父母在"家长"岗位上更好地成长提供课程支撑。

疫情防控期间，登峰家长学院以"让家更有力量"为主题，通过公众号及线上会议等形式有针对性地、持续性地推出精品课程，如《家庭会议开一开》《做情绪的主人》《亲子相处的边界感》等，从理念与实践两个角度为父母子女在线上学习期间的亲子关系建设进行定向供氧。

最好的教育是教师和家长肩并肩。我们一直倡导"用做老师的心做父母，用做父母的心做老师"，让教师和家长能够在角色的准确定位中实现同频共振。天长日久地做下来，总有一部分家长受益，总会带动更多的家长参与，就像对孩子的教育一样，只需浇灌、静待花开，因为在"家长"这个角色上，他们才刚刚开始成长。

理清"痛点"的 A 面 B 面

在江苏家长怒退班级群事件中，作业要不要背上导致家长崩溃、引发家校冲突的"锅"？这是我校在事件发生后展开的一次校本研讨的主题。

压垮一个成年人的稻草有很多，作业问题不是唯一，只是其一。在这个问题上，教师委屈、家长愤怒，双方各执一词，成为一个迟迟未能解决的难题。既然是难题，那么我们就去研究它。

问题引领小课题研究。 孩子作业这件事儿上，权责该怎么分？作业的目的究竟是什么？什么样的作业是家长最反对的？家长监督孩子写作业的时候有困难吗？针对这些困难我们可以做些什么……一系列问题引领老师们在静心反思、调查研究、学习借鉴的基础上做出研究方案。"双减"政策颁布以后，对家庭作业的设计与布置有了更高的要求。我们没有盲目跟风，依然按照自己的节奏在推进，允许不同学科不同教师走不同的路子。如英语教师、数学教师针对课堂、课间、课外推出"助教制""考官制""PK榜"等，为家庭作业的"减负提质"创造了各具特色的峰山范本。

实践探索个性化路径。 一年级的孩子没有书面作业，我校探索实践性、活动性作业，将作业的功能从提高成绩变成提升素质。如阅读、劳动、体育锻炼、亲子游戏、艺术创作、周末打卡图书馆、亲子全家游等，内容丰富，形式多样。家长和孩子自由选择、自主决定，教师不检查、不评比，但会开展不同形式的交流活动，如每天晨会举行 5 分钟"我的秀场"展示，孩子们自愿报名，用自己喜欢的方式展示自己的收获，可以是一幅字画、一首诗歌，也可以是一次演讲、一组花样跳绳。慢慢地，学校开始推出一两个主题活动，如结合识字教学开展的"甲骨文探秘之旅"的研究，结合"诗意童年"开展的经典诗歌诵读等。在起始年级，让作业变得有意义、有意思，引领家长从抵触烦躁到职责明确，避免家长过度躺平或过度鸡娃，这在"双减"初始阶段极其有必要。

在教师这条线上，重要的是做好加减法，对作业的高要求必定增加教师的负担，我们在增加一个要求的同时，就会减掉或合并一项任务，让压力内外平衡，教师才能有精力、有热情去做好这件事。

手写书信的消亡与回归

我们常说，成功需要天时地利人和。同样的道理，开展工作也要根据时代背景、地理位置、人群特点去做才能取得预期效果。

2010年的天福小学刚建校不到两年，地处城乡接合部，学生来自20多个村队，农民工及外来务工家庭占一半以上，由于家长的电话、住址经常变更，电话联络及家访显得困难重重；多数学生家中没有电脑，QQ、邮箱等交流手段也难以推广。为最大限度地赢得家长对学校工作的理解和支持，促进家校和谐建设，天福小学开展了"鸿雁传书，家校牵情"主题活动，长期坚持书信交流的方式，以真心换真情，让师生关系、家校关系更加亲密、和谐。

主题培训，明确要求。 开展书信交流培训活动，使全体教师明确要求，掌握方法。首先，由校长在例会上做专题培训，阐明书信交流的实际意义，对书写的语气、内容等提出明确要求：尊重家长，注重细节，实事求是地反映孩子的在校情况，真诚赞扬孩子的努力与进步，与家长共同探讨孩子成长中的问题及解决的方法，让家长从字里行间感受到教师对孩子的关注与爱护之心，做到"因沟通而了解，因了解而理解，因理解而支持"。其次，由担任电话家访调查员的老师谈感悟，结合电话家访中家长提出的问题和建议，分析家校沟通中存在的共性问题，明确书信交流中的重点内容。三是由优秀班主任做范例指导，通过案例分析，让老师们掌握一些特殊情况的处理方法，真正做好家校沟通工作。

精心把关，确保质量。 在活动启动之初，学校对教师书信交流的数量和质量进行总体调控：数量方面不做硬性规定，写信人和收信人由班主任与科任老师协商而定，底线是学年内每个学生至少收到一封；领导团队对书信的质量进行审核把关，凡内容空洞，针对性不强，书写不认真，语气分寸把握不到位的，提出改进意见后退回重写；对于质量好、效果好的书信，在校报和例会上予以刊登、推广。

真情沟通，成效显著。书信交流拉近了家长与教师的关系，成为家校沟通最有效的途径。教师们发自肺腑的话语打动了家长，家长在收到老师的信件后激动万分，热烈回应积极回信，表达着自己对老师的感激之情。两年的时间内，教师给家长写信共计千封，收到回信三百余封。有的家长将感谢信发到了市长信箱，对学校此举表示赞赏。由于写信双方都是在认可孩子、爱护孩子的共识之上进行交流，孩子们并不会因此而担心焦虑，反而因为担任"信使"而感到自豪、快乐。

随着时代的进步，家校沟通的方法也在不断地发生变化，从上门走访到电话、QQ，再到微信、抖音……变化的只是形式，不变的是我们爱护学生的真诚与真心。

不可傲慢，不能卑微

不知从什么时候起，家访逐渐淡出人们的视野，家校沟通除了家长偶尔进校园之外，主阵地转战到了 QQ 和微信。这样的发展趋势自然有时代的必然性：一是年轻人对自己的私密空间越来越重视，"串门"这种事情在他们的意识里几乎是不存在的，老师上门家访从某种程度上说对他们是一种打扰；二是现代化的交流工具如此发达，本身就是为了节约沟通成本，人们早已习惯了文字和图片来表情达意，声音用得越来越少了，哪怕是亲人朋友之间，连电话也很少打了，微信留言成为常态。很难评说这种趋势好不好，事实就是如此，我们必须正视。然而在学生的教育上，真不是隔着屏幕看几句留言就能解决的。于是教育局于近两年强力推出家校互访活动。要求以上门家访为主且要实现家访全覆盖。面对老师和家长都不适应的现实，学校必须提前干预，做好全面准备，才能把好事办好。毕竟学校与家庭的互动中，影响面如此之大的很少见，其中隐患很多，每一个环节，每一个细节都要考虑周全。为此，详尽的实施安排和专题培训是必不可少的。2017 年第一次大规模家访启动之前，我们精心制订方案，对全体教师进行培训。

《"千名教师访万家"工作实施方案》解读

一、家访阶段：11 月 7 日—29 日

总体要求：11 月 7 日—30 日完成对全部家庭的家访。原则上以登门家访为主，特殊情况下可采用电话家访或 QQ、微信联系。

（一）前期准备阶段

1. 统一规划。每班每次安排两名教师家访。以语文、数学学科为主，任双班数学的老师和班主任老师协调（详见配当表，略）。

2. 家访时间段共三个。

11 月 7 日—11 月 15 日（其间为校园开放周）。

11 月 16 日—11 月 23 日。

11 月 23 日—11 月 29 日。

3. 家访名单及推进安排（教导处制定名单表下发班主任群）。

进校家长组：开放周进校家长每班约 10 人，10 日上交，分管领导负责审核班级上交的家长名单。

领导随访组：每班 3 人左右（班主任负责，重点是家庭经济困难学生、单亲家庭学生、留守学生、外来务工家庭学生、学困生等特殊群体学生），9 日上交名单，教导处进行中层分管领导和机关干部随访配当。

上门家访组：除了开放周进校家长和领导随访的学生外，余下的

学生约30人再分成三组，安排到三个家访时间段（班主任老师和科任老师负责），每个家访时间段的学生数约10人，9日先上交第一批上门家访的学生名单。

（二）实施阶段（11月7日—11月29日）

1. 第一时间段家访工作推进

（1）周一公众号发布《致家长的一封信》，组织各班级家长扫二维码提交预约家访的时间。

教导处负责将家长预约时间发送给每个班级。【教导处负责】

（2）周一进行班级研讨会。班主任教师与科任教师召开专题研讨会，集中了解每个学生学习情况、兴趣爱好、生活习惯、心理特征等，根据学生实际兼顾家庭住址等情况进行分类，做好家访谈话内容的准备工作。【各班主任老师和科任老师负责在"希望星""梦想心"连心卡上写上对学生的祝福语，内容要好，字迹要漂亮】

（3）随班领导和机关领导根据各班预约情况随班家访。【教导处负责具体安排并无缝对接】

（4）周二至周日进行预约家访。【中层领导负责】家访前再次与家长沟通，确定好上门的时间、地点，按时到访。上门家访时不得少于两人，不得超过三人。

（5）周五下午，召开第一阶段的家访总结，各班级上交家访记录表。

2. 第二、第三时间段家访工作推进

提前预约，采取面对面、电话沟通等形式对余下的学生进行预约家访；每组继续完成家访记录和照片留存两项任务。

3. 家访要求

家访时注意仪表，穿着得体大方，态度和蔼、诚恳、不卑不亢，言谈举止文明，不允许吸烟、咳痰。

虚心听取家长对学校及班级工作的意见，共同研究教育学生的措施办法。反馈学生情况时以赏识为主，多说优点；指出的问题有针对性，与家长的探讨有诚意，提出的建议有价值，让家长感觉有收获而不是走形式。

了解家长在子女教育方面的现状，指导做好家庭教育，帮助家长改进教育方法，树立正确的成才观。

不允许接受家长的宴请或礼物，不得要求家长接送，不得向家长提出任何私人要求，不得外泄家长和学生信息。

各年级分管领导要和班主任一起对家庭经济困难学生、单亲家庭学生、留守学生、外来务工家庭学生、学困生等特殊群体学生进行家访。

认真填写《教师家访情况记录表》，要求：记录表手写，两名教师签字、双方父母签字；家长的意见建议让家长填写；需要协助解决的问题家长填写，没有写"无"，可以让家长敞开心扉说，能当场解决的立即答复，不能解决的记录报备。

需要留照片的，礼貌地征求家长的意见，不要突然拍照或硬性拍照，让家长感觉尴尬或不适。

家访双方是平等的，我们的态度要不卑不亢，遇到态度恶劣难以沟通的不必强求，保护自己不受委屈和伤害是最基本的底线。有问题随时与分管领导沟通。

温习并熟知学校的基本情况，如学校的文化主题、培养目标、硬件设施、师资配备、餐饮服务、防疫要求、德育管理、规范教学等，做到有问必答。其他如招生入学、课程设置、睡眠时间、作业设置、教育收费、安全管理、交通安全等事关学生切身利益的政策规定，以前我们都做过培训，班主任参照解答。

各班及时梳理汇总家访情况和家长反馈的意见建议及时上报

学校。

（三）整改提高阶段（11 月 23 日—11 月 30 日）

问题汇总。分管领导负责梳理班级《教职工家访情况记录表》反映的相关情况，分门别类认真梳理；校长室协同各处室对问题逐条逐项研究，制定切实可行的整改措施和方案，建立问题销号制度，能够立即解决的，抓紧落实；对暂时解决不了的，制定落实方案，明确责任人和完成时限；对条件不具备的，做好解释工作，确保家长提出的意见建议得到及时反馈。

回复反馈。教导处结合汇总的问题对班主任老师进行培训，个别问题个别答复，面上的问题统一答复。11 月 30 日前召开三级家委会和线上家长会，及时通报各项问题解决情况，做到家长的需求有落实、关切有回应、建议有反馈，确保活动有成果、成果有转化、转化有体现。

及时总结经验，做好宣传。全面梳理总结本次工作的得失，总结报告校长签字后上交政宣科；通过公众号对本次家访活动进行推广宣传，弘扬正能量；开通校级热线，对工作成效持续跟踪，发现问题及时解决。

方案之外，我们分头召开了班主任、科任教师培训会，细化每一个流程，探讨可能出现的困难和问题，学校提供的一切参考与模板都只是保底，为那些经验不足的老师提供支持，有经验的班主任老师要在此基础上灵活处理，毕竟各班的情况并不相同。最后由我校最优秀的班主任结合多年的实践经验，选择自己处理得最成功的案例为老师们做示范。

凡事不做则已，做就尽最大努力做好，即使不能一下子解决学生身上的问题，至少要让家长看到诚意，赢得家长的信任，为今后的工作奠定良好的人际关系基础。要坚决避免敷衍了事，不能让家长配合老师拍照演戏，一旦家长心里有了隔膜就很难逆转了。有些规定动作宁肯不做也不要弄巧成拙。

归根到底一句话：教师与家长的交往，不可傲慢，不能卑微。这是我们开展一切工作的前提和基础。

同样一项工作，我们可以把它当成上级布置的一个任务，也可以当成一次促进家校共育的措施，还可以当成一次历练队伍的良机。我们的态度决定着我们的行为，行为决定结果。而精心筹备的结果就是一举三得。

从一个人到一群人

2019年6月24日，一封标注着"环山小学刘校长（收）"的信邮寄到了校长办公室。信中，一位没有署名的学生家长用质朴的话语表达着自己的感激之情，感谢环山小学每位优秀老师的辛苦付出，尤其是感谢丛玲、丛晓玉、闫新乐、侯英英和王妮这几位老师对孩子的关爱与照顾。

与之前收到的信件不同，这封信表扬的不是一个老师一件事儿，而是一群老师的日常工作，写信者代表的不是自己的一家之言，而是小区家长的共同心声。拿到这封信的时候，我想起自己多年来在表扬老师这件事上的谨慎态度。通常在复盘某项工作时，我们需要对付出多成绩好的老师予以表扬，而每一次我都坚持"面"上评价，很少直接"点"到个人。表扬和批评都是双刃剑，在我们无法洞察全局准确无误的前提下，尽量不要轻易运用，毕竟很多时候，我们看到的只是A面，看不到B面，看到了只是部分而非整体，这种情况下表扬个人很容易造成整体心态失衡。

这封信来得恰到好处。最近网络上几则有关教师的负面新闻引发的批评声音有点大，好多人不知不觉被蒙蔽了双眼，对教师的付出视而不见，恨不得用放大镜去寻找教师的问题，原本对教师没有成见的人也不免有了疑虑，每个话题下面的评论区几乎一边倒地指责，偶有几个微弱的声音替教师说句话，也很快被打上"你是老师吧？"的标签，偶有教师道几句辛苦就被怼"不干可以辞职啊"，以至于人人噤若寒蝉，不敢为教师说一句话。各地方教育局在处理家校矛盾时不得不以严厉处分教师来平息事态。教师们的气场越来越弱，职业幸福感越来越低，生存环境越来越差，少有媒体为教师发声，连教育部门甚至学校似乎都放弃了为自己代言的权利，师德建设的主题从弘扬和赞美变为警示和惩戒。我总是为此感到郁闷和不平，为我身边这些兢兢业业、生病了也不舍得请假的老师，为这些加班加点迎接各种检查的同伴，为一天 24 小时超长待机、随时接听家长电话的班主任……教师队伍这么大，害群之马肯定有，但绝大多数是好的，他们的付出不该被埋没，他们的形象不该被扭曲。所以我决定从这封信开始，做我们的正能量宣传。我们将家长的信、部分教师的工作场景、学校师资建设情况及成果等内容融合在一起，以"纸短情长，爱如朝阳助成长"为题精心制作了一期公众号推文。我们的家委会委员在朋友圈里这样写道：

> 　　一个人的好不算好，一群人的好才是真的好。这封信来自一个小区的家长代表，表扬的是一所学校的所有老师；一时的好不算好，一直的好才是真的好。环山小学的老师做的多说的少，这种好如涓涓细流，终将流进孩子和家长们的眼里心里；一句问候，一个举止，一通电话……都是些细致暖心的小事，这些小事天长日久地做下来，就成为一群人的风格、品格，就是一所学校的心气、人气。

　　一个学校的公众号能有多大作用，我不敢说，但我愿意坚持做下去，用我们一点光和热凝聚起的正能量，去对冲网上铺天盖地的负能量。所以接下来，我们从不同角度开展对优秀教师的宣传，如把德高望重的老教师的故事做了一期宣传，宣传语中我们这样解读老教师的"老"字。

老，是做人做事时从容淡定、沉稳豁达的气度，是教书育人时厚积薄发、举重若轻的风度，是回首来路时无怨无憾、初心不改的高度……向他们学习，这是我们的态度。

紧接着，我们又把于明丽、徐丽等11个名字中带"丽"的老师单开一个专栏，命名为"环山丽人行"，这个标题吸引了很多人，获得了一波赞，赞我们做什么都能做出与众不同的味道。没错，正能量宣传不必板着面孔说教。所谓宣传，最重要的两点：一是说服力，二是吸引力。此后我们一直别出心裁地对教师队伍进行解读，用欣赏和发现的笔触去描摹教师群像图，让真实的回归真实，让美好的回归美好。

家委会能有多"给力"

朋友开玩笑说："你们学校的家委会真给力呀，出钱出力地支持学校，还是生源好，家长层次高呀。"简单一句"生源好、家长层次高"把我们为这个"好"付出的努力几乎抹杀干净了。家长有钱有能力，不等于家长愿意为学校出钱出力。为什么有的学校家委会形同虚设，有的则真正成为学校和家庭的黏合剂，在合作共育中发挥着巨大的作用？这取决于很多因素，但校方的导向是关键，我们如何对待这项工作，投入多大的诚意与精力，就会有多大的收获和成效。十足的诚意、规范的程序、隆重的仪式感，是我校在家委会建设中始终遵循的三条法则。每一次家委会的建立都包括但不仅限于以下内容。

宣传造势。学校发布公众号或公开信，阐述家委会的意义和作用、家委会的义务和职责，说明本年度学校重点工作方向，让家长明确要求之后，自愿报名。自愿报名这个环节很重要，我们需要的是有时间有热情的家长，而不是有地位有身份的家长。

成立班级家委会。班主任老师与家长进一步沟通，在全体家长会上通过演讲和事迹介绍，投票选举产生班级家长委员会，这是一个双向选择的结果。

成立年级家委会。将各班的家委会主任及秘书长的材料印发，采用问卷星投票产生。

成立校级家委会。由年级家委会推荐人员组成，学校牵头召开成立大会。

成立大会的常规环节有以下九个。

1. 校长致辞。这份致辞不仅是欢迎，还有对之前工作的全面汇报以及今后工作的思考与设想，周到细致，诚意满满。

2. 家委会委员竞职演说。事先我们都会与家长沟通，凡有意愿参加竞选的，都要认真准备，脱稿演讲，这是我们峰山小学一直坚持的原则，从校长到老师，从学生到家长，无一例外。每一次家长们都特别重视，精彩纷呈，现场掌声和笑声不断。

3. 现场投票选举家委会工作领导小组成员。有时候我们预设四个岗位，但参与竞选的超过这个数时，我们会根据家长的特长，征求全体成员同意的情况下"加更"新的岗位，为家委会工作提供更好的服务。

4. 公布选票结果并颁发聘书。颁发聘书的过程很隆重，有音乐、有掌声、有摄影。

5. 结合学校年度规划研讨家委会重点工作。大家畅所欲言，形成配当表，之后由家委会独立运行。

6. 赠送校刊。这是家长眼中最珍贵的礼物，校刊上有每年家委会活动的照片以及每个人参与演讲、组织活动的身影，我们把每张照片都修得漂漂亮亮。

7. 参观校园文化并合影留念。

8. 建立并加入办公 QQ 群，认领办公室及办公用品。

9. 餐厅就餐并填写意见反馈单。

一次好的会议让参与者有获得感，会产生积极的反应，在第一年的家委会会议后，有家委会成员写了所见所感，并发布给全体家长，有详尽的照片和文字介绍，成为由于疫情阻隔不能进入校园的家长们的"耳替"和"眼替"，无形中打消了很多家长的疑虑，比学校单方面的输出要好得多。这是我们的诚意换来的意外之喜（附1）。

家长们的优秀也反向刺激着我们。一次家委会竞选结束之后，我们的一位老师说："新时代的年轻家长们文化、眼界、素养都越来越高了，作为教育工作者的我们，真是不敢不努力呀。"

心理学家陈默说："中国孩子已经变了，老师和家长却还没跟上。"我们说："新时代的家长也变了，我们要努力跟上。"

爱，让成长看得见

有一次我去参加婚礼，当屏幕上播放出新郎新娘小时候一起玩耍的照片时，全场的气氛温情又感人。我突然就有了一个想法：校刊是给学校的发展留下的史料，那么孩子们的校园生活呢？在父母们看不到的地方，他们成长的点点滴滴如此流逝太可惜。于是，我们以"珍藏记忆珍藏爱"为主题为学生准备一份特殊的礼物——校园生活记录光盘。

那时候的技术还不发达，拍照得用相机，刻录得用光盘，制作得购买软件，但我们仍然坚持做了下来。每年开学初，学校都要对班主任进行培训，包括软件的使用、相片拍摄的要求、电子相册的栏目设置等。学期末，正副班主任合作，把所有的相片进行整理和编辑，配以优美的音乐和文字解说，经学校审核后刻录成光盘，放假前赠送给每一位家长。

打开制作精美的电子相册，一张张生动的画面展现在面前。

全家福：全班师生幸福的合影留念，留住每个孩子如花的笑靥。

快乐校园：开学典礼、元旦联欢、六一演出、体育比赛、安全演练、手工制作、花草种植……丰富多彩的校园生活，成就了孩子们快乐童年的每一天。

温馨点滴：教室里老师为孩子梳头、辅导功课；操场上，老师和孩子们一起游戏、运动；比赛中，家长和老师为孩子们加油、欢呼；走廊上，同学们一起读书、劳动……孩子们的一颦一笑、一举一动，师生间朝夕相处的温馨画面，都被载入这个小小的相册中，成为永恒的记忆。

真诚祝福：班主任老师在相册的结束部分，用诗词等形式表达自己对孩子的关爱与祝福，让爱与感动在字里行间流淌。

孩子成长的笑脸是父母眼中最美的风景。对于家长来说，这是一份最珍贵的礼物。他们从中感受到的不仅是孩子成长的惊喜，更是学校、老师为孩子真诚付出的每一份爱心。

在疫情中开学的峰山小学，为了让家长及时了解孩子在校的情况，我们以"爱，让成长看得见"为主题定期推送班级电子相册，"初见""满月""百岁""周岁"……班级相册记录着孩子们一天天的进步与蜕变，打造有记忆的班级，记录学生每一个高光时刻。我们期待，当孩子们毕业离开学校很多年后，还能通过成长相册清晰地回忆一切有关峰山的故事……

老师们在电子相册的封面上，这样写道：

时光奇妙，

奇在悄无声息，

成长却已然发生；

　　妙在从不停歇，

　　总令人驻足回望。

2021 年的六一儿童节期间，疫情防控措施更加严格，孩子们不能聚集庆祝，家长不能入校陪伴。我们精心制作了"可爱万岁"小卡片，卡片上印有二维码，扫描有惊喜，孩子们充满了好奇，下午回家迫不及待地让爸爸妈妈扫描二维码，于是全家人看到了电子相册，看到了校园、老师、孩子们……家长忍不住带着笑容又红了眼眶，度过了一段温馨幸福的亲子时光。有家长给孩子在卡片上写下了这样的句子：

　　童年是一道光，绚烂美丽；

　　童年是一幅画，梦想缤纷；

　　童年是一本书，写满故事。

　　以爱之名遇见你，

　　愿你向阳而生，茁壮成长！

家长会是教师最重要的一次"亮相"

家长对教育满不满意，最重要的是看家长对老师满不满意。家长通过家长会了解学校、班级，以及审视与直面教师，家长对教师的印象往往决定着家长对学校的认可度。因此，尽管年年开家长会，我们仍然全力以赴，丝毫不敢有半点松懈和马虎。

会前培训从未缺席

生活中，我们都有这样的经验：同样的一件事儿，不同的人去办，效果不一样；同样的一句话，不同的人去说，给人的感受不一样。沟通是一门艺术，沟通要讲方法。方法从哪里来？方法从学习中来。所以我们当领导的，在家校沟通等各项工作中，不能只提要求、看结果，而要关注过程，注重工作方法的引领和指导。

首先，由学校确定主题、日期，梳理重点，下发方案，给教师充分的时间作准备，写好发言稿并交由分管领导审核（包括班主任和科任教师）。分管领导像批作业一样，给每位老师以意见和建议：优点是什么，问题是什么，需要怎么改，为什么这样改等都写得清清楚楚，选出优秀范例发给全体教师参考学习。

其次，召开交流会，由优秀教师交流经验、分享创新家长会的心得体会、模拟如何回答家长问题以及处理应急事件等（附2）。

最后，学校会统一制作宣传视频，对学校近阶段的亮点工作进行回顾，或者通过线上直播的方式，对热点难点问题进行说明，实现学校工作与班级工作的有效对接和完美呼应。

连续几次培训与筛选过后，学校会将重点放在新入职的年轻教师或沟通能力较弱的教师身上，必要的时候，像磨课一样跟踪指导，要求全程脱稿，口语化互动；对优秀的、有经验的教师免检，由他们自由发挥，并鼓励其大胆创新。

准备工作做细做实

家长会大多在晚上召开，上千号人同时涌入校园，对校园安保及精细管理来说是一个巨大的考验，需要考虑的东西很多。

暖心通知。下发致家长信（同时也是意见征询表），详细写明家长会的时间、地点、议程和内容安排，让家长做到心中明了，时间上早做调整。班主任统计参会人数、出行方式、是否带孩子等情况。

满级服务。根据参会人数及车辆情况安排停车路线及协助人员解决停车难题；统一安排教室和教师托管入校的孩子，安心开会无干扰；检修灯光、厕所、饮水机等设备提供基础保障；整理物品、清扫卫生、设计签到处营造舒心氛围……事无巨细，责任到人，一一安排妥当。活动当天，家长持信入校，保安人员严格检查，确保校园安全；进入教室后，心形卡片上有孩子写下的感恩和心声，家长也会在卡片上写下期待和鼓励，爱在家长与子女间无声流转；活动结束后，家长填写意见表，离校时投进校门口的意见箱，由学校统一回收，对意见和建议进行整理、落实和答复。

全力支持。在开会期间，学校领导全程全员陪伴，给予教师支持与帮助，随时处理各种突发事件。

美丽的校园、精细的管理、温馨的氛围、隐藏的小惊喜……每一次都有不一样的感受。

创新形式求真求美

除了常规的会议之外，还可以根据学校和教师的实际情况，创新内容和形式，因地制宜地开展家校沟通工作。

如根据学生的实际情况召开分层家长会，共同探讨孩子在发展与成长中的问题；针对很多爸爸在孩子教育中缺位的情况，召开"爸爸帮"家长会；根据学校周边的地域资源或家长特点组织"特色"家长会等，效果都出乎意料地好。2012年，我曾在天福小学开辟了义乌市场红领巾广播站，首创"走出学校开家长会"的先例。

义乌小商品市场是天福小学的招生范围，这里有上百名学生家长，他们来自天南海北，身处异乡谋生不容易，再加上各地的文化差异等原因，家长对孩子的辅导和指导跟不上，对学校和教师的依赖比较大。另外，由于家长平时忙于生意，对学校工作和全区的教育形势不够了解，对学校工作的参与度和热情不高，几乎成为家校沟通的一个盲区。因此我们决定走出去，将家长会开到市场里去。我走访了市场管理部并取得支持，开展

"红领巾广播进社区"活动，每周一期。

学校成立了"红领巾广播进社区活动"工作室，德育主任为主要负责人，骨干教师为成员，结合当前教育的热点问题、学校的各种活动、义乌市场的环境特点等，确立每期广播的主题，精心组织稿件，指导学生开展活动。利用每周三校本课程的时间，走进义乌市场，通过广播把孩子们甜美的声音送到每一位商户和每一位家长心里，也给学生提供了一个展示和锻炼的平台。义乌市场人流量大，宣传面广，红领巾广播的口碑越来越好，广播内容也在不断地拓展和丰富，如诚信经营故事、育子有方分享、义乌时事新闻等，成为早期"线上"家长会、家长学校、校企合作的有益探索。

有些疼痛无处可逃

不知从什么时候起，处理各式各样的纠纷成了校长工作中一个不可回避的领域，一个疏忽或失误就能消耗掉我们大量的精力，甚至被折磨得意志全无、身心俱疲，有的校长因此而辞职，有的校长因此而撤职，林林总总，不一而足。在我13年的校长生涯里，处理过的纠纷也不在少数，有的是历史遗留问题，如民办幼儿教师的"五险一金"补缴；有的是建校选址造成的隐患问题，如学校周边门市房的水电费拖欠；有的是前人未曾处理完的问题，如餐饮外包服务的订立与解除；更多的是各种原因引起的家校纠纷，如教师体罚、学生伤亡等。

在这个过程中，我见识了人性的善与恶，美与丑，经历过左右为难的时刻，也陷入过四面楚歌的困境。然而不论如何，我始终坚持一个底线——教师可以受处罚，但不能受委屈。这说起来容易，做起来太难。当下家校纠纷中绝大多数是以学校退让、教师受罚为结局的，处分教师成为平息事端的最快途径。

人的经历决定人的认知。在我参加工作的第二年，我目睹了一个老教师被家长殴打后又得不到校领导维护的无助与悲哀。她有毛病吗？有，她迂腐爱絮叨，对学生是否完成作业极为执着，常常等在教室门口将冲出去的学生拎回来补作业，学生不喜欢她；她情商不高，眼里只有教学那点事儿，与家长打交道不懂迂回婉转，家长也大多不喜欢她；但她简单直率，对同事对工作一片赤诚，从来没做过损人利己的事儿。那一次她看着一个顽劣的孩子补作业，耽误了孩子回家吃饭的时间，家长找到学校时发生了争执，动手扇了她两个耳光……这件事持续了一周，直到最后她也没有等到应有的道歉，她的诉求（先是要求家长道歉，未果。后要求不再教这个孩子，驳回）在校领导层面没有得到任何支持。我作为一个职场小白，看着她投告无门的样子心有戚戚爱莫能助，从此在心上留下一道隐形的伤疤。

走上校长岗位以后，每当遇到家校纠纷我都会想起这件事儿。能依法依规解决的问题就积极应对，错在教师的就真诚道歉尽力弥补，不护短不遮掩，给予相应的处罚，杜绝类似的错误。错在家长的就据理力争绝不让步，坚决维护教师的权利和尊严，不让老师受委屈。这种情况下，校长的立场和态度很重要，一味退让或和稀泥不是伤了老师的心，就是损害了家长对学校的信任，实不可取。

俗话说："清官难断家务事。"有些事件的真相很难还原，双方各执一词就是考验我们的时候，教师的尊严需要维护，家长的诉求需要回应，孩子的情绪需要关注，我们如何做到同时兼顾？

最好的办法就是第一时间站出来直面问题，学校负责人的及时出现有利于创造一个缓冲时机，让当事人冷静下来避免任何一方受到二次伤害，也避免因沟通不畅或话不投机导致的冲突升级。在理智和安全的情况下再谈是非对错。很多纠纷是由于误会或信息不对称导致的，在是非难明、对错难辨的情况下不必执着细枝末节，引导教师和家长从孩子的角度去考虑问题往往是最有效的方法。当大家将目光转移到由于教师与家长的纠纷而诚惶诚恐、惴惴不安的孩子身上时，意识到自己的情绪和行为可能给孩子带来伤害时，都能及时自省，各退一步。

随着网络技术越来越发达，舆情事件的发生发酵往往猝不及防，处理不好会带来严重后果，把学校推向风口浪尖，把当事人架在火上炙烤。这几年常有法律方面的专家指导学校如何处理校园事故或家校纠纷，问题在于很多时候法律不是解决问题的第一选项，主观客观的原因都有。而作为一线工作者，我们只有拿出最真诚的态度、最果决的判断、最有效的措施、最底线的坚持，才能于山重水复之境寻得柳暗花明之路。

附1:

2020，幸好遇见你
——家委会后家长的图文反馈

家长朋友们，我是一年二班的家委会委员邹玉辰，今天有幸参加了咱们峰山小学"2020，刚好遇见你"首届家委会会议，感触很多。家长们可能对学校都充满了好奇，也有些担心，我们自己也有顾虑：新学校会不会有味道啊？对孩子身体有没有影响啊？老师怎么样啊？能不能教好啊？前几天开家委会的时候听校长介绍了一下学校的情况，我们在场的普遍反应是给学校竖大拇指，真是没的说，所以请大家放心。下面把我们所看到的、听到的说一下，也好让大家吃个定心丸。

一、学校环境设施

首先说一下感受吧。我们最大的感受就是学校很用心，是真心为了孩子的健康着想。从去年9月学校筹建之始，选材方面都是校长他们亲自把关的。一定是检验合格的材料，一定是他们觉得放心的材料才会用，甚至专程跑到外地去选材料。最贵的钱一定是花在孩子身上，比如孩子每天用的学习桌椅、餐桌、监控等。为确保安全，每个教室都配置了专门除甲醛的空气净化器。冬天临近了，为了防止开窗换气带进冷空气，还安装了一种可以将外面冷空气加热后再进入教室的装置，具体叫什么不记得了。花费很多，但是财政支持有限，许多是校长去企业争取来的赞助。

许多设施在文登都是独一份。比如课桌椅选用的是一体成型的PVC材料，新桌椅拆开就是没有味道的。餐厅的桌椅也是最好的，可折叠，美观实用。教学楼的外墙，我们看着外观就像是砖块一样，其实是一种软的、类似塑胶的材料，能调节温湿，而且摸起来是软的，孩子碰到也不会受伤。

餐厅：照片里有个电子屏，显示的是厨房各个角落的监控情况，保证孩子们的用餐安全。配餐是运恒提供的。那天我们特意尝了一下饭菜，味道真的很不错。当天吃的菜是西红柿炒鸡蛋、金针菇炖粉条、炖土豆、鹌鹑蛋，主食是米饭、馒头。学校的教职工吃的也是同样的饭，所以孩子在学校进餐的家长们可以放心了，完全不用担心饭菜的卫生和质量。不要问为什么没有照片，因为只顾得吃忘记拍了哈哈……

教室：看，拍到谁家宝啦？现在的黑板也不是我们小时候的样子了，电子屏、白板、粉笔字可以随意切换。不得不感叹现在的孩子真是幸福啊！多么好的条件，更应该好好珍惜，用功读书哦。

大礼堂的桌椅是可移动的，目的是可以根据人数多少调节场地大小。如果疫情没有影响的话，预计六一会举办活动邀请家长参加。

饮水机：有适宜温度的直饮水，不会烫到孩子们。

楼梯：被这么宽的楼梯惊到了，大气！所以不用担心孩子们会被挤倒什么的。

二、关于老师

可以说抽调的都是骨干力量到我们峰山小学的，好像前阵子区里有什么优质课比赛，12 个项目他们就有 8 个项目获奖。而且我们感觉，老师们都很有爱。南面向阳最好的教室都是孩子们的，老师的办公室是在边角的。孩子们的桌椅是最好的，他们的桌椅是最一般的。因为没有保洁员，连学生们的厕所都是老师自己打扫的，实在让人感动。

学校的很多设计都很用心，都是老师们的功劳。你看从一开始的入学通知书，列车票，小马班、小蚂蚁班、大象班等等，让人眼前一亮，对学校充满了期待。说几个小细节吧，孩子们进校门一路有星星标记，叫脚踏星光大道；教室桌椅、柜子还有窗帘等都是青绿色和蓝色系的，老师说那是取意"青出于蓝而胜于蓝"；一楼的主题墙，不单有"爱"，还要给峰山的孩子们"多一点"，下面的阅读区书架构型"FAMILY"寓意一家人。2F、3F、4F的"F"都有不同的含义，有些嘈杂没听清，只记得有个FLASH，希望孩子们都可以闪闪发光的；"登峰·向未来"主题墙，大家发现了吗？最下面有2020、2025、2029、2032、2036一排数字，一步一个台阶，分别代表着小学、初中、高中、大学四个阶段……你看，设计得巧妙吧？最后还有一个坐标，你们能猜到是谁的坐标吗？我们一起来互动一下吧。答对者奖励小红花一朵吧，哈哈！

三、学校发展方向

硬件设施方面，毕竟学校筹建时间还短，所以陆续地还会改进许多。比如中央天井的设计打造，二到四层的墙文化的建设等。

关于教育孩子方面，着重讲了运动和主题教育。运动方面打算主推健美操和花样跳绳，然后再选乒乓球和足球（可能有专业教练从小培养）。然后一年级课堂外的重点是诗歌，当然语文课上也会讲到。以后会举办校内的诗词大会，慢慢引入《声律启蒙》和《诗经》。三到五年级名著阅读是重点，老师也是希望大家能放下手机，每天陪孩子读半个小时的书。

日常教育中会贯穿礼仪教育、德育教育等方方面面，用校长的话讲，五年之后，峰山小学走出去的孩子都是有君子之风的翩翩少年。我们拭目以待。

总之呢，因为我们的孩子是第一届学生，相当于峰山小学的长子、长女，集万千宠爱于一身。能在这读书，大家就偷着乐吧。

哦，对了，学校缺心理咨询师和眼科医生（提供眼部保健，预防近视方面的），有这方面资源的家长可以与学校联系，能义务服务最好，哈哈……

题外话：明玉妈妈和我受大家委托担任我们班家委会的正副主任。我们两个会尽力担当好这份职责，有什么问题我们随时在微信群沟通联系，不方便说可以私聊。每一位孩子都是一朵朵竞相开放的花朵，只是有的花开得早，有的花开得晚，我们只需灌溉，静心等待。孩子们日渐熟悉会逐渐成为好朋友，愿我们家长也珍惜一年二班的缘分，在孩子成长的道路上携手并肩，成为一家人。

2020 年 11 月 5 日

附 2：

家长会上"烩"什么
——优秀班主任经验交流

教师与家长的关系，究竟应该建立在什么样的基础上？我想还是那句话：理解万岁。人与人之间的交往，多一分了解就能多一分理解，所以必须敞开心扉与家长沟通，取得家长的理解和信任。其中，一个重要的途径就是学期初和学期末两次家长会。

学期初的家长会，其实是个见面会。这个见面会非常重要，其效果会影响到整个学期的工作，所以必须精心备课。这一点上，老师们都深有体会，各种先进经验也非常多。除了常规的见面内容之外，我最注重的还有两件事。

一、订立口头盟约

把我给学生立的班级规矩、课堂规矩和学科符号的意义等，一一向家长解释说明，说我是怎么想的，怎么做的，并当场征求家长的意见。如果家长们没有提出反对意见，则必须遵照执行。

不用担心家长反感，家长反感的只是那些没用的、没意义的机械工作，如检查作业，给家长布置作业，造假材料等。就像我们反对教学中的形式主义一样。事实上，家长对这些要求不仅不反对，反而非常感兴趣，非常乐于配合。

二、坦然承认不足

家长来开见面会一个很重要的目的就是了解孩子的老师，我会实事求是地摆出自己的优点，如性格开朗、爱说爱笑，喜欢想一些点子忽悠孩子。更主要的是袒露自己的缺点，如脾气急、火气大，某些事情上对学生的处罚比较严厉等。

我甚至直接告诉家长，某些情况下我保留体罚的权利，如有的学生在别人奔跑的时候伸出脚把人家绊倒，有的下楼梯时推倒前面一排同学，有的用手抓同学的脸，给人家留下疤痕，有的拿危险玩具对着同学发射等。我把我听到的看到的伤害事例说给家长听，问："你们说，这样的情况，该不该打？"家长们总是异口同声地说："该！"

尽管体罚是违背教育法规的，但家长们明白，一旦真的发生类似的事件，不论是受伤的一方，还是闯祸的一方，都有不可挽回的损失，这是原则性错误，理当严惩。

任何事情都是这样，只要把理说通了，基本上就不会出什么问题。只要我们做的，都是对孩子成长真正有益的事儿，家长们又怎么会不支持呢？

期末的家长会是一次总结会。按理说，家长们更应该来听听孩子一学期的表现，但实际上，家长从二年级开始就不愿意听了，年级越高，参加家长会的积极性越低。

问题出在哪儿？

我还在师范上学的时候，看到过一个歇后语，是用电影名当谜底的：家长会后——《今夜有暴风雨》。我的印象很深刻，的确有很多孩子害怕开家长会，也有很多家长打怵开家长会，因为有的老师把家长会开成了"批斗会"。

当然，现在这种情况已经没有了，老师们的观念和做法越来越先进和人文化了。

开会开会，开心地聚会。怎么让家长和孩子都能开心起来呢？

首先，让孩子们放心。一般情况下，我们觉得开家长会就是家长的事儿，与孩子们无关，大错特错矣。家长会上，说的就是孩子的事儿，怎么能说与他们无关？

所以，我总是精心准备了内容之后，在开家长会之前，首先向孩子们汇报一遍，这样做有三个作用：一是让孩子们了解会上的内容，避免胡乱猜疑、无故担心；二是让孩子知道老师从他们每个人身上都看到了优点，爸爸妈妈来听的，是优点而不是问题，更有信心了；三是对于我而言，相当于事先练习了一遍，对发言内容更熟悉，家长会上发挥得更自然，基本脱稿，现场有互动的效果，会开得就像平时上课一样，有笑声，有掌声。

其次，让家长们觉得有意思。他们从一年级开始就一年四次参加家长会，千篇一律的内容或形式是造成厌倦的另一个原因。所以形式上要推陈出新，我尝试的方法中，有两种效果最好。

一是让学生当主持人。稿子由我们精心准备，会由学生来开，一般选四个小主持人，两男两女，把家长会上要总结的全部内容，要嘱咐的假期问题，都分散到他们的稿子中去。孩子们说的家长更感兴趣，更容易接受。

需要注意两个问题：小主持人要提前培训、练习，会上要有精彩的表现，他们的父母才更骄傲，别的孩子的父母才能暗暗找差距；主持人必须轮流来，不一定是家长会，其他的活动，如家长开放日、家校联欢会等都可以，尽量在一年的时间内，让所有的孩子都有露脸的机会。

　　二是利用新式武器——多媒体。多媒体不仅能提高学生学习的兴趣，也能提高家长开会的兴趣。2007 年，我带了一个实验班，孩子们的素质特别好，不论是校内老师上课，还是外地市的老师来上课，都喜欢用我们班的学生；学校的各种比赛，如演讲、广播操、英语童话剧等都取得了优异的成绩。

　　家长会前，我花费了一周时间，从学校上千张照片中筛选我们班的照片，包括武术操比赛、体育大课间、英语闯关活动等全部找了出来，然后把我平时收集的照片整理了一下，又截取了一段孩子们上公开课的视频，配上文字和音乐，做成了一个 PPT。后来我又借了同事的相机，把孩子们上课的、课间的照片补了一些，加了进去。

　　家长会上，我先简单地作了一个开场白，然后关了教室里的灯，播放着 PPT，配上我的解说，把这一年来，学校开展的大型活动、班级的趣事、孩子们的精彩表现等向家长们做了详细的总结。

　　效果可想而知。散场的时候家长一直道谢。之后几天，不断有家长要求拷贝这个 PPT 留作纪念。几年后这批孩子的家长仍然对这件事儿念念不忘，在不同的场合提起，并通过同事传给了我。

　　家长会开得好，相当于把家长和老师的心烩在一起了，心通了，以后的工作就顺了。

第六章

做有意义有意思的德育

学校应该像一块磁石，以自己有趣而丰富的生活吸引学生。

——苏霍姆林斯基

2013 年，我参加了一期在上海举办的名师培训会，认识了刘校长。我们同居一个星期，白天学习，晚上聊天，常常聊到下半夜。之后的许多年我们一直保持着密切的联系，不论工作有多忙，脑海里始终分出一根触角关注着对方。

她很优秀，进步很快，十几年里换了三所学校。不论走到哪里，她都带着自己一贯的坚持——做有意义有意思的德育。她所在的学校，总是通过学生的活动向外界发出声音。

一所学校有多好、老师有多优秀、领导有多用心，学生就是最好的证明，不需要其他。这就是刘校长的治校哲学，简单而又充满力量感。

2019 年，我为新建校事宜去拜访她。她带我在学校里随意地转，一边看一边讲，似乎校园里的每一处角落都充满了故事。

我突然想起老领导说过的一句话："要办一所有故事的学校。"故事是孩子们记住学校的牵绊，是大人留给孩子童年最好的礼物。

我时常会打开朋友圈看刘校长发布的动态，感受她对工作那种似乎永不消减的热情，提醒自己要保有教育者的初心，知道自己在哪里，该向哪里出发。

辛琪·北京

复式开学典礼可还行

心理学家武志红说，心灵的成长需要仪式感。学校的一切活动都与成长有关，仪式感不可或缺。最常见的就是开学季、毕业季、10 岁成长礼等。这些活动大家都在做，怎样做得不落俗套、做得孩子们喜欢才是关键。峰山小学开学典礼的特别之处就在于：方案总是有两套，一套为一年级新生特别定制，一套为二到五年级的学生准备，主题不一样，形式不一样。新生开学典礼提前一天举行，专场专办。

从幼儿园小朋友变成一年级小学生，是孩子人生的一次进阶，给孩子一个充满仪式感的开学季，必将成为孩子心灵深处最美的回忆。

自带惊喜的开学大礼包

每年，峰山小学都会为孩子们准备一份精美的开学礼，精心设计的信封内放着送给孩子们的专属小礼物：

一份入学通知书：学校自行设计，校长亲笔签名，文字简约而温馨。

亲爱的 ×× 小朋友：

祝贺你成为峰山小学首届小学生。从此，你的歌声、笑声、读书声，都将深深地烙印在峰山小学的每一寸土地上，成为最美好的回忆。来吧，峰山小学欢迎你，2020，让我们与爱同行，为梦登峰，一起书写峰山小学最动听的故事。

一份入学攻略：从交通安全到行走路线、从出入时间到接送地点、从学习用品到餐饮午休……周全细致，入学无忧。

一张小小心愿卡：一面是老师的欢迎词，一面是孩子和家长的"星语心愿"。师生之间尚未谋面就已经建立了联系。

一张量身定制的车票：车票是仿照动车车票定制的，信息量巨大，包括学生姓名、身份证号、列车号（开学日期）、出发时间（到校时间）、车次座号（班级和学号）、起始站（学校名称）、终点站（未来希望站）、售票处（学校详细地址）、列车名（星光号）、二维码（学校公众号）等，一人一张，不可复制。

一个动物卡通胸贴：精心挑选阳光又可爱的小动物做成胸贴，每个小动物都代表不同的意义，如活泼奔腾的小马、聪慧可爱的小海豚、团结友爱的小蚂蚁、温厚善良的小象……

每一样礼物都带着浓浓的文化气息，具有纪念意义和收藏价值，让家长和孩子惊喜又感动，对新生活充满向往。

充满创意的仪式感

开学当天，孩子们手持车票入校，迎接他们的是一个大大的"星光号"列车（仿真模型）和身穿制服的列车员，在履行完"验票检票"等手续之后，小列车员们奉上热情的问候，引导他们登上列车开启新生活。

进入教学楼之后，各种卡通动物图标代表着不同"站点"，孩子们"按图索骥"成功地找到自己的班级；下课之后，还可以通过胸牌认出同学、结交到好朋友，结伴如厕、看书等。一系列新奇有趣的活动让孩子们开心不已，消除了入学恐惧，获得了归属感。

礼物和活动每年都有变化，不断推陈出新，让孩子们始终保持新鲜感、时代感。每年我都会亲笔撰写典礼致辞，为他们的新生活送上祝福与希冀（附1）。

童年的一切都有杠杆作用，善待儿童，就是创造未来。

毕业典礼不止有感恩

这么多年看多了"感恩成长，放飞梦想"的毕业主题和表演加感言的庆祝套路，我觉得是时候改变了。我知道对于德育主任或老师们来说，毕业典礼年年做，没有精力年年出新，反正学生是不一样的，同一个方案省时省力蛮好的。

这个想法可能代表了很多人。

而我想的恰恰是，因为学生不一样了，所以我们必须要改变。看看身边的孩子吧，他们都开始"盘串"了，我们还在拿他们当"木头人"，很多活动看似是为孩子而做的，其实只是老师或家长一厢情愿的"自嗨"，孩子们喜欢不喜欢，他们心里在想什么，我们根本不知道。有时候我觉得他们只是出于礼貌在配合我们演戏，可爱又可怜。

毕业典礼这么重要的时刻，怎么可以马马虎虎？回到问题的关键——孩子们在想什么，他们希望怎样度过这个时刻？

从 2018 年开始，每年 6 月我都会做一轮调查，与毕业班的孩子们聊天能得到很多有用的信息：比如他们不喜欢规规矩矩地坐着，不想发言也不想表演节目；不要煽情，哭哭啼啼的怪不好意思的，开开心心的不好吗？白天没时间就晚上，开个"party"吃吃喝喝也挺不错；父母送毕业礼物当然喜欢啦，但不要学习用品；喜欢仪式感，但"穿越梦想门"一类的就算了，太 LOW……正如心理学家陈默所说，当今的孩子对话语权要求很高，我们不能秉承老一套，给他们平等的话语权，我们的工作才能做到点子上，才不会白费力气。

打破常规的第一年，我们在学校礼堂举行了一场"毕业音乐会"，父母们早早下班赶来帮忙布置氛围，藏好礼物，摆好零食饮品；老师们装作若无其事地送走学生，然后开始换装、搭台、准备游戏道具；孩子们晚饭后换上漂亮的衣服，带着好奇和期待陆续前来，想知道礼堂里究竟发生了什么。

开场是一波回忆杀，我们把五年来师生相处的日子剪辑成电子相册播放出来，配音乐、配解说。读书写字、运动游戏、唱歌画画、玩闹哭泣……从小到大，每一帧都是回忆，每一个孩子都是 C 位（老师们事前仔细比对过，172 个孩子一个不少）。孩子们起初是感到有趣，会笑、会起哄，但慢慢地就安静下来了，被自己小时候的样子萌到了，又被自己不知不觉的变化惊到了，最后被不知名的情绪感染到了。我身边一个男孩从头到尾一直在抹眼泪，他的妈妈一边拍着他的手背，一边热泪盈眶地看着屏幕，不舍得漏掉任何一个镜头。

音乐会正式开始，老师们各展所长，为孩子们吹拉弹唱，唱的都是他们喜欢的歌曲，中间穿插着互动游戏、惊喜礼物、父母赠言、校长颁发毕业证书、学弟学妹唱起祝福歌曲等。家长和孩子身心放松全情投入，有时一个人的表演唱变成全场的大合唱，有时家长和孩子主动出战登台献艺，这一波操作又让老师们发现了好多宝藏男孩女孩……后来，这些嘴上说着不要煽情不要哭泣的孩子，在与老师拥抱告别的时候哭得稀里哗啦，那些性格内向与老师疏离的孩子，最后时刻跟在老师身边帮着收拾卫生，寸步不离……

此后的每一个毕业季，我们都会从学生的视角出发，融合当年的流行元素，一年一个主题，年年都有新创意。活动之后我们会采撷精彩镜头精心制作纪念视频留给师生作礼物。

我们的活动之所以被认可，是因为我们一直在用心观察孩子的变化，用心体会孩子的感受，不断尝试与改进（附 1）。

我能够理解中层和老师的"创意恐慌"，年年出新确实是一个不小的挑战。在教学任务越来越重的情况下，在社会和媒体对学校的一举一动越来越挑剔的情况下，创新不仅要付出额外的工作量，还要面临场地、资金、安全等诸多问题，一不小心还有可能出现纰漏引出不必要的麻烦……

唯有行动才能解除所有的疑虑与不安。保守与改变哪个更好？试试才知道。

你好，红领巾

校园里绝大多数工作都是相同的：相同的时间节点，相同的评价标准，相同的内容方式……如果我们从自己的视角出发去做这些工作，就会陷于司空见惯式的"走流程"，看着似乎什么都不缺，却唯独缺了热情。没了热情的教育就没了灵魂。

又到一年一度的"入队"季，从孩子们的视角去看待这项工作，体恤他们好奇中带着一点茫然，期待里夹杂莫名兴奋的心情，明白对于我们而言这只是一项常规工作，对孩子和家长而言却是成长中的一个意义非凡的时刻……为了孩子们的这一重要时刻，德育处每年都会早早地开始规划，前期有细致的引领，后期是创意的活动，自始至终带着饱满的热情。热情，是我们给孩子最好的爱。

当然我们不会盲目追求创新，毕竟"入队仪式"有严格而完整的流程，我们要做的就是遵循形式而不流于形式。

正式的入队仪式之前，我们会做周密而细致的准备，把入队的过程拉长，孩子们投入得越多，感受越深，印象也就越深刻。

制订方案

方案最晚在 4 月底完成修改，定稿后开始做各项准备工作，包括特邀嘉宾的落实等。

队前教育

首先是学习队史，学习的内容是一定的，学习的形式可以很活泼，有时老师讲，有时学生讲，有时家长讲，用故事的形式、儿童的语言，把队史的知识传播到学生的心里。

其次是学戴红领巾。自己的事情自己做，少先队员的红领巾当然更要自己戴。我们耐心细致地教会每一个孩子如何折叠，如何佩戴，如何保护，如何清洁。不仅自己会戴，还要会给他人戴，熟练而端正才能过关。

然后是行队礼。我们的要求是坚决避免不规范队礼的出现。从行礼的意义到要求，孩子们一遍一遍地练习，直至形成肌肉记忆，一出手就是标准利落的姿势。

最后是呼号。同前面一样，老师对孩子们进行细致耐心的讲解、指导和训练，每一个环节都没有丝毫马虎和放松。

递交入队申请书

孩子们一笔一画亲笔书写后郑重地提交给老师。

隆重的入队仪式

除去常规的流程之外，我们在两个地方做足了功课：一是场地选择，带着新队员走出校门，到英雄纪念碑前或红色教育基地举行入队仪式；二是人员的确定，每年都会邀请家长一起参与这个重要的时刻。孩子们排好一个方队，父母们在后面也排好一个方队并佩戴好红领巾，与孩子们一起参与整个仪式。当仪式进行到"为新队员佩戴红领巾"环节时，父母们的队伍间隔向前行进，站在自己孩子身边，将自己肩上的红领巾摘下并亲手为孩子戴上……那一刻，自豪感和使命感在父母子女间无声传承，当四面大旗从头顶飘过，当全场唱起《没有共产党就没有新中国》时，总有父母忍不住笑中带泪，这种氛围感染着每一个人，令孩子们终生难忘。

学生的童年是否幸福，取决于两类人——父母与老师。学校精心设计，让父母与老师共同参与学生成长的关键事件，见证孩子的高光时刻，一直是我校德育工作中浓墨重彩的一笔。

收获一群葫芦娃

环山小学居然有一片地，这是我来这所学校发现的第一个惊喜之处。可能是小时候玩泥巴的快乐根深蒂固地影响着我们这一代人吧，一直觉得孩子们应该接触泥土，一直希望校园内外能有一大片土地供孩子们耕种。

念念不忘，必有回响。这一片地让我如获珍宝，起初做了很多尝试，种菜、种花生、种葡萄……收成好不好不重要，园地打理得漂亮不漂亮不重要，孩子们愿扑腾、敢尝试就好。

2017年12月，我校举办了"民间艺术家进校园"活动。之后，我们全部改成种葫芦，开展"神奇葫芦"系列校本课程研究，包括葫芦的种植、彩绘、烫画、雕刻、葫芦丝演奏，以及葫芦文化的研究性学习等共6个品类。

葫芦种植便是在这片土地上进行，孩子们要随指导老师一起耕地、播种、搭架、施肥、除草……研究葫芦的种类，见证葫芦的成长，享受收获的喜悦。

采摘后的葫芦需要进行一系列加工，如去皮、蒸煮、打磨、风干等，这是个技术活儿，孩子们在经历几次失败，甚至受过几次小伤后才慢慢懂得了其中的奥妙。

最精彩的环节便是艺术创作环节了。彩绘社团创作的作品绚丽有趣，如葫芦娃系列、巴巴爸爸家族等；"葫芦烫画"是国家级非物质文化遗产，也是整套课程中含金量最高的，由区民间艺术家协会的姜玉成大师授课；葫芦雕刻的工艺更加复杂，由家长志愿者为孩子们授课。孩子们在学习和创作的过程中有时被彩绘颜料抹成大花脸，有时被烫烙或刀具伤了手脚也浑不在意，完全沉浸在艺术创作的快乐之中。

我们特意打造了一间"福禄轩"作品展室，室内到处是葫芦作品，空中悬着、墙上挂着、桌上摆着，让人眼花缭乱，赞叹不已。

从展室出来，能听到悠扬的丝竹之声，便是葫芦丝小组的器乐演奏；走廊里展示着"葫芦文化研究小组"的学习成果，将葫芦的实用价值、艺术价值、文化寓意等进行全面的挖掘与整理，让孩子们真正认识了"神奇葫芦"的神奇之处。

好的土壤才能孕育出苗壮的生命，好的理念才能生发出好的课程。"教育是农业"的隐喻不断地提醒着我：一分耕耘一分收获，一切珍贵的东西都是慢慢生长出来的。教育者应该像农民一样满怀对土地的敬爱、对种子的期盼、对嫩苗的呵护，精耕细作，默默守望。

一雨一遇见　诚信暖心间

诚信教育是学校德育工作的重点内容，不可谓不重视，各种宣传、评选、主题活动、诚信超市……你方唱罢我登场。然而学生"言行不一"的现象始终存在，最简单的例子就是课堂上人人知道要守规则，课下各种违规违纪屡禁不止。

小学生的思想教育应该摒弃一切形式的高调宣传、凭空说教和物质奖励。最好的方法是给他们一个真实体验和实践的场景。

这个场景在峰山小学已然存在：每逢下雨天峰山小学都会出现一道靓丽的风景，一把把撑开的橙色雨伞带着峰山的标识，像蝴蝶一样飞向家长，也将"诚信雨伞"的故事带进了家庭——2021 年一个下雨天的傍晚，我们的班主任老师撑着伞送学生出校，雨伞护住了学生淋湿了老师，家长无意中看到这一幕很是感动，便主动联系学校，要为全校一千余名师生每人捐赠一把雨伞。我们觉得家长购买一千把雨伞太破费了，而且雨伞发下去的意义不大，后劲不足。所以在我们的建议下家长最终捐赠了 200 把雨伞以备不时之需。我们购置了伞架，将其放在教学楼大门两侧，雨天的时候，师生自主取用，用完自动归还，无人监督、不需管理，一切看似自然而然的行为背后，都是诚信教育的现实表达。

诚信教育的前提是相信，不需要惩戒说教，更不需要物质刺激。所以我们学校没有诚信超市，因为我们不知道如何给"诚信"评分计分。但我们有许多沉浸式诚信体验场景，如无人监督的课堂小测试、无人监管的开放图书角、自由发挥的室外涂鸦墙、自主取用的益智游戏区等，学生们自觉考试、自动归还图书和益智玩具，由外部约束转化为内在规范，让诚信教育从理论走向实践，让"守诚信"成为"日用而不觉"的价值观。

商鞅"立木为信"的故事历经千年而弥新，峰山学子也用实际行动证明了相信的力量。省报记者到我校采风时，感动于"诚信雨伞"的故事，写下了这样的祝福：

小小雨伞，诚信绵延；爱在峰山，许你晴天。

自"游"自在　玩转课间

"双减"政策下，学生拥有了更多自由的时间、玩耍的时间，但我们却发现了一个问题——孩子们不会玩，尤其是不会跟他人一起玩，这些从小与手机、电脑和各种玩具相伴的独生子女缺乏集体游戏的意识，所以我们把传统游戏引入校园，教孩子们玩。

游戏是儿童的天性，儿童的游戏等于学习。学校的作用就是帮助儿童进行经验的梳理、提炼和分享，帮助他们向着深层次的感悟和体验发展。为此，我们以"自'游'自在，玩转课间"为主题，开展课间游戏的课程化研究，培养学生的游戏精神及交往能力、组织协调能力、创新能力，帮助学生构建和谐的人际关系，养成良好的行为规范和价值取向。

传承——让传统游戏回归校园

课间十分钟，游戏以"小"为宜，跳房子、翻花绳、挑冰糕棍、扇板儿、拈石子、编花篮、投沙包等传统游戏，玩法简单，工具小巧，成为学校课程研发的首选。学校依据游戏特点，结合学生的年龄特征，精心挑选了20种传统游戏，分年级推送给学生。

传统的东西总是散发着永恒的味道，新奇好玩的游戏刚一推广，便受到了孩子们的热烈欢迎。"翻花绳"里技巧的比拼，"挑冰糕棍儿"中细心的较量，"拈石子"时灵活性的比试，"扇板儿"瞬间臂力的对抗，"编花篮"时合作的考验……每一个游戏都深深吸引着孩子们。下课铃响起，校园里便欢腾起来：两个小女生在教室里玩"翻花绳"，三个好朋友蹲在地上"拈石子"，五个小男生在走廊中"扇板儿"，一群"小鸡"由"鸡妈妈"保护着在操场上躲避"老鹰"的"追捕"……学校里和小伙伴一起玩，回到家更可以和爸爸妈妈甚至是爷爷奶奶一起玩，这些游戏已然成为孩子与朋友、与家人共同的语言密码。

创新——让传统游戏焕发别样精彩

"传统游戏的新奇劲儿，总会随着时间的推移而逐渐变淡。只有解读游戏行为，把握教育生长点，引导建构新的游戏，才能支持并促进儿童的学习与发展。"基于这样的认识，学校积极引导学生进行游戏改编与创编，为传统游戏赋予时代气息，激发学生的创新意识。

游戏创编活动分创意征集、班级推广、全校海选三个阶段进行。

"创意征集令——等的就是你"，一经学校公众号推出就得到了全体学生与家长的积极响应。学生与家长共同参与，精选游戏，研究规则，讨论方案，游戏验证，修订改进，乐此不疲。创编后的游戏（包括对传统游戏的改编及独立创编的新游戏）在班队会上交流展示，孩子们通过设计宣传画报、现场解说、模拟演示等形式推广自己的创意设计，八仙过海，各显神通。这既是一场游戏的比拼，更是一次智慧的较量。最终经学生投票选出三个"最佳创意小游戏"。

班级推广阶段。由班级最佳创意小游戏开发家庭录制游戏玩法视频，在本班级进行推广、学习，而后由班主任和科任老师一起在课间组织学生畅玩。

全校海选阶段。各班将班级创意小游戏进一步改进和创新，做成宣传海报，在校园内集中展示宣传。同时将玩法视频通过学校微信公众号进行发布，通过网上投票的方式选出 10 个最佳创意游戏。

校级"最佳创意游戏"推出后火爆校园。"环环相扣"让沙包从滚动的铁环中穿越而过，"棋逢对手"将"跳房子"与"东西南北"游戏相结合，"绳有千千结"在翻滚的大绳中融入花样跳绳，"小尾巴摇啊摇"将"揪尾巴"与"木头人"巧妙融合……

体育课上，这些创意游戏也被引入，学生在游戏中强健体魄，愉悦心灵。

游戏在不断改进，于传承中有创新。孩子们在茁壮成长，于探索中有收获。让"双减"减出来的时间过得"有意义，有意思"，是我校德育工作不变的追求。

诗歌中的童年

成年以后，我们发现，小时候背的诗歌记得最牢。

峰山小学建校第一年，我们只招收了一年级360名新生。学生没有家庭作业，教师没有教学负担，学校没有考核压力，我们想抓住这个好时机在习惯养成、礼仪教育、读书写字、身心健康等方面多下下功夫，把"底"打好。

一年级的小娃娃，识字量少，记忆力好，正是学习诗歌的好时候。所以这一年，我们开启了"诗意童年"经典诵读活动。

诗歌积累

以"积累"为目标，全员全景背诵。学校精选古诗一百首，每周推送两首：阅读课上，阅读老师负责讲述诗的作者、背景、大概意义并带领学生吟诵。每天晨读时间，班主任老师将古诗书写于黑板并组织吟诵练习；每周二、四晚上，亲子吟诵。

花式闯关持续"保鲜"

每月一次诗词闯关赛，每学期一期诗词大会，每年一场专场演出——师生和家长在学校精心搭建的各种平台上大展身手，闪闪发光。

每月的诗词闯关赛由班主任和阅读课老师负责，家委会积极参与，不拘形式，鼓励创新。有的班级设计了"诗词月票"，过关积分，兑换心愿单；有的采用亲子视频线上接力的方式，鼓励学生和家长共同参与；有的采用诗配画、情景剧的方式锻炼学生的表现力与表达能力……

登峰诗词大会仿制"中国诗词大会"的形式组织开展，选手要经过

"班级海选、年级比拼、校级争霸"层层过关之后，才能进入最后的"星耀诗词大会"现场。

比赛当天，16位参赛选手分成四组，比赛设"速记王""对对碰""消消乐""九宫格""飞花令"5关，采取必答、抢答、场外援答等多种形式考查学生对诗词的记忆、理解和运用。比赛过程中随机穿插的游戏、抽奖等环节，将场上选手、家长评委、场下观众的热情和积极性全部调动起来，投入诗歌带来的收获与快乐之中。

"诗意童年"专场演出于当年的"七一"期间推出。之前我们与班主任老师商定：360名学生一个不少，我们要把它当成送给峰山首届学生的一年级毕业礼物，也是孩子们用经典向建党100周年献礼的方式。

2021年7月1日，在举国同庆中国共产党百年华诞之际，峰山小学的孩子们与诗词相约，致敬经典。"呦呦鹿鸣，食野之苹。我有嘉宾，鼓瑟吹笙……"曲调悠扬绵长的吟诵篇《小雅·鹿鸣》拉开了活动的帷幕。

接下来的节目个个精彩，有生动再现诗仙李白的豪气与洒脱的情景剧《望庐山瀑布》，有"和诗以歌"的说唱节目《朝代歌》，有苏轼的代表作《水调歌头·明月几时有》的吟唱表演，有撷最美的诗词展现四季画卷的春来《咏柳》、夏鸣《蝉》、秋望《明月》、冬赏《梅》……

诗意中国，源远流长，与时光作伴，听世纪回响；诗意童年，快乐欢畅，与经典相伴，唱时代之声——专场演出在师生共同唱响的《源远流长》中结束，余音绕梁，回味无穷。

诗词如歌，平仄抑扬，于清秀隽永里婉转悠扬；诗词如画，平圆浓淡，在万水千山中水墨嫣然；诗词如贵客，一到便繁华，向着远方开启一场诗意的旅行。

童年不"同"样

节日快乐是成人之间的一句祝福，对于孩子们来说，理应是我们的一句承诺。

过节，就是要把有意义的事儿做得有意思，把有意思的事儿做得有意义。

六一儿童节，人人都是C位

六一儿童节是孩子们最重要的节日，是每一个孩子的节日，所以过这个节的原则就是全员参与、不要有旁观者，尽量创造机会让家长与孩子们一起庆祝。

建校第一年的"诗意童年"专题演出，全校8个班360名学生一个不少全部上场。为了让家长最大限度地参与活动，我们于4月便下发了"招募令"（附3），为一场庆典造足了声势，拉满了氛围。演出得到了家长的全力支持，有亲自参与演出的，有帮助摄影、化妆、制作道具的……细心的班主任给"居家"的孩子送去了祝福视频，隔离不隔爱，快乐在一起，一个不能少。家长感激地回复说："疫情改变了很多，改变不了爱。精疲力尽的日子里，总有各种温暖在身边，感谢亲爱的老师和孩子们，节日快乐！"

第二年结合阅读和礼仪教育，我们推出了"知书达礼"专场演出。由于疫情的影响，家长们无法到校参加，我们采用直播的方式完美地解决了问题，直播间只对家长开放，预计人数两千左右，没想到人数直接突破了一万。"诗文引路，繁花相送，今天的校园异彩纷呈；云端快递，亲情为伴，今年的六一万人同庆！"写在朋友圈的推荐语传达出峰山人的自豪与骄傲。

第三年，全校 28 个教学班 1 200 多学生，我们不再表演节目了，舞台也不再局限于会议厅，结合疫情之后人们对"健康"的期待及体育大课间创新的需求，我们开展"体育舞蹈"的探索。篮球操、竹竿舞、花样跳绳、武术、少年拳、新编广播体操……绿茵茵的操场上，是又美又飒的孩子们；座无虚席的看台上，是又骄傲又激动的家长们。

以后呢？随着人数不断增多，条件不断变化，总会有新的想法冒出来。

国庆节，与快乐撞个满怀

国庆节里，除百米长卷、主题班会、手抄报、故事比赛、与国旗合影等庆祝方式之外，还有没有更走心的方式？建校第一年，我们带着全校师生学唱《名字叫中国》。国庆节当天，全校师生悉数上场，唱道："有个国家，她很伟大，这里山美水美风景像幅画。有个国家，她很伟大，让我的梦想在心里发芽……她的名字叫中国，多幸运这里是我的家。她的名字叫中国，厉害了我的国我的大中华……"歌声穿过每个人的心田，镜头划过每一张笑脸。孩子们好开心，他们喜欢和老师一起学习一起唱的亲密感；老师们很开心，他们喜欢和同事们一起创意一起笑的成就感；家长们很开心，他们喜欢通过镜头看到孩子笑脸的满足感……欢庆，欢庆，大家一起欢欢喜喜过国庆。

我们将它制成 MV 发布在公众号上，这是我们送给师生的礼物，是 9 月我们在一起厮磨的纪念；也是送给家长的礼物，是孩子们成长为小学生的满月纪念。那段时间，学校活泼独特的庆祝方式被各个平台和媒体转发，孩子们常常在走廊上情不自禁地哼唱表演，热爱与自豪随着歌词和旋律深深地印刻进他们心里……

春节里的文化味儿

春节年年过，时事各不同。2023 年的春节，是疫情放开之后、师生陆续"阳康"、心能和体能建设的关键时节。我们推出"'幸福兔'花样迎新年"活动，四项主题引领孩子们健康快乐过新年。

疫情防控——做勇敢自护的"健康兔"。

主题学习——做乐学善思的"智慧兔"。

体育锻炼——做体魄强壮的"运动兔"。

综合实践——做学以致用的"创新兔"。

主题学习是结合当下大热的"项目化学习"开展的年味儿探索，将语数英作业巧妙地融合其中，对不同年级提出了不同要求：

春节里的文化味儿

对于每一个中国人来说，春节是一年中最重要的一个节日。中国人的血脉里流淌着一种情结——过文化年。那一缕萦绕千年的文化味，仿佛成了年夜饭之外，不可或缺的年味。中国传统春节习俗都有哪些讲究呢？让我们一起去探究传统文化里那浓浓的"年味儿"……

预期成果如下：

一、二年级：绘制一张富有创意的 2023 年的新年贺卡，写上新年祝福语送给家人。

三、四年级："年"和"冬"两个主题任选一个制作绘本手册（或口袋书），画下自己的寒假生活，每幅画配一段文字说明。

五年级：围绕春节文化的主题，从"春节·历史起源""春节·节日活动""春节·节日饮食""春节·历法""春节·传说"等主题出发，自制一本《春节文化研究手册》（或口袋书），感受春节里浓浓的文化味儿。

春节理财有讲究

压岁钱既代表着礼尚往来的社交礼仪，又蕴涵着深厚的文化内涵。今年的压岁钱你打算怎么用？一起制定我们的春节理财计划。

预期成果如下：

一、二年级：记录每一笔压岁钱的来源及金额，和爸爸妈妈一起制定压岁钱使用计划，可以用图文并茂的形式记录下来（不会写的字可以用拼音）。

三、四年级：结合本学期所学内容，发挥想象力，创编一则和"春节理财"有关的数学故事，用四宫格连环画的形式展示。

五年级：用思维导图的方式梳理春节期间全家在年货上的开支情况。

春节里的国际范儿

不知不觉，中国年已经走向了世界，作为一名文化传承人，该如何讲好中国故事、传播中华文化呢？我们共同播下一粒文化的种子，让世界各国人民感受到中国年的魅力。

预期成果如下：

三年级：设计有"年味"元素的个性字母卡（任选 4 个字母进行创作）。

四、五年级：以"Happy New Year"为主题，绘制一张英文春节海报。

温馨提示：以上三个主题活动，低年级至少完成一项，中高年级至少完成两项。另外，学校将举行中高年级"项目化学习线上展评"活动，具体的作品上传方法请看下发的操作手册，如果有困难，也可以开学后在老师的帮助下完成。期待大家的优秀作品！

开学之后，学校开展了"春之意趣——项目化学习成果展评和推广"活动，为所有优秀作品颁发奖励。其中 6 位同学的成果脱颖而出，被授予特别奖，他们在老师的帮助下将成果制成 PPT 并反复练习后，在全校进行巡讲，《十二生肖有讲究》《对联文化大探秘》《春节美食何其多》《春节习俗真奇妙》等选题精准新颖，讲解生动有趣，为小伙伴们带来了文化盛宴，也锻炼了演讲者的自信。

寒假生活是五彩斑斓的，不一样的声音，不一样的颜色，不一样的思考，不一样的感悟，不一样的学习方式……一岁一新意，都是我们不变的爱意。

寒假健身全程高能

由于新冠疫情的影响，2023 年的寒假几乎成了一个闭门不出的假期，学生"阳"后的体能恢复和心理调适都需要学校加以规划和引领。

一、特殊假期的居家锻炼指南

不出门又不耽误锻炼，能吸引孩子还能全家一起玩的，非居家小游戏莫属。我们通过微信公众号，循序渐进地推出游戏指南，指导父母与孩子一起玩。

第一期：童年，本该如此！

（一）开篇文案

生活，一半是回忆，一半是继续，

时光慢，阳光暖，小时候的幸福很简单。

对于 80 后、90 后的人来说，

游戏，

是男孩子挥动手臂赢得一堆"方宝"的骄傲；

是女孩子们凑在一起跳皮筋的快乐；

还有跳房子、滚铁环、跳皮筋，投壶、斗鸡……

那里有着一生中最无忧无虑的时光！

记忆里的味道，你还记得吗？

（配以游戏视频，激起父母的童年回忆。）

（二）解锁一项新技能——打宝

1.打宝的由来：当传统游戏遇上寒假，居家运动的全新风潮向峰山小学每一个家庭涌动而来——多款传统游戏神器将陆续闪亮登场，传统游戏新玩法，解锁一项新技能，不行动起来，你就落伍啦！

（配以漫画故事：通过父子两代人的对话把爸爸小时候玩方宝的感受、经验和意义说得一清二楚。）

2.方宝的制作与设计：体育老师录制的教学视频，教给孩子们折叠的方法、打宝的规则与技巧，鼓励创新玩法并开展方宝设计大赛。

（三）"打宝"家庭挑战赛

以"传统＋创新"为原则，以家庭为单位参加挑战赛。

每个参赛家庭录制 2 分钟左右的视频上传至班级相册。

（四）结束文案

有一种游戏叫经典，

有一种文化叫传承，

那些渐行渐远的童年味道，

那些幸福快乐的童年时光，

必将在亲子游戏的快乐时光中，历久弥新。

温暖的文字、活泼的形式、有趣的游戏、精良的画面、详细的教程视频、新奇的参赛方法、恰到好处的时机……公众号文章一经推出，便得到了家长的热烈响应。之后我们又相继推出"抓石子""投壶""斗鸡"等项目，都是小时候玩过的游戏，简易的道具，简便的场地，简单的快乐，假期里通过这样的方式，家长与孩子们一起回忆童年，享受童趣。

随着开学日期日渐临近，我们为"阳康"后的孩子们开发了一套体能训练操，制定了为期三周的微挑战计划。

第一周挑战项目——熊爬支撑、燕式平衡、仰卧开合腿。第二周挑战项目——动态平板支撑、仰卧单腿交替屈伸、仰卧上下分腿。第三周挑战项目——单腿站立交替拍腿、仰卧双腿屈伸、坐位体前屈。每一个项目都录制了详细的教学视频，孩子们在家长的陪伴下进行挑战训练，慢慢恢复体能，调节身心平衡。

二、阳康之后的别样开学典礼

疫情之后的第一个开学季，我们需要直面的问题是，一部分没"阳"的学生对开学充满了焦虑和担心，一部分刚刚"阳康"的学生由于体能尚未恢复而存在懈怠情绪。为此，我校打破常规，以"健康少年、活力校园"为主题，以运动和游戏的方式开启疫情之后的第一个开学季。

首先，我们发布了"预告片"——新年新活力，快乐嗨起来。

（一）开篇文案

一年之计在于春
生机与希望已在校园悄然酝酿

春暖花开，向美而行

等待你和春天一起归来

蓄满能量再出发，

元气满满新征程！

（二）闯关项目设计

第一关·翻转乾坤——"打宝"。

第二关·一箭穿"馨"——"投壶"。

第三关·欲擒故纵——"抓子"。

第四关·马踏飞燕——"燕式平衡"。

第五关·大展宏"兔"——"集体创作"。

每一关都详细标明了闯关规则、积分标准、安全提示、赛前准备等。

（三）结束文案

灼灼春花，等风等雨也等你

菁菁校园，盼星盼月也盼你

春风已将书页轻轻翻开

只待少年重归校园

开启，新未来

一期公众号吹响了开学的号角，人未到氛围感已经拉满。家长和孩子们提前开始预热，为开学做好准备。

开学当天，全校师生投入了精彩热烈的闯关比赛。孩子们好开心，玩游戏的老师跟孩子们一样开心，围观老师们玩的孩子们比老师还开心，来校检查开学工作的督学被我们编到了比赛队伍中，来校实习的大学生还没自报家门就被我们抓到了闯关现场……全校师生整整玩了两天，玩着玩着就忘记了焦虑，元气满满地踏上新征程。

　　三年疫情唤起了大众的健身意识，健康生活的概念也被重新定义，学校就是要创造各种机会让孩子们"动"起来，用各种游戏把父母的童心串起来，"爱孩子就与孩子一起玩！"的亲子运动理念，不仅打开了疫情之下体育锻炼新思路，也打通了疫情之下亲情共建的"任督二脉"。

和春天一起"嗨"起来

　　峰山小学建成于 2020 年，至今不到 3 年的时间。被疫情重重阻隔的时光里，我们深深地理解并懂得家长对孩子小学生活的那份好奇，对走进校园感受成长的那份渴望。所以 2023 年的春天，我们将校园开放提上了议事日程。

　　那么，打开峰山小学最好的方式是什么呢？这是我们在筹备这项工作时首先思考的问题。疫情的考验让我们更加懂得了健康的重要，居家静止的生活让我们更加体会到亲情的可贵。所以，"健康"和"亲情"两个关键词浮现的时候，我们决定以亲子游戏的方式打开家校相见的大门。

　　学校的承办能力是有限的，只能一个年级、一个年级地来。一年级的家长总是最热切的，学校的信息下发不到 10 分钟，全部名额报满。

　　这是第一次大型校园开放，是检验底气与汇聚人气的时候，这一炮必须打响。大量繁杂辛苦的准备工作提前一周便高速运转起来：方案制订、器材租借、场地规划、卫生清扫、名单统计、志愿申请一一落实；音乐配备、热身操创编、氛围布置、盲盒礼物一样不少；签到设计、主持互动、照相录像、展品展台直到活动的前一天还在紧锣密鼓地准备之中……

　　4 月 3 日，一年级的孩子和爸爸妈妈们手拉手走进校园，开启"在太阳下晒娃"的休闲模式。他们在精心布置的签到处认真签下自己的名字，向着镜头调皮地比"耶"，在学校文化墙前快乐地拍照。

在通向操场的路上，他们被身穿卡通服的吉祥物吸引住脚步，从吉祥物随身携带的小篮子里挑选自己喜欢的卡通胸贴贴在胸前，至于怎么用，要等到比赛时才能揭晓，神神秘秘，引得孩子们好期待。

操场上彩旗、道旗、奥运冠军刊板、体育手工作品展等氛围感十足，先到的家长和孩子们边走边看，处处都是惊喜。

9点整，活动在校长热情洋溢的开幕词中拉开帷幕。接下来是潇洒帅气的体育老师带着大小朋友们跳起健康活力的热身操，为后面的运动作准备。

在比赛开始之前，主持人揭秘胸贴的作用，相同胸贴的为一队。原来学校藏着小心机，打破班级的界限，让孩子们随机组队，认识更多的朋友。

司仪老师入场了，举着卡通队牌，领着大家来到各自的场地，开始了游戏大循环：穿越火线、神奇宝座、乾坤大挪移、无敌风火轮、亲子接力赛……每过一关，孩子们的胸前就多一个胸贴。孩子们的开心是显而易见的，肆无忌惮的笑声响彻校园，父母们也放下身段，仿佛又回到了那个绚烂无比的童年。

到了最后的抽奖环节，每个过五关斩六将的小朋友都将得到一份盲盒礼物，又是充满期待和收获惊喜的一刻。

整个活动全程高能，孩子们恋恋不舍，家长们依依惜别，抖音、朋友圈里铺天盖地，各类媒体争相转发……家长们已经迫不及待地询问："下一场什么时候举行？"

下一场当然很快，但峰山小学的活动怎么可能只是重复？

一周后，新一轮的宣传标语出台了——风吹又日晒，自由又自在。在这最美的四月天，峰山小学邀您共赴一场春日之约。

这一次，是家长和孩子以及社区居民在4月4日举行的登山比赛，学校设计了通关卡、设置了补给站、准备了盲盒礼物，最后是英雄纪念碑前的"致敬英雄"仪式……大自然就是最好的课堂，在这美好的春光里，有同伴的欢声笑语和父母的温柔陪伴，孩子们呼吸着新鲜空气，讨论着通关秘笈，向着既定的目标勇敢奔跑！

阳光正好，微笑不躁，孩子在闹，我们在笑，这样美好的场景由我们来创造。

传统游戏的前世今生

体育是最好的教育。

把文化传承和运动项目结合起来，带给学生的不仅是新奇的体验，更是对中华优秀传统文化的继承与发展。

在开展传统游戏进校园的同时，我们开展"传统游戏的前世今生"项目化学习。

问题始于好奇："投壶是古代人发明的吗？""古时候的投壶是什么样的？""以前的玩法和现在一样吗？"……

学校召开学科教师专题会议，制订了详尽的研究方案，带着孩子们开启了一段未知而又奇妙的旅程。他们不仅要查阅资料，研究投壶的起源、规则、在古代社交礼仪中的作用，还要亲手制作投壶的玩具。电视剧《知否知否，应是绿肥红瘦》中关于"投壶"的影视资料也被孩子们剪辑了出来，与父母老师一起做成果汇报PPT……

投壶的制作过程是一个有趣又辛苦的过程。他们要研究投壶的大小与材质、壶身和壶耳的比例关系、箭身的粗细长短、箭头与箭尾的制作技巧、壶身的花纹色彩设计……将美术设计、手工劳动、数学知识、历史文化等所有的本领都调动了起来。

历时一个多月的学习，同学们和"投壶"发生了很多故事，从未知到寻知，从失败到成功，从文化探究到鞠球制作，再到创新玩法，孩子们通过不同的方式展示自己的研究成果。手抄报、口袋书、连环画等都是学生展示投壶发展历程的有效载体。在这个过程中，时光宛如幻灯片在我们眼前一一闪现，将投壶的历史发展与演变向我们娓娓道来。

学校首先对投壶制作成果进行展评，为优秀作品颁发获奖证书。大部分作品放在小游戏区供孩子们日常使用，一小部分精品被收录到校史馆，由学校为作者颁发收藏证书。最后把学生的研究成果精心制作成宣传刊板，与投壶作品一起放置到校园的各个角落，既装扮了校园，又丰富了学生的课余生活。一些口语表达能力好的学生与投壶技巧高的学生结对，用"演+讲"的方式推广投壶文化，分享探究成果。

这个过程中，项目指导老师全程跟进，对学生的表现给予评价和指导。家长的热情也被调动起来，对孩子的研究精神给予赞扬和支持。学校分管领导细致观察，及时对组织方式提出优化建议；孩子们则是心智自由的学习者与思考者，他们的认知经验被不断地验证、补充、重组和再造，生成了学习的新样态。

之后我们又相继开展了"足球""风筝""抖空竹"等项目化研究，持续推进项目化学习与传统体育游戏的深度融合，为学生成长、学校发展提供源源不断的造梦空间。

劳动教育不可一"秀"了之

参加过几次劳动教育现场会，也听过几场实验学校经验交流，我脑海里一直盘旋着一个问题：不能全员推进的教育还是教育吗？有些"现场"就是几个孩子的秀场，有些"经验"就是仅供一小部分人做的实验。好多听起来高大上的做法其实都是空架子，任何一个一线工作者都能听出来其中的问题——不真实、不长久、不可普及。比如，买一些厨具模具教孩子们做豆腐、做点心的大概率是一部分学生学会之后留作展示用，学校里平时不可能经常开烟火；开垦一小块儿地种菜种花生的基本上都是后勤部老师或校外雇工负责耕种，学生只是在播种或收获的时候搭把手，即便这样，绝大多数学生也是参观而非参与；联络一个工厂作为基地让孩子们学习木工铁艺的多是一学期组织一两次的模拟秀，毕竟没有哪个工厂能耗得起人力物力手把手教会小学生，何况还有安全的种种压力……

这些我们都能理解，也正因为理解才更了解这中间的可行性到底有多大。教育的对象是全体学生，凡是不能推广、不好操作的教育行为都是"作秀"。

劳动教育说难也难，说简单也简单。只要我们能抓住"教什么、在哪儿教、怎么教"三个关键问题，能摒弃求新求异博眼球的急功近利之心，劳动教育就无处不在。

劳动教育第一条：自己的事情自己做

一年级的小朋友可以做很多事情。比如早几年我们经常开展的系鞋带、系扣子、叠被子、整理书包的比赛，我们都作为保留节目一直坚持下来。近几年幼儿教育越做越规范，很多孩子在幼儿园已经接受了这方面的锻炼，我们就转向扫地、打水、擦玻璃等校园常规劳动，这些"活儿"是孩子们天天要做的，人人要做的，同时也是独生子女在家庭中几乎从来不做的，由我们来认认真真地教，怎么拿扫帚，怎么清理课桌底下的灰尘，怎么有顺序有方向地打扫，怎么清洗抹布，抹布拧成几成干比较好用……你会发现，真的是每一步都有学问，不教真不行。

老师们起初觉得好笑，不在意，后来发现果然是磨刀不误砍柴工，我们教得有多细致，以后的卫生管理、班级管理就有多省心。家长们也开心，自从学会了打扫，孩子们"垃圾入桶"的意识明显变强了，在家再也不乱扔果皮纸屑了。

这些常规的项目之外，我们也在一、二年级开展一些主题式的劳动实践，如植树节当天，高年级的学生去植树，低年级的小朋友收"礼物"——每个小朋友都收到了"五彩魔带小花包"，花包里是神秘的种子，孩子们只有通过培育才能看到"奇迹"，每个人的种子不同，收获的惊喜也就不一样。这让孩子们开心得不得了，在春天种下希望，与种子一起成长。

教导处和德育处强强联手，为以低年级为主力军的学生团量身打造的活动，融合劳动与实践，链接家庭与学校。

劳动教育第二条：家庭才是劳动场

劳动教育要全面、真实、长久地开展，依靠学校和工厂是万万不可能的，家庭才是劳动教育的不二选择，可作的文章实在太多。

比如每周一期的劳动作业，教师根据学生的年龄特点制定内容和方向，孩子们自由选择，如择菜、买菜、做菜、购物、打扫房间、送垃圾、接待客人……一年级开展"百变小达人"家庭角色扮演活动，周末的孩子们变身为小小采购员、小小招待生、美味小厨师、小小清洁工、整理小达人、美丽设计师等，劳动教育从"爱生活、爱家人"开始，有趣有爱，有劳有获。

节假日有特色作业，如劳动的"采摘"，随父母回乡下收获农田作物也好，去采摘园采摘瓜果蔬菜也好，懂得采摘的要领，珍惜采摘的成果，体验收获的快乐，就好。

二月二龙抬头，学校请来民间传承人教给老师的孩子们"串龙尾"，了解风俗习惯，锻炼动手能力，提高审美趣味，劳动教育从来不拘泥，不单调。

劳动教育第三条：假日派送趣味多

每年的春节都是锻炼孩子们动手能力、开展劳动教育的最好时机。我们推出的"年味里的成长"主题活动中，就融入了劳动教育的内容。

例如，2023年春节，我们开展"玉兔添新意 花样过新年"主题实践活动——搭乘"玉兔"观光车，欢欢喜喜过新年！

第一站：劳动·中国年

小年祭灶神，掸尘扫房子，打糕蒸馍贴花花，干干净净过大年。让我们洒扫除尘，共迎新春。

第二站：巧手·中国年

告别虎年，迎来"兔"年，在这"兔"转乾坤、"兔"飞猛进的新年，怎能少得了一件与"兔"有关的精美作品呢？请小萌娃们一起来剪窗花，新年新气象，开门迎吉祥！

第三站：祝福·中国年

春节期间，小萌娃们参与各种"忙年"的活动，写春联、贴春联、挂灯笼……用镜头记录这满满的祝福和浓浓的年味。

第四站：多彩·中国年

每一份劳动，都是点亮幸福的光。在举国同庆的除夕夜，我们都来做一只热爱劳动的"巧手兔"，用自己灵巧的双手为家人亲手包一顿包子（或准备一道拿手好菜）。

衣食住行处处是文化，人情世故样样皆历练。每一个假期都是一个劳动教育的契机，精心制定一份全员参与的实践套餐，让教育在真实的情境中真实发生。

综合实践活动配合主题学习同步开展、适当拓展，着力培养学生的动手能力：

1.镜头里的中国年——做一只热爱劳动的"巧手兔"（一、二年级）

（1）你身边的"中国年"是什么样子的呢？请用手机或相机拍摄充满年味的事物、活动，如守岁看春晚、写春联、贴福字、蒸花饽饽等富有中国特色的新年场景。

（2）世界上最美好的东西，都是靠劳动来创造的，作为新时代的小学生，我们要自立、自强，在生活中学会劳动，如打扫房间、贴春联、蒸花饽饽等，用实际行动迎接春节的到来。

任选一项完成即可。

2. 指尖上的中国年——做一只妙手生花的"才艺兔"（三、四年级）

我们告别"虎"年，迎来了"兔"年，在"兔"转乾坤的新年，怎能不以自己喜欢的方式创作一件与"兔"相关联的作品纪念，博上一个开年好彩头呢？

活动要求如下。

（1）以生肖"兔"为元素，制作一张充满童真童趣的剪纸作品。

（2）用 A4 红纸制作，剪完后贴在 A4 白色卡纸上，写清班级、姓名。

3. 舌尖上的中国年——做一只心灵手巧的"美食兔"（五年级）

年夜饭作为每年年末最重要的一顿晚餐，家人们的团聚是最幸福的事情，哪一道"家味儿"是你最中意的，请同学们一起加入年夜饭的制作队伍。

活动要求：

（1）寻味家乡美食，并亲手为年夜饭添一道菜。

（2）将制作过程拍成照片（拼图）上传至班级群相册。

附1：

毕业典礼校长致辞

亲爱的同学们、老师们、家长朋友们：

下午好！

七月的向日葵聆听着大地的声音，盛夏的骄阳蒸腾着心中的热情。在这样一个有些兴奋、有些期待，又有些惆怅还有一些莫名情愫的日子里，我们与父母、与老师、与同伴欢聚一堂，为这一段奇妙而又短暂的缘分做一个小结，为下一段未知而又新奇的旅程许一个愿望。

在我13年的校长生涯中，我参加过很多次毕业典礼，今年是最特别的一个。我们相遇只有两年，却要为五年的时光做一个注解，我们建校只有三年，却能为五年级的孩子举行毕业典礼。后来我一算，噢，两年加三年正好是五年，瞧，缘分就是这么奇妙，所以我要感谢你们在两年之前选择了峰山，是你们的选择成就了今天这样一个美好的时刻，是你们的选择为我们的人生开启了这一段特别的经历。

因为特别，所以我们要把特别的爱献给特别的你。为了今天的毕业典礼，老师们精心准备了毕业礼物。

比如电子相册，同学们也看到了，里面是满满的细节和浓浓的爱，两年的时光虽然短暂，但七百多天的陪伴仍然值得纪念。多年以后当你长大成人，闲暇时翻开相册，你会看到美丽的校园、儿时的伙伴、爱唠叨的老师……这些，都会成为你童年最珍贵的回忆。

另一件特别的礼物是心愿瓶，里面装下的不仅是梦想，还有一份牵挂，告诉你无论你走向哪里，无论走多远，峰山小学永远是你温馨的家。多年以后，当你再次回到母校的怀抱，翻开这段尘封的记忆，你写下的每一个愿、许下的每一句誓言，都会为你增添新的勇气和力量。

同学们，在你们即将远航的时刻，我该为你们的行囊装点什么呢？我想我们峰山小学的校园文化——"登峰·向未来"就是最好的祝福，它代表着爱、努力、自信与希望，带着这样的祝福上路，你的人生一定会更加明亮。祝愿同学们在未来的日子里中眼里有光，脚下有路，心中更有诗与远方。祝愿你们在登峰的旅途中都能遇见更好的自己，让我们相约在更高处相见！谢谢大家！

附2：

把德育做到心里去

大概12年前，我代了几节一年级的课。第一次上课的时候正逢开学初，各个班级正在大张旗鼓地进行常规训练。因为是最后一节课，所以临近下课的时候我组织学生收拾书本等着班主任老师来，顺便问了一句："咱们放学的时候，为什么要排队呀？"孩子们大声答道："因为不排队就扣分了。"

我当场就愣住了，这句话就这样一直印在了我的脑海里。

学校对德育工作不可谓不重视，活动不可谓不丰富，为什么收效却并不明显？学生的德育教育中究竟缺失了什么？我们的德育活动到底该如何开展？……答案大概就隐藏在那句"不排队就扣分"的童言之中：一切只有形式没有内容，只动身子不动心思的活动都算不上是德育。

只有把德育做到学生心里去，才能真正收到实效，这就需要我们教育工作者拥有爱心、懂得童心，付出诚心。

一、以爱心做德育，让每位老师都成为德育老师

老师对学生的爱，绝不仅仅表现在学业上的帮助、生活上的关心，更重要的是对学生身心发展的一种责任感。从这个意义上讲，真正的教师，首先是一个精神导师，其次才是一个文化教师。

如果每位老师都有了这种意识，那么每一节课都是品德课，每一个事件都是教育契机。教育无小事，事事皆育人，我校注重从一些常见的小事入手，培养教师的德育意识和责任感。

例如，老师们都有这样的经验，当我们做好一切准备，集中全部精力上课的时候，突然遭到打扰，讲课的思路被打断，学生的注意力被打散，课堂节奏被打乱。最常见的原因是邻班的学生来借东西，他们忘了带课本或是学具。

有的学生出于羞怯在走廊里徘徊，既不敢进门来借，又不敢空手回教室；有的学生直接推门进来说"我来借口风琴"，既无称呼也不敲门，似乎来借东西是很理直气壮的事儿；还有的直接跑到要借的同学面前，借好东西就跑出去，根本不理会正在上课的老师；也有一部分学生毫无目的地进来之后，才发现根本没有可借的对象，转了一圈无功而返。

这种情况下，教师通常会很恼火，要么指挥学生借完赶紧走，要么干脆不让进门。

而我们要求教师做两件事。

一是让那些不懂礼貌的学生，退出教室、敲门、称呼、说明来意、表示歉意之后，借好东西带走，并保证及时归还。

二是要对本班的学生进行教育。

1.打理好自己的学习用品，抄下课程表，每天带好该带的东西，尽量不要让自己陷入尴尬的境地。

2.如果实在忘带了，要在上课前借好。

3.不得不在上课后去借的，一定要记得敲门、问好、说明来意，为

打扰到课堂表示歉意，对帮助自己的人表示谢意，要记得妥善使用，及时归还。

4.做有把握的事儿。要到哪个班级借，借谁的，提前要想好，免得进来之后才发现没人可借。当然更重要的是，平时多帮助别人，自己需要的时候，才会有更多的朋友愿意伸出援助之手。

是班主任也好，是科任老师也罢，这种教育都是要做的。如果是语文老师，不妨顺便做一次口语交际训练。也许这对于学习成绩没什么直接的帮助，还会耽误做题和讲课的时间，但这绝不是浪费和无用的事儿。因为教师会收获到学生的信任和爱戴。他们都很聪明，知道这是为他们好，他们出于尊重会很认真地对待教师下面要讲的内容。

所以从根本上来讲，德育教育与文化学习，其实是相辅相成的。学生不喜欢只会讲数学题的数学老师，也不喜欢只在班会上做教育的班主任老师，甚至更不接受在品德课上从故事中灌输给他们并要求他们记住的道理。像这样的教育，他们会很自然地接受。

如果所有的老师都能做到这一点，那么学校里的品德课，就可以从课程表上消失了。

二、以童心做德育，让每个活动都蕴含德育价值

一个优秀的教师必须是有童心的人，这是由教育对象的特殊性，即成长中的儿童决定的。有童心的教师，总是以包容之心去看孩子，原谅他们的无心之过，用儿童纯净的眼光去评价那些无法无天的行为，理解行为背后的天真，用他们的方式去想问题，最终才能赢得孩子的心。

例如，班主任最头疼的大概就是课间管理问题了。因为那些校园意外伤害事件大多发生在课间，在孩子们尽情放松时的不小心、在游戏玩闹时的没分寸。

为了加强课间管理，学校投入了大量人力物力，校规班规一起上，督

导检查天天有，可效果仍难尽如人意。静下心来想一想，无非两种原因。

一是因为学生在教室里被压抑得太久了。上课的时候不能乱说乱动，下课的时候也不能在教室里疯打乱闹，因为老师一般都在教室里个别辅导或做其他的事儿，谁愿意在老师眼皮子底下嘚瑟，那不是没事找抽吗？所以走廊、楼梯、操场甚至厕所都成了他们嬉闹的天堂。

二是学校虽然设了红领巾督导岗，可是人力毕竟有限，不可能覆盖所有角落，而且跟督导员打游击，似乎更有乐趣些，本来违反纪律没什么大不了，可是如果能在督导员巡察时犯，且不被发现，这乐子就大啦。这就是童心，不论我们强调多少遍安全第一，也不如"跟鬼子打游击"吸引力大。

所以教师首先要想通这一点：这些精力旺盛的家伙，想让他们成天规规矩矩是不可能的，总得让他们有个释放的机会，与其让他们胡闹闯祸，不如用文明、有趣的课间游戏来吸引他们。于是，我们把传统游戏引入课间，如抄手抄、踢毽子、跳田鸡、打陀螺……教师和学生一起玩，课间的喧闹声变成了欢笑声。

学生课间打闹，是因为学生不会玩，如果我们能少说几句"不准这个不准那个"，多想几个好点子，学生的德育管理就会轻松很多。

其实所有的德育活动都是这样，效果的好坏不在于我们讲了多少道理，做了多少道具，而在于我们花了多少心思，懂了多少童趣。己所不欲，勿施于人，那些板着面孔、一厢情愿的教育正是因为缺失了童心而失去了价值。

只有将心比心，才能以心换心。

三、以诚心做德育，让每个家庭都成为德育基地

家庭教育与学校教育的错位，也是德育效果不理想的一个很重要的原因。所以学校的德育活动必须有家长的参与和配合，让家长成为盟友，把

家庭变成基地，学校的德育工作才能落到实处。

因此，我校着力于家长开放日、家长会、毕业典礼等大型活动的组织和筹划，诚心诚意为孩子着想，贴心贴意替家长分担，赢得家长的理解和信任，为家校合作共育奠定坚实的基础。

例如，每学期初的家长会，我们都要求老师精心备课，从内容到形式不仅要有实效，更要有新意，彻底改变以往"会前学生担心、会上家长闹心"的局面，让家长会成为"学生安心、家长开心"的聚会。

家长会开得好，相当于把家长和老师的心烩在一起了，心通了，以后的工作就顺了。

所以，对于学校的德育工作而言，既要有精美的形式和丰富的载体去吸引学生，更要有精彩的内容和真挚的情感去打动学生，只有二者完美结合，德育工作才能真正做出成效，创出特色。

第七章

始于足球，不只足球

凡德道以修己为本，而修己之道，又以体育为本。

——蔡元培

我与刘爱芳校长自小相识，从同学到同事一路相伴成长，因而对她的了解更多一些。小时候的她体质较弱，学习上十科九优，唯独体育经常不及格，是我们眼中"文弱书生"的典型代表。因此我很难想象，这个学生时代的体育后进生，却在工作后成为圈内的体育特长生，带着一支城区小学的足球队，在零起点、零师资的条件下一路高歌猛进，拿到了省级和国家级的荣誉，走向了国内和国际的舞台。

　　作为朋友，我为她骄傲；作为同事，我为此惭愧。在她身上，我看到了自己难以企及的魄力与勇气。她为此承担的风险、付出的心血、忍受的责难、收获的荣耀，都被她稳稳接住、轻轻放下。

　　体育是一项见效慢、风险度高的工作，但她一直坚定地向前走，不遗余力、无问西东。她因此也结识了很多同道中人，彼此扶持、风雨同舟。

　　这是一条汗水与泪水铺就的成长之路，是一段歌声与笑声伴随的收获之旅，是一群有情怀有担当的人一起奋斗的艰辛历程。

　　一项工作是如何改变一群人的，由此可知一二。

刘佳·文登

确认过眼神

很多工作在起步之初，需要一些人去做别人未曾做过的事儿，这些事儿通常伴随着一定的风险，敢不敢做第一个吃螃蟹的人就决定着我们能不能成别人不能成之事。

天福小学的塑胶操场建成之后，学校体育工作如何开展就提上了议事日程。彼时正是国家大力提倡发展校园足球的时候，天福小学恰好拥有了崭新的足球场，如此有利的条件不发展足球运动岂不可惜？可是天时地利人不和，校园足球卡在了师资上。那几年全区体育教师整体缺编，城区小学的专职体育教师本就不足，足球专业的更是凤毛麟角。我仔细查看了四位体育老师的档案，没有一个懂足球的，怎么办？

很快传来一个利好消息：文登区成立了一个民间足球协会，体育科的王科长正在对接，筹备成立教师足球社团，由足球协会的优秀教练员对体育教师进行培训。我们当即决定选派最优秀的教师参加。

可是，培训需要一个过程，现学现卖的效率低、战线长。要打好足球运动的底子就必须解决师资专业化的问题。

足协有两个教练员，给全区体育老师做培训的教练姓李，辽宁沈阳人，足球专业毕业，参加过中国足球职业乙级联赛，后因伤退役。现居文登，热爱足球，水平高脾气暴，人狠话不多。

于是我就开始琢磨：除去周末的培训和协会的工作外，李教练周一到周五的时间基本是闲置的，如果能进校园带队训练岂不甚好？

跟几位朋友商量，大家的意见都是"有风险，要谨慎"。是呀，像他这样没有资质、没有业绩的人员入校执教，万一出点事儿，校长要承担的责任和压力是难以想象的。我想起老前辈的话："在现在的社会背景下，安全第一，其他都是浮云。"就这样一犹二豫的，冒尖露头的想法被压了下去。

事情的转机出现在几个月后，他接替一位受伤的体育教师带队外出比赛。听观赛的老师说，那几天他寸步不离地守着孩子们，白天在场边声嘶力竭地指挥（因为这个队是他临时接管的，来不及排兵布阵就上了赛场），晚上陪着孩子们一起吃饭讨论赛事，教练员的聚餐一律不参加、滴酒不沾，心无旁骛。孩子们越打越顺手，他高兴得自己掏腰包给孩子们买吃的……

比赛持续了三天，最后一天我到了现场，心里对李教练有了一个基本的印象：水平真高、脾气真暴、对孩子们真好。我心里不禁自问：有热情，有能力，有爱心，还不够吗？

确认过眼神，是我想要的人。正在发愁的时候，政策就像及时雨送到了手边：为了推动校园足球运动的良性发展，教育部等 6 部门联合印发了《关于加快发展青少年校园足球的实施意见》（教体艺〔2015〕6 号），强调要完善政策措施，创新用人机制，为退役运动员转岗为足球教师或兼职足球教学创造条件……

我马上草拟了一份聘用申请，提交到了体育科。

很幸运，体育科的领导是干实事儿有担当的，一级一级地请示，一次一次地解释，终于促成了校企间的首例合作，虽然仍有很多隐忧，我们还是决定先做了再说，很多事儿不能等到条件都成熟了以后才行动，否则只能错失良机。实际上有些条件是在我们的积极行动中慢慢催生出来的，就是我们平时说的"有条件要上，没有条件创造条件也要上"。

我校与足协签定了聘用协议，李教练正式成为天福小学的足球教练员。

一切都是最好的安排。热爱足球运动的人才、寻求校园足球发展的校长、勇于开创体育工作新局面的领导，至此开始了长久的、密切的合作，在 8 年的时间里克服了一个又一个困难、创造了一个又一个奇迹。

氛围感拉满

"人心所向"是做好一切工作的基础。教练的问题解决以后，我们开始为校园足球运动造势。

首先下发《致家长的一封信》，赢得家长的支持并将其中的足球爱好者吸引到校园里来。

七彩童年 vs 精彩足球

——天福小学"校园足球"活动致家长一封信

亲爱的家长朋友：

足球素有"世界第一运动"的美誉，对青少年的身体素质、心理素质、意志品质和智力发展等具有重要的价值。习近平总书记倡导"足球从娃娃抓起"，教育部计划到 2017 年建设 2 万所足球特色学校。借此东风，我校决定全面推行校园足球运动。

一、我校开展校园足球运动的优势

硬件设施：学校拥有标准的专用足球场。

师资力量：现有专业足球教练一名、专职带队教师一名。

良好氛围：我校具有浓厚的体育运动氛围，除全校性的阳光体育运动外，还设有田径、篮球、排球、乒乓球等特色校本课程，并在各级比赛中取得优异成绩。

二、需家长支持配合的工作

（一）购买足球

颜色：黑白相间的儿童足球。大小：4 号（直径 20 厘米）。

价格参考：几十元至几百元不等，好足球的优势是结实耐用、弹性好，比较容易控制。家长可根据情况自由选择，不建议买太贵的。

购买指南：网店——搜 4 号足球黑白；实体店——各体育用品店。

（二）温馨提示

足球购买后请用不易掉色的笔写上孩子的班级、姓名，以防混淆、丢失。

若孩子有身体方面的原因不适宜参加此项运动（如先天性心脏病、癫痫等）请私信告知班主任。

由于平时在校练习时间有限，而足球运动又需要很好的基本功，请督促孩子每天练习基本动作（教学视频稍后上传班级 QQ 群）：①膝盖颠球动作；②双脚间传球；③正脚背颠球。

请嘱咐孩子练习前做好准备活动，练习时注意安全，避免受伤。

（三）诚邀加入

如果您或您的亲朋好友中有热爱足球运动的，欢迎您加入我们的队伍，与我们一起指导学生，相互切磋（校本课、周末、节假日学校的运动场可以免费为您开放）。

　　　　　　　班级：　　　学生姓名：　　　家长签名：

很快，学校的足球班底组建起来了，氛围营造出来了，天福小学的足球事业轰轰烈烈地开展起来了。

接下来是校内加强文化建设，通过足球特色文化长廊、足球楼宇宣传画、足球知识讲座等方式，普及足球知识，展示足球风采；同时，利用校园开放日和家长会等契机，邀请家长观摩体育大课间，参与体育节做裁判，参加颁奖典礼，举行亲子运动会，印发假期亲子锻炼记录卡，评选绿色健康家庭等，让家长树立"健康第一"的理念，并结合中考、高考的政策变化向家长渗透"体育特长"的重要性，让家长思想上重视，行动上参与，在参与中获得乐趣。

最后学校精心制订了学生足球水平考核标准，每学年举行一次学生足球水平考级测试，作为评定"七彩少年"的依据，以评价激发学生参与足球运动的兴趣。

万事俱备，乘风直上

体育运动之所以振奋人心，其中一个原因是它没有任何捷径，一招一式都是真功夫。天福小学的校园足球运动经过一系列全面细致的准备工作，于 2014 年 6 月正式推进。

足球进课堂。让学生了解足球知识、参与足球运动、掌握足球技能、锻炼意志品质，这些都需要做在日常。"足球进课堂"是必不可少的一步。

每班每周开设一节足球课，根据学生的年龄和生理特点，将足球基本技能的学习融入体育游戏教学之中，提高学生参与足球活动的兴趣，同时对学生进行运动礼仪教育，让德育贯穿于训练之中，培养学生的团队精神、协作能力、与人交往的能力和耐挫抗压能力。

特色大课间。课间操是学校体育工作的重要组成部分，我们改变了常规模式，以足球为主线，以"七彩阳光足球操"与"快乐足球自由活动"为主要内容，设计特色大课间活动。足球操由我校体育团队自行创编，共8 节，包括守门动作、掷界外球、脚内侧传球、膝盖颠球等，目的是让孩子们掌握一些简单的足球知识，同时也为后面的分组训练作准备。自由活动部分是分年级进行的技巧训练，低年级主题是"亲近足球"，由一年级小球门射门训练和二年级绳梯游戏组成，中年级的主题是"拥抱足球"，主要进行传接球的基本技能训练；高年级的主题是"超越足球"，主要是"假想过人"的进攻和防守实战训练。课间操向着专业化、趣味化的方向发展，提高了学生的兴趣和积极性。

足球小社团。 学校以保护积极性、保证梯队建设、保有后备力量为原则，通过自主报名、层层筛选成立了三个足球社团，每天早晚在校内训练，周末及节假日到足协进行切磋。

足球口袋书。 学校根据学生的基础和特点开发了《足球小子》口袋书，图文并茂、寓教于乐，帮助学生熟悉规则、提高技战术，增强体质、形成良好的道德风尚。

专项运动会。 除去日常组织的小组对抗赛、班级联赛、校级争霸赛之外，每学期学校会组织一次全员参加的足球专项技能运动会。如一、二年级的控球、运球和射空门比赛，三、四年级传接球、颠球和 5 人制足球赛，五年级运球、射门和 7 人制足球比赛及各种形式的亲子活动等，让足球运动逐步深入师生的学习和生活中。

专业的事儿就得专业的人来做，李教练带足球队的效果是立竿见影的，他不仅在带学生，也在间接地培训我们的老师，大大提升了内部造血功能，学校足球队很快便脱颖而出。2014 年，学校男子足球队参加文登区首届足球赛取得了小学甲组第一名的好成绩；2015 年，由文登区教育局、体育局主办，天福小学承办的文登区小学生足球赛上，天福小学包揽小学甲组男女队冠军。

还是原来的配方

天福小学的校园足球势头正劲的时候，我调任环山小学校长。环山小学的体育一直是强项，田径、篮球、乒乓球的成绩稳居前三，唯足球是弱项，一是没有足球场，二是没有足球人才。

一切似乎又回到了原点。

我的第一个任务仍然是解决塑胶操场的问题，这个过程比较长。从

2016 年年底开始申请，直到 2019 年夏才正式完工。这中间李教练与足协解除了合约，成了无门无派的独行者。但此时他已声名在外，外地几家足球俱乐部多次邀请他加盟，待遇和平台都比文登好，但他最终还是选择留下，我们知道他不想听命于人，不想在别人的成就上锦上添花，他想按自己的方法去训练，想凭自己的双手打出一片天。

可这谈何容易？不是缺场地就是缺资金，不是缺政策就是缺人手，好不容易挑出来的队员在训练了一年半载之后，家长突然就不让踢了，说耽误学习，说女孩子太辛苦；学校顶着方方面面的压力把以上困难都解决了，打出了成绩，又遭遇质疑和非议，不知这条路该不该走下去……

既然李教练都不怕，我们还怕什么？为了文登的校园足球能够更快更好地发展，我们决定再做一次蹚水过河的人。

首先要解决他的身份问题，提高他"教学"的水平。体育科的领导不断创造机会，让他参与各级各类培训（费用他自行承担），让他慢慢学习从"训练"到"教学"。我为他报名考试，向他说明"证书"对他未来发展的意义，督促他考取了教练员证书，要求他关注相关信息，做到有证就考，越多越好。接下来，在我们的建议下，他成立了"文登区启点足球俱乐部"，招纳了两名足球教练员。

与此同时，我与柳林小学的校长一起联名提交申请，要求聘用足球教练员并提高聘用工资。为此我们做了充分的准备，提交了翔实的材料，比如政策依据、教练员的情况说明、聘用的理由、聘用合同、薪酬的计算方法及支付方式等。那段时间，我与体育科的领导为着这些材料斟词酌句，相互把关，反复提交，仍然未果。

2017 年 4 月领导换届，新上任的局长特别重视音体美教学，主张全面提高音体美教师待遇并大力推动人才引进工作。体育科迅速作出反应，将之前的材料呈交上去，阐明了留住李教练的必要性。局党组经过商议，决定将这件事儿与人才引进合并进行，将个别学校的申请变成面上的文件出台。果然是思维一变天地宽，有正式文件作背书，学校聘用外来人才便可理直气壮地推进了。

很快，《关于学校外聘足球教练员薪酬管理办法（试行）》文件成形了，却因各种原因迟迟未能以正式文件下发。这项工作再次陷入了进退两难的境地。我们也想过是不是可以先把工作开展起来，其他问题等文件正式下发后落实。可是这中间毕竟有太多不确定因素，涉及财务安全、用人安全、校方责任等诸多问题，很多学校还是选择了观望。我和柳林小学坚持与李教练的足球俱乐部签了聘用合同，因为我们懂得"一鼓作气，再而衰，三而竭"的道理，校园足球从启动到现在非常不容易，如果事事瞻前顾后，那就什么事儿也别做了。

后续的故事就大同小异了，薪酬支付报销的手续严谨而烦琐，一天一天记录、一月一月报送、一级一级审核，一个处室、一个处室地找人签字……感谢体育科的两位科长，全程支持、共同承担，感谢柳林小学的荣校长，一起为留住李教练、发展校园足球而努力。

不论前路多么艰难，总有志同道合的人愿意与你一起同行，这就是工作的幸福。

心有多大，舞台就有多大

环山小学的体育底子好，孩子们身体素质一流，体育教师的工作热情高涨，辅以李教练的技术加持，学校足球队迅速崛起，当年就包揽了区足球比赛小学组男女队冠军。此后，他们一边向更高级别的比赛冲击，一边为各级赛事输送人才，在威海组队参加省赛的时候，环山小学足球队的三名队员入选首发阵容。那一年，威海足球获得了省赛第二名的好成绩，为此项赛事的历史最高水平。

孩子们就像开了挂，虽然成绩已远远超出了预期，却还在不断刷新。

2018 年 5 月初，李教练分别给我和体育科发送了一份网络赛事预报，"哥德杯中国"世界青少年足球赛要在青岛举行。"哥德杯"从成立之初，就一直是全世界青少年进行足球比赛交流、提升球队实力的国际平台。"哥德杯中国"延续这一赛事特点，借助青岛这座国际化城市精心搭建竞技场，为国内外青少年提供交流对战的机会。如此高大上的赛事，与我们有什么关系？

当李教练说他想带孩子们参加时，我们几乎惊掉了下巴，几通电话交流下来，体育科的两位科长抱着试试看的心态把赛事信息提交到局长的案头，没想到局长当即拍板：这是一次难得的机会，要让我们的孩子站上世界的舞台，开阔视野，增长见识，让文登足球尽早与国际接轨。

两位科长立马着手与组织方洽谈参赛事宜，反复斟酌衡量，于 5 月 10 日确定参赛方案——由环山小学组建女子 U12 一支队伍参赛。

环山小学的老师、教练、队员们立即投入了艰苦的训练当中，除日常训练外，利用周末及节假日进行强化训练。暑假参加了威海教育局组织的足球夏令营集训，在集训中磨炼队伍。

正式比赛的日子是 8 月 12 日，留给我们的时间并不多。在孩子们训练期间，学校方也承担着巨大的压力，一方面要制订详细的训练计划、参赛方案、资金预算等；另一方面要安排威海集训期间的接送与住宿、青岛比赛期间的保险、医疗、人员配备等，一个环节、一个环节地讨论，一分钱一分钱地计算，要用最低的支出保证训练和比赛的最佳效果。除此之外，参赛孩子的文化课补习、赛前体检、队医配备、带队老师等一应事务，都要紧锣密鼓地落实。在即将出发的前夕仍然有个难题没能解决，就是谁来照顾孩子们的生活起居？教练和带队的都是男老师，队员都是女孩子，晚上得有人照顾监护。好在队长张赛涵的妈妈挺身而出，主动接手了这项任务。一切终于准备妥当了。

　　8月11日，孩子们在江科长、许老师、李教练、赛涵妈妈的带领下抵达青岛。外面的世界好精彩！来自美国、德国、加拿大、瑞典、阿根廷、新加坡、日本、韩国、印度、泰国、菲律宾等国家的球队齐聚一堂，举行了盛大的开幕式，孩子们开心不已，他们跟外国的小朋友们打招呼、拍照，有一点羞涩，更有掩不住的兴奋。

　　8月12日，大战拉开帷幕，环山小学女足队小组赛首场2：2战平郑州春晖小学。第二场1：1战平青岛市城阳长城路小学，孩子们士气大振，越战越勇，第三场3：1胜陕西洋县南街小学，提前一轮出线。

　　这个结果大大出乎了我们的意料。说实话，这场比赛真是硬着头皮去的，我们这样一个城区小学的足球队，能在威海的地面上出圈冒尖已是不易，如何能与这些方方面面碾压我们的球队对抗？压在我们心头的绝非安全和资金这么简单，更大的压力来自可能被秒杀的结果，我们甚至想过最坏的情形——第一场就被大比分淘汰，情何以堪？这毕竟是文登校园足球有史以来第一次参加高级别赛事，虽说领导的定位是开阔视野、增长见识，可我们仍然害怕辜负这一番信任与努力，更害怕孩子们受到打击就此一蹶不振。所以当捷报不断地传回来，所有人都沸腾起来了，尤其是环山小学的家长圈热度直升，参赛队员的家长每天组团驾车来往于文登和青岛之间，为场上的孩子们欢呼鼓劲，在朋友圈里疯狂打 call。

　　8月14日，我按捺不住激动的心情，推掉了手里的工作驱车赶到青岛，第四场比赛很关键，决定着孩子们能不能小组出线，晋级四强。

　　第二天下起了大雨，整场比赛是在滂沱大雨中进行的，孩子们视线被雨水模糊了，鞋子被泥巴粘住了，但他们奔跑拼搏没有丝毫退缩。陪同比赛的领导、家长、老师、教练在雨中呐喊助威，热泪盈眶。最终孩子们以3：0战胜了泰国"YFH少年足球之家"队，以小组第一名的成绩提前出线，晋级四强。家长们激动地打电话给家人和朋友："环山的孩子们太棒啦，环山的老师们太棒啦！"我们一边拥抱一边笑，脸上已经分不清是雨水还是泪水。直到与泰国队的小朋友们拍完照告别以后，队里一个女孩才告诉妈妈她今天来例假了，她为了参加比赛对谁也没有说。妈妈一边吻她一边怪她，我们的泪水再次流淌。

这是一次多么奇妙的经历。

后来，我们把这场比赛做成了视频，给队员们留个纪念。时至今日，看到视频想起当时的情形我仍然禁不住泪流满面。

8月17日，环山小学女足半决赛迎战刚刚以全胜战绩夺得瑞典"哥德杯"冠军的上海金山队。与他们相比，我们的球队缺经验、缺师资、缺全民参与的氛围、缺社会力量的帮助……唯独不缺勇气！队员们迎难而上，全力拼搏绝不轻易言败。那天正好是情人节，我和老公及儿子全家在青岛给球队加油，结果是意料之中的，所以我们的心态与状态都很放松，能够与世界一流的球队同场竞技本身就是一种荣耀，0：2的比分我们毫无遗憾。

经过6天的征战，环山小学女子足球站上了季军的领奖台。这是威海市校园足球有史以来的最好成绩。孩子们说："我们与世界冠军只差两个球！"好豪气干云的感觉。

我听见了孩子们的骄傲——世界舞台，我们来了！

外国记者来访

这是一个略有遗憾的故事。

2017年10月，山东日照体育学院举办"学转英超"中英校园足球教练员培训，体育科江科长为李教练争取了一个培训名额，但他不是在职教师，所以只能费用自理，李教练毫不犹豫地去了。可能因他更珍惜这样的机会，可能因他的水平更出色，也可能因他的特立独行引人注目，总之他的表现引起了主办方的注意，在初步了解了他的故事之后，"学转英超"项目组的几位外国记者决定对他进行专题报道，诉说他与"草根足球"的动人故事。

通知下发到体育科，我很为李教练高兴，这样高水平的宣传采访，对他的足球事业无疑是大有裨益的。接待的任务自然又落到了学校，我们开始向有关部门了解情况："学转英超"中英校园足球教练员培训是中英两国在体育教育领域的合作成果之一，培训由英格兰足球超级联赛、英国大使馆文化教育处、中国大学生体育协会（FUSC）、中国中学生体育协会（CSSF）联合举办，并由山东省教育厅、山东省校园足球发展研究中心和山东体育学院承办。2017 年是"学转英超"在华 8 周年，英国大使馆文化教育处拟以纪录短片的形式记录中英两国在体育教育领域的重要合作成果。

我们一边对接一边向相关部门报备，山东省校园足球发展中心及英国大使馆文化教育处也及时寄来了证明材料。3 月底，纪录片制作团队一行四人在体育科领导的陪同下来到学校。我们聊了很多，聊了学校足球的发展现状，聊了李教练与学校结缘的始末，聊了李教练与孩子们相处的故事……两位外国记者的中文很好，对李教练的经历非常感兴趣，很快我们就熟络起来，也听他们讲在中国的足球故事。

课外活动时间，我们来到操场，看孩子们训练，记者 Finn Aberdein 也参加训练，与孩子们玩得很"嗨"。接下来两天，他们一直与李教练在一起，跟拍他带队训练和比赛的镜头。

最后，他们决定拍成一个 6 集的系列片，约定 6 月份再来，采集区、市两级足球比赛的场景，为短片积累素材。我们相互加了微信，预想接下来几年会有多次合作的机会。

这是一次愉快的经历，一群素昧平生的人因足球而相识相约，在他们离开的前一天晚上，我们为他们送行，相约来年再见。

没想到的是，此后我们再也没能相见。6 月份的拍摄因各种原因未能成行，有关李教练的故事也就没能讲给更多人听。

至今我仍然记得那次交流的最后，在操场边，英国记者问我的那个问题："校长，你如此重视和支持足球运动的原因是什么，或者说您的最终目标是什么？比赛？荣誉？还是什么？"

当时我从发展足球运动的角度作了回答，其实还有一个原因我没有说：我不仅支持足球运动，我支持每一项体育运动，因为我从小体弱多病，深受其苦，所以我更知道健康的重要性，我希望每一个孩子都健健康康的，这成为一种信仰，一种信念。

在颁奖现场讲"草根足球"发展史

环山小学获得"全国校园足球特色学校"后，我应邀去济南领奖并参加校长培训班，与我同行的是体育科的王科及另外三所学校的校长。当晚 9 点多，王科接到威海教育局领导的电话，说明天上午有个经验交流，要我作为威海的学校代表发言，时间 10 分钟。王科说这是威海教育局体育科领导指定的人选，原因是当初到天福小学考察校园足球工作时，对我的工作非常认可。好吧，这就是不能推脱的意思。临阵点将压力有点大，手头什么材料也没有，我拿着纸笔来到另外两位校长的房间，现场采访初中校园足球开展的情况，说来说去也没理出满意的思路。

闷到半夜，决定抛开一切顾虑，从事实出发，怎么做的就怎么说。我列了一个提纲，在脑子里过了几遍就睡了。

第二天上午的交流很精彩，济南、青岛等地的校长发言，底气足、干货多。他们所在地有省队的人力资源，有地方政府的资金支持，有民间组织的全方位保障，360 度碾压我们这样一个默默无闻的城区小学。我一边艳羡他们拥有的得天独厚的条件，一边奇怪他们的报告为什么准备得如此充分，课件做得如此精良？旁边的王校长说："你还有空想这个？赶紧准备你的发言吧。"

轮到我上场了，我没有电脑，也没有课件，甚至连报告题目也没有，只带着提纲即兴发言：

尊敬的各位专家、领导：

上午好！

与前面几位校长"高大上"的交流相比，我想我代表的应该是草根足球队的成长史。在上一届"学转英超"校园足球教练培训班结束之后，英国教育文化处的三位工作人员曾到我校采访过，计划拍摄一个关于我校足球活动的短片，讲述的就是"草根足球"的故事。

刚刚几位校长提到的师资优势、资金优势、平台优势等，恰恰都是我们的劣势。在这样的条件下，我们的校园足球如何开展？下面，我结合我校的实际，从校园足球的"起步、发展、成长"三个方面向各位领导作简要汇报，有不当之处，敬请批评指正。

一、校园足球的起步——场地和师资

在校园足球起步之初，我们需要两大基础保障——场地和师资。场地问题在威海市各级政府的强力推动下，短短两年的时间，从大问题变成没问题。

所以接下来我们要应对的最大挑战就是师资。我校依托四个途径解决师资问题。

1.体育教师的培养。我们从体育教师中筛选出足球专业的，或有足球方面的爱好与特长的，或年轻好学的教师加以培养，学校在考核和评优方面给予优惠，解决他们的后顾之忧，让他们积极主动地参与研究和学习。

2.家长优质资源的补充。我们结合家长义工进校园活动，从家长优质资源库中遴选出有能力、有热情的家长走进校园，做助教，做裁判，做服务。

3.与足球俱乐部联运互助。周一至周五，俱乐部的教练员进校园指导。周末和节假日，学生在教师或家长的带领下进俱乐部活动。

4.特聘足球教练员。以上三种途径固然好，但都有局限。教师的培养需要时间，家长和俱乐部的助力也会受到各种因素的制约。若要校园足球顺利启动，不走弯路，就要迅速解决师资"专业化"的问题。为此，我校打破常规，从社会上特聘了足球教练员，既带学生又带教师。

当初做这个决定的时候我们也有疑虑和担忧，比如说，这样做是否符合规定？一旦发生意外，学校和校长要承担什么样的责任等。但校园足球工作容不得犹豫，所以我们还是坚持做了，效果非常好。

在足球教练员和体育教师的密切配合下，合作当年，我校的男子足球队就获得了文登区小学足球赛的冠军；第二年，男女双冠；第三年，也就是今年，我调到了环山小学工作，把这个经验也带了过来，我校的女子足球队获文登区冠军（男子足球队的冠军被原来所在学校获得），并代表文登参加威海市的比赛，获得第二名的好成绩。

当别人还没有起步的时候，先迈一步；当别人止步不前的时候，多迈一步，这是我校校园足球工作能在同类学校中领先和超越的关键所在。

二、校园足球的发展——时间规划与活动创新

足球运动能否与学校的教育教学活动有机整合、灵活穿插，是决定校园足球能否健康发展的关键。因此，在校园足球的发展过程中，我们主抓了时间规划和活动创新两方面。

1.在时间上，我们做了每天、每周、每月、每年的规划。

（1）每天我们有两个时间点进行足球活动：一是足球体育大课间，全员参与，开展热身游戏和分年级的足球技能训练活动。二是早晚足球训练时间，是针对学校足球队和年级足球社团开展的提高训练。

（2）每周我们有一节体育课，普及足球知识和基本技能。每周四下午还有两节校本课时间，用以开展年级挑战赛和校际友谊赛等。

（3）每月都有一次足球的特色活动，如亲子比赛，足球课堂教学观摩等。

（4）每年都有一届足球节，历时一周，开展足球知识讲座、竞赛、家长开放日、班级联赛等。

2.在活动组织上，我们紧扣"普及与提高"这一目标，以比赛促提升，逐级、逐层、逐步推进。

第一层次是班级联赛：班级内要求全员参与，通过小组竞赛、单项挑战赛等方式选拔队员，组建班级足球队参加比赛，成绩列入班级考核。

第二层次是年级挑战赛：以年级为单位组建足球社团，鼓励其跨年级、跨学校开展比赛。如，低年级的可以挑战高年级的、本校的可以挑战联谊校的，等等。

第三层次是校际联赛：由区教育局组织，每周一场进行主客场循环赛，优胜者代表文登参加威海的比赛。

不论是时间规划还是活动组织，我们都本着"迈小步，不停步"的原则，扎扎实实，一步一个台阶拾级而上，促进校园足球的健康持续发展。

三、校园足球的成长——学生个体的成长与足球运动的成长

在这个主题下，我们关注了两个层面，即学生的个体成长与足球运动的成长。

1.在学生个体成长方面，我们做了三方面的工作。

一是激发学生当下参与的积极性。我们通过知识讲座、媒体宣传、足球少年评选等一系列活动，让孩子们体验到参与的乐趣和成功的快乐。

二是为他们的后续成长搭建好的平台。刚才这位校长也说了，划片招生给学生的定点输送造成了障碍，我们的做法是与同片区的中学（比如说三里河中学，就是我们同片区的学校，今天三里河中学的校长也来了）及文登体校联手，定点输送，让有特长的孩子拥有持续发展的空间。

三是为这部分孩子建立档案，对他们的后续发展进行跟踪调查，以便于及时发现问题、解决问题。

2. 足球运动的成长方面，我们从"动""静"两方面加强了足球文化的建设，让文化为足球运动的成长注入不竭动力。

静的方面：通过打造足球特色文化长廊、足球楼宇宣传画、足球主题广播等方式，向学生传递足球的信息，进行潜移默化的影响。

动的方面：通过开展足球特色活动、足球啦啦队表演及足球文化的研究性学习等方式，让足球文化更加深入人心。

英国大使馆文化教育处的三位记者到我校采访时，曾经问过我这样一个问题："校长，你如此重视和支持足球运动的原因是什么，或者说您的最终目标是什么？比赛？荣誉？还是什么？"

我是这样回答的："打比赛是途径，得荣誉是附加，我们的最终目标是让足球运动能像英国、巴西那样，成为一种文化，父子、邻里、朋友之间，三三两两，街头巷尾，随时随地就踢上一场。让足球运动成为一项全民参与的运动、一种深入骨髓的理念，这才是成功。"

各位专家、领导，不忘初心，方得始终。只要始终向着正确的方向，坚持不懈地努力下去，我们的足球运动一定会有更好的未来。

谢谢大家！

没想到，我的发言受到了一致好评。午餐时间碰到很多外地校长，他们说："刘校长，您做得真好，有机会去您学校学习。"在我们返程的途中，我接到主持人马主任的短信，他对我的发言给予了高度评价。后来我们加了微信，虽然平时联系不多，却彼此关注，互为祝福。

开挂的人生

李教练带领的球队在"哥德杯"一战成名，从很大程度上加快了外聘教练员政策落地。《关于学校外聘足球教练员薪酬管理办法》正式下发后，很多学校开始与李教练洽谈聘任事项，而环山小学足球队早已一骑绝尘，向着更高的目标前进。

"哥德杯"结束后不久，环山小学足球队稍作休整，于9月代表威海出战山东省首届"全国足球特色学校"足球联赛，战胜青岛、淄博等强大对手，获得亚军，其后大大小小的赛事中，获得的奖状、奖杯几乎占领了校史馆的半壁江山。

2019年，文登区教体局决定承办本年度"直通西荷"全国青少年足球选拔赛总决赛。听到消息后，我赶紧查了一下："直通西荷"赛事主要以快乐普及和专业通道相结合、足球竞技和足球文化相结合，对接国内、国际足球青训的优质资源，搭建全国性的赛事平台，为全国各地的青少年球员提供一个走向全国，通往西班牙、荷兰等高水平足球生态圈学习深造的上升通道。

又是一场重头戏。整个教体系统开始为这场赛事作准备的时候，环山足球队作为小学组的唯一代表再次成为万众瞩目的焦点。与青岛的"哥德杯"相比，这次的压力更大，因为我们是主办方，是在家门口的比赛，不能丢脸呀。

比赛于 7 月 18 日正式拉开帷幕，来自全国各地的 16 支球队约 260 名运动员共进行了 28 场比赛。除去大城市的强队外，还有很多球队是足球学校的，相当于票友跟名角在打擂台，我们不仅在心里为孩子们捏着一把汗，更是陪着他们流了满身大汗，在盛夏的酷日里为他们加油呐喊。

孩子们真是令人佩服，苦累不言、百折不挠，依靠顽强的意志与精湛的球技，奉献了一场场绝杀逆袭的精彩戏码，最终站上了季军的领奖台，队长张赛涵获"最佳球员"奖。

领奖台上孩子们黝黑得几乎认不出模样的笑脸定格在家长和老师们的心里，振奋而热烈。

仅两年多的时间，环山小学足球队连续在省级、国家级、国际级的比赛中大放异彩，孩子们在足球中获得的，不仅仅是成功的快乐，更是强大的信心和坚强的意志，还有童年里一份最珍贵的记忆。

始于足球，不只足球。

有多少种出发的理由

2020 年 7 月，我辞去环山小学校长职务，任峰山小学校长。李教练来找我，说要来峰山小学带队。

我笑了，峰山小学只招收了一年级，你带什么队？

他说没关系，从一年级开始打底，更好。

他又开始犯轴啦。现在他带的环山小学、柳林小学、七里中学都是王牌球队，稳拿成绩，对他俱乐部的声望、所在学校的考核、文登足球的发展都是至关重要的。来峰山小学就意味着一切从零开始，至少三年内没有成绩，没有工资，为什么？

他说，有你的支持，峰山小学的校园足球没问题，我有信心带出一支更优秀的队伍。

我知道他说的是真心话，这是多年一起奋斗的战友间的一份信任和默契。

我答应了他并郑重地提了条件：来峰山可以，当作业余兴趣，有空来挑挑苗子，陪着玩玩。主场还是原来的三所小学，尤其是环山小学，那是文登目前最具实力的得分王，绝对不能放手，放松也不行。

他说好，每周来学校训练两次。虽然没名没分没工资，但他仍然认认真真地训练。他说三年后保证这批孩子在文登甚至威海无人能敌，说有一个省级的什么比赛，他要以峰山小学的名义单独组队参加。我没仔细听，没记住。我为新建校的各种事务忙得心力交瘁，实在没空考虑三四年以后的事儿，也不想他给自己太大的压力。峰山小学刚刚建立，我不想这么早就卷入各种比拼当中。

在文登校园足球迅速发展的趋势下，文登区正式成立了足协，李教练被吸纳到协会中。新的合作方式必然催生新的聘用政策，前后交接之际出现了一段时间的空当，李教练的日常训练和薪酬支付都受到了影响。

与此同时，我这边也遇到了麻烦，新学期体育老师病休期间有 8 节体育课没人上，商量李教练来代足球课。虽然他的训练任务很重，还是一口答应了。

这段时间他的俱乐部同时在几个学校带队训练，包括在峰山小学代课，都是无偿的，他的足球事业遭遇了前所未有的危机。

体育科加快推动新政策出台，2021 年 9 月《关于购买校外优质特长师资服务管理办法（试行）》下发，对各学校购买优质师资的条件及金额作了详细的规定。但不知什么原因，政策出台后各学校并没有着手签合同。转眼到了 12 月，足球训练越来越尴尬，继续吧，不签合同没有薪酬。放弃吧，之前的心血付之东流。

李教练气馁地说："不行我就把那几所学校的人撤了，俱乐部也解散了，不干了。"

这么多年的辛苦付出，好不容易打下的底子，岂能说放弃就放弃？政策已经有了，差的只是一个牵头的人。

我拟定了一个合同，发给律师看了，修改后发给江科，让他再给个参考意见，如果没问题的话再向分管局长处提交。江科很快回复，已审核通过，执行即可。

我跟李教练的俱乐部签了聘用协议。消息传开，几个学校跟我要了合同范本，各自签订。另外几所学校所欠薪酬也在校长们的争取下如数支付，一切又回到了正轨。

如今，李教练与他的伙伴们担负着三所学校的训练及峰山小学的足球课，还有足协的工作、俱乐部的工作，很忙，但他从来不说。多年过去，他仍然是他，倔，黑瘦，不善言辞，不懂交际，脾气火暴，要对抗来自对手的拉拢和打压，偶尔还要遭受莫名的举报，没有金钱概念，俱乐部因疫情等原因生存艰难……

隐患与麻烦从来没有放过干事创业的人。他在峰山小学带队训练时，仍然发脾气，有时我在办公室听见他的吼声，禁不住头皮发麻，万一他闯了祸，我又得一阵儿好忙。他为备战校足杯、季前赛、威海足协杯等赛事，带领三个学校的足球队在峰山小学场地训练时被举报，说学校将公办场地借给俱乐部私人营利，我不得不写出书面报告进行澄清，回应质询……

他的俱乐部与别人不同，只要是好苗子，不交费也一样训练。他不擅长经营，不注重宣传，加上小城市人们的观念和意识差距，俱乐部经常入不敷出，他就把自己的工资补贴给另外两位教练。他磕磕绊绊地走到今天，什么都不在乎，心里只有学生和比赛，如今他已经为专业名校输送了多名优秀队员。

我们与校园足球的故事，从2014年开始到现在9年的时间，所经历者绝不止于此。我将这些写下来，只是想说，这个世界上没有不劳而获，也没有劳而不获。一项工作的成败得失，都会伴随着各种评价，有赞赏、有质疑、有羡慕、有嫉妒、有美誉、有中伤……外人眼中所见、口中所评述的从来不是事情的全部，真相只在我们心中。

真心待人、用心做事，总有人愿意同行，总有成绩可以见证。

做个很"棒"的姑娘

在这个章节的最后，我想说说张赛涵的故事。

我是带着敬意讲述这个姑娘的。

她是 2016 年进入足球队的，二年级的姑娘，腼腆、温和、学习好，热爱舞蹈。李教练动员她加入足球队时颇费了一番周折。首先是她自己不想离开舞蹈队，一心准备考级。然后是家长不愿意，女孩子家家的，踢球受罪伤皮肤。最后是科任老师和班主任，踢球耽误学习，影响舞蹈排练及班上好多工作……

最后还是分管副校长出面协调，让她舞蹈和足球两头兼顾，先试试，不行再说。她是个听话的姑娘，服从了这个安排。

很快，她就在训练中展现出过人的天赋，更难得的是，她肯吃苦，受伤、挨骂是家常便饭，她会哭，但不会逃避。直到今天，她已经是济南历城二中的优秀学生了，假期回家仍然跟着李教练训练，仍然会因为李教练的严格要求崩溃地趴在垫子上呜呜地哭。李教练会在旁边等着她，等她擦干眼泪自己站起来，继续训练。

我周末或暑假去学校时，经常遇到她，她还是腼腆地笑笑，说："校长好。"画风跟她在赛场上完全不同，这是后话。

经过一年多的训练，李教练就让张赛涵上场了，三年级的孩子跟着四、五年级的跑，当年就拿到区联赛的冠军。到 2018 年的时候，她已经是球队里绝对的主力，在"哥德杯"赛后，她成为球队的队长，带着球队经历着大大小小的比赛，机敏、坚毅、顽强，威风凛凛，闪闪发光。

环山小学女子足球队的姑娘们都跟张队长一样，场下是羞涩温和的小女子，一上场就成了嗷嗷叫的小老虎。

威海一个足球俱乐部的教练很早就注意到了她，几次三番找到她妈妈，许诺可以把她转到威海最好的学校，条件优厚。但赛涵不舍得离开环山，她妈妈不忍心辜负李教练，都婉拒了。

紧接着是全省的"校园足球特色校园"联赛、"直通西荷"选拔赛、山东省足球锦标赛……张赛涵的风头已经盖不住了，2019年她应邀参加了山东省校园足球夏令营并入选最佳阵容。同年8月，她收到广州恒大足球学校提供的免费夏令营体验活动并被学校录取，但她再一次婉拒了。之后在山东省足球联赛季军争夺战中，她独进3球帮助威海队3：2击败临沂队，各种邀约再次上门，条件一个比一个优厚，都被她一一拒绝了。她按部就班地升入初中，继续跟着李教练踢球。

2020年她入选全国校园足球夏令营，表现出色，再次收到广州恒大足球学校的邀请。这一次她和妈妈犹豫了，毕竟那里有更好的平台和资源，学校每年用于球员训练和生活的开支达50万元，全部免费。不论从哪方面讲，都是个好机会。所以当涵妈妈与我们商量时，我是支持的，孩子的人生，需要更多选择的可能。

最后，大约还是情感占了上风，她选择了放弃。那时候我正忙于新建校开学事宜，没有详细询问。

2021年，济南历城二中稼轩学校向她伸出橄榄枝，这所学校有多牛，圈内的人都知道。这一次李教练也动心了，在江科的帮助下，他亲自带着赛涵去学校了解师资及球队情况，认定这就是省内女足的天花板，赛涵和妈妈也很喜欢。8月30日，张赛涵成为济南历城二中稼轩学校的学生。

此后，她的消息我只能通过赛涵妈妈的朋友圈了解一些，知道她仍然很努力、自律，不论是学习成绩还是训练水平，都越来越拔尖，短短两年的时间，她在高手如云的队伍里迅速成长为主力队员，是教练重点培养对象。仅 2023 年上半年，她就征战了四场重量级的比赛，获得了三个冠军、一个亚军的骄人成绩。

我的手机里仍然保留着她赛场上的照片，书橱里有两本环山足球队的纪念相册，名为《征程》。在张赛涵的带领下，球队所有孩子都在一次次的征程中迅速成长，她们的舞台和视野逐渐被打开，有些表现突出的孩子已经被球探发现，收到了市级优秀学校的入队邀约；有的孩子凭借足球比赛的成绩单，直升文登区内最好的初中，继续在足球特长的道路上前进；有的家长意识到除学业成绩外，孩子们可以在高考中开辟另外的道路，将孩子转入体校解锁新技能……孩子们的人生与足球结缘并有可能因此而改变。

想到自己的努力让他们的人生有了更多选择，便觉得一切都值了。

张赛涵的故事很励志，她的未来有无限可能，我在心里默默地祝福她。

附1:

凝心聚力　开创阳光体育新天地

——"文登区基础教育成果汇报会"经验交流

尊敬的各位领导:

大家好!

看了主场孩子们的素养展示，惊叹之余也感慨良多。任何一项工作做得好，都是凝心聚力的结果。这也是我今天汇报的主题——凝心聚力，开创阳光体育新天地。

环山小学将学生的身心健康作为素质教育的"根基"去抓，依靠好的制度、好的氛围和好的保障凝心聚力，为体育工作开创一片生机盎然的新天地。

一、好的制度，让每一分努力都能得到体现

体育教师工作辛苦，头绪多，压力大。好的制度就是要让每一份付出都能被"看得见"。我校千分考核着重加强对体育工作的扶持力度。将大课间体育活动、非笔试、体质监测、运动会及竞技比赛的成绩全部纳入考核当中，抓住体育教师和班主任这两股中坚力量，激发他们的工作积极性和能动性。

首先，体育教师的教学成绩由"基础分"和"奖加分"组成。基础分以联谊校联考的成绩为准。联谊校联考具有两个优势:一是测试方法更科学，测试结果更公正，促使体育教师将精力放在日常教学上，认真扎实地上好每一节课;二是我们的联谊校是开发区小学，体育成绩与我校向来难

较高下，高手过招的结果是，两校的体育教师都在努力研究教学方法，提高教学质量。

奖加分主要针对竞技比赛，奖分力度非常大，所以体育教师只要肯努力，考核成绩就会特别好，这让体育老师更有奔头和干劲。

其次，为了促进良性竞争与团队合作，我校对体育活动进行捆绑考核：一是体育组内部的团队捆绑，成绩是个人的，也是大家的，军功章人人有份，促使体育教师之间互助合作；二是体育成绩与班级考核挂钩，督促班主任老师全力配合体育活动，包括学生的组织管理、家长的思想沟通等。

由于制度科学，落实得力，我校体育教师的考核成绩年年位列前茅，先后有十几人被授予先进个人、师德标兵等荣誉称号，获得政府嘉奖。在去年职称"解冻"的第一时间内，我校就有一名体育教师成功晋级，让体育教师更有成就感和获得感。

用好的制度激励人、成就人，是我校体育工作始终动力十足的根源。

二、好的氛围，让每一次成功都是人心所向

环山小学的体育工作从来都不是单打独斗，而是人心所向。一直以来，学校都致力于营造"学生健康，人人有责"的意识和氛围。

体育成绩是所有环山人的骄傲。 体育竞技活动相对于其他比赛而言，具有振奋人心、鼓舞士气的独特魅力。所以，每次全校例会上，校长都会亲自通报体育工作的成绩并对老师们的辛苦付出表示感谢，让体育赛事的好消息成为平淡职场的兴奋剂；每次老师带队外出比赛，后勤主任必定全程陪同，关键赛事副校长必定在场，决赛时刻，校长必定到位，赛场上的精彩瞬间和感人画面都会及时转发到学校微信群，让每一份捷报都成为全体环山人的骄傲。

体育特长像学习成绩一样重要。 每次比赛之后，学校都要利用"升旗仪式"或"颁奖典礼"对有体育特长、为学校争光的学生进行奖励，我校

专门订制了水晶奖杯，由学校领导亲自诵读颁奖词并在全校师生的掌声中授予奖杯，让体育特长生拥有自豪感，像文化成绩优异的孩子一样被肯定和激励。

孩子健康是家长的福气。我们利用家长开放日和家长会等一切契机，向家长展示学校体育工作的成效，让家长观摩体育大课间，参与体育节做裁判，参加颁奖典礼，举行亲子运动会，印发假期亲子锻炼记录卡，评选绿色健康家庭等，让家长树立"健康第一"的观念，同时也结合中考、高考的政策变化向家长渗透"体育特长"的重要性，让家长从思想上重视，行动上参与，在参与中获得乐趣。

坚持从细节入手，用心经营，迈小步，不停步，是我校体育成绩能够持续攀升的原因。

三、好的保障，让每一次超越都充满能量

本学年，我校的体育工作全面开花：体质检测获小学乙组第二名。乒乓球比赛包揽小学乙组男女双冠，女子足球获得区级冠军，市级亚军；田径比赛获区级冠军，市级亚军；男子篮球获得威海市冠军，将代表威海参加省级比赛。是我校的体育力量强大吗？也不是，在顶岗教师来之前的日子里，我们一直是四名体育教师担负着全校的体育教学任务，每人至少带两支比赛队伍。所以我们常说，人数从来不是关键，战斗力才是关键。就管理层面而言，思想上先行一步，行动上多做一些，就能源源不断地为体育工作注入正能量。

另辟蹊径解发展难题。一直以来，束缚学校体育发展的最大难题是师资不足、专业不对口。例如，校园足球起步之初，我校四名教师均不懂足球，为此，我们一边选派年轻骨干教师外出学习，积极筹备家长优质资源库，一边主动与足球俱乐部合作，聘请足球专业人才进校园，迅速解决师资问题，保证校园足球顺利启动，不走弯路。

全心服务促教师成长。体育教师往往宁愿在烈日下训练，也不愿意在电脑前写文章。为了不影响他们评职称，我校着意加强体育学科的教研力度，积极为体育学科申报省级以上研究课题，分管领导主动指导和帮助体育组撰写立项书，整理过程性资料，参与课题答辩等。起初体育老师不情愿甚至不配合，但当职称评选需要课题证书时，他们真诚感谢学校的良苦用心。

各位同仁，不忘初心，方得始终。为孩子的幸福人生奠基，是我们的使命与责任，我们将以此为目标不懈努力，感谢各位领导的支持与帮助，相信我们的校园体育一定会有更美好的未来！

谢谢大家！

【分管副局长现场点评】

环山小学在师资、生源均不占优势的前提下，体育工作能够做到如此出色，的确有值得我们借鉴和思考的地方。

一是抓人才，得人心，彰显管理智慧。充分发挥千分考核的激励作用，为体育教师打造尽情施展才能的平台，提高团队战斗力；充分发挥细节管理和人文关怀的魅力，激发全体教职工的积极性和主动性，人心齐，校风正。

二是强根基，促提升，彰显教育情怀。学校把"学生健康人人有责"作为一种意识渗透进体育工作的方方面面，让全体教师和家长以"为孩子的幸福人生奠基"的高度责任感和使命感去开展工作，强化体育运动在学生成长过程中健体、启智、育德的功效，发挥竞技比赛在教师队伍建设中鼓舞士气、振奋人心的作用，为学校体育工作赋予了更为深刻的内涵。

三是破陈规，开先河，体现担当精神。学校在师资不足、缺乏专业人才的情况下，能够主动与社会培训机构合作，率先聘用专业教练进校园，建立家长优质资源库，不等不靠，敢为人先。环山小学至今没有足球和乒乓球的专业教师，但女子足球队连续两年蝉联区级冠军，乒乓球队连续多年包揽小学乙组男女双冠，正是得益于学校这种"不为困难找理由，只为解决困难找方法"的创新意识和担当精神。

附2：

校长朋友圈里的"体育热线"

在所有的比赛项目中，我最重视的是体育比赛，因为它的一招一式都是真刀真枪拼出来的，是最能凝聚人心、振奋士气的赛事。在所有的校园活动中，我投入精力和心力最多的是体育教学和体育运动，因为我自小身体弱，所以我更懂得健康的可贵，每到一所学校，我都会把"运动与健康"作为重点工作。我身边的朋友都知道我的这个特点，因为他们总能从"朋友圈"看到我为体育比赛热情呐喊、有图有真相全程播报。我打开近几年的微信圈看了看，确实如此，一个人的热爱是藏不住的，这些文字和图片无论什么时候看到，都能给予我力量和勇气。

赛事播报——向一路拼搏的老师和孩子们致敬

篮球比赛，从小学乙组冠军，到文登区小学组总冠军，到威海市小学组总冠军。孩子们一路打拼，实现了学校篮球战绩的历史性突破。他们在赛场上努力拼搏的样子可爱极了，奋力奔跑的姿势帅得不要不要的。幸亏手是肉长的，要不然就拍碎了。当他们站在领奖台上高举奖杯，眼里的光彩让人感动，我知道，这一刻已经成为他们童年里最美好的记忆。

愿我们今天多一分努力，为孩子们的明天增一分豪气。

接下来，篮球队的孩子们将踏上省级比赛的征程。田径队的孩子们也已经拿下文登区的冠军，并将代表文登参加威海市的比赛；足球队的孩子们已经跃跃欲试，备战即将开幕的文登区校园足球联赛……

一切都在紧锣密鼓、稳妥有序的推进之中，后续报道，敬请期待。

（2018 年 4 月 28 日，环山小学备战省级篮球赛）

赛事播报——心有多大，舞台就有多大

2018"哥德杯中国"世界青少年足球赛在青岛举行。朋友听说我们学校要去参加，差点惊掉了下巴。

我知道，我们的校园足球起步晚（真正组队训练只有两三年的时间），条件不成熟，跟国内大城市和外国俱乐部相比，我们缺资金，缺外教，缺经验，缺全民参与的氛围，缺社会力量的帮助……可能我们唯一不缺的是勇气。

机会难得，领导支持。最重要的是让孩子们开眼界，长见识，让她们拥有站在世界舞台的宝贵阅历，也是收获。

所以，不犹豫，不畏惧，青岛，约起！

（2018 年 8 月 10 日，环山小学向"哥德杯"足球赛进发）

赛事播报——外面的世界很精彩

尽管有思想准备，但如此阵势还是惊到了我们，孩子们既忐忑又兴奋。

没有人知道他们为此吃了多少苦。每次想起假期里烈日下他们奔跑呐喊的身影（假期里一直有两支队伍坚持苦练，男篮备战省级比赛，女足备战青岛"哥德杯"赛），我的心尖都感到微微发颤，心疼。好几次想对他们说，贵在参与，尽力就好，别太苦着自己。

终于还是没说，我知道说了没用，他们身上有一种力量，看不见，感

受得到。

（2018 年 8 月 11 日，环山小学"哥德杯"足球赛开幕式）

赛事播报——被惊喜冲击得乱了假期的节奏

"哥德杯"比赛 8 月 12 日正式开始。孩子们的表现超乎所有人的想象：首场比赛，2∶2 逼平郑州春晖小学；第二场，1∶1 战平青岛城阳长城路小学；第三场，3∶1 胜陕西洋县南街小学，提前一轮出线；第四场，3∶0 胜泰国队，直接晋级四强。

这些平时羞涩腼腆的姑娘们，一上场就成了嗷嗷叫的小老虎。陪同比赛的家长打电话给班主任老师，激动地喊："环山的孩子们太棒了，环山的老师们太棒了！"

太激动，无以言表。谢谢你们，振奋了我们。

（2018 年 8 月 14 日，环山小学"哥德杯"足球赛）

赛事播报——已经很久没有激动到掉眼泪了

这是今天的赛场，孩子们在大雨中奔跑拼搏，毫不退缩。陪同比赛的局领导、家长、老师、教练、场下的孩子们，呐喊加油，声嘶力竭。

我录像的手抖着，怎么也录不好。成绩已经完全不重要了，我们只爱这些孩子，心疼所有为之付出的人，热泪盈眶，不能自已。

这次经历，对孩子们而言，千金不换，终生难忘。

我们也是。

这个假期因为他们而不同，是为记。

（2018 年 8 月 15 日，环山小学"哥德杯"足球赛）

赛事播报——我在青岛过七夕

以前的七夕节怎么过的都不记得了，今年的七夕肯定忘不了。

女足半决赛迎战刚刚在瑞典获得冠军的上海队，我们心态很平和，对孩子们说：能够与世界一流水平的球队同场竞技本身就是一种荣耀。

孩子们一直在奔跑，不肯轻易言败，场边的我们被这种精神深深感动着，0∶2的比分，我们毫无遗憾。

一个队员说："我们比世界冠军只差两个球！"哈哈，好豪气干云的感觉！

感谢教练和孩子们，给了我们一次不一样的经历。

明天颁奖典礼，孩子们将站上季军的领奖台。祝贺你们，环山的好姑娘！

（2018年8月17日，环山小学"哥德杯"足球赛）

赛事播报——我喜欢你拼尽全力的样子

2019"直通西荷全国青少年足球选拔赛"，文登区承办。环山小学代表文登参赛。昨天第一场12∶1胜中慧安顺足球俱乐部。今天第二场1∶0胜俊豪一品足球俱乐部，小组第一出线。

下午对战北京康友足球俱乐部1∶6败。孩子们在高温下拼尽全力，但是真的跟首都的球队有差距。看着孩子们一边鞠躬一边流泪的样子，所有人——教练、老师、家长都哭了，我们给孩子们热烈鼓掌，告诉他们有多棒，我们以他们为骄傲。

在这火热的盛夏，感谢这些晒得黝黑、几乎辨别不出面目的孩子们带给我们的激情和力量！

（2019年7月20日，环山小学"直通西荷"足球赛）

赛事播报——激动的心久久不能平静

上午的比赛，对战娄底足校，我查了一下，"足校"类似于我们当地的体校，专业培养和输送足球人才的学校。面对如此强大的对手，孩子们再次刷新了我们的期待，1：0胜！太厉害了，老师和家长们激动得欢呼跳跃，孩子们依旧腼腆低调，不骄不躁，大赞！

颁奖典礼，孩子们获得了季军奖杯，球队获赠高洪波签名足球、西班牙人队武磊签名球衣。队长张赛涵获得"最佳前锋"奖。

恭喜孩子们，人生也许从此与众不同（我们的两名队员已经被球探瞄上了），孩子们再一次为自己的童年创造了最惊艳最宝贵的经历和记忆。

除大赛组委会颁发的奖牌和证书之外，我们又推出微信宣传、制作赛事相册、定制水晶奖杯、计划颁奖典礼………让孩子们拥有满满的获得感，为他们的人生之路注入正能量！

始于足球，不只足球！孩子们加油！

（2019年7月23日，环山小学"直通西荷"足球赛）

体育前沿——谁的卡路里在燃烧

别说今天冷，孩子们都是小火炉，从内心迸发的热情，烧得小家伙们亢奋得嗷嗷叫。

下午的校长培训班上，专家说：孩子们不仅需要身体的平衡与协调，更需要情感的平衡与协调，这样的孩子才能成长得更好。

一场运动会，我们关注的不是输赢，而是孩子们认真对待比赛的态度，为集体荣誉拼搏的精神，为同伴喝彩欢呼的热情……他们要面对和处理的各种关系——老师变战友，朋友变对手；要接受和思考的赛场规则——但求前行，无问输赢……他们在观察，在调整，在改变，在成长。这个过程就是实现身心协调与平衡的过程。

（2020年10月23日，峰山小学趣味运动会）

体育前沿——360度运动无处不在

课间操一定要在操场上进行吗？下雨（雪）了怎么办，天太冷了怎么办？

看峰山答案——萌动一米操，活力课间操完美登场，只要心里想着孩子们，没有什么解决不了。

教导处出主意，体育组编动作，音乐组选音乐，美术组制作教学视频，大家提意见，要科学性、趣味性、要强体魄、护视力、好习惯、真快乐、正能量，体育美育一起来……再高的要求也难不住热辣辣的心。终于编排完成了，德育处组织学习，班主任指导练习……一项工作，全校总动员，视频录制的过程中，我们已经被孩子们萌翻了。

对健康说"你好"，向恶劣天气说"拜拜"，活力百分百！

（2020 年 12 月 24 日，峰山小学室内一米操新鲜出炉）

校园体育——这才是真正的体育精神

运动会入场式，孩子们表现得很惊艳。但最让我们感动的是这个坐轮椅上场的姑娘。

她是主动要求上场的，因为曾经的她是个运动爱好者。老师征求家长的意见，家长支持。老师决定让她举牌，另一个姑娘说我来推她……

我们热泪盈眶，给她最热烈的掌声，她让我们明白了什么是真正的体育精神，永远勇敢，永远相信，永远热爱……

我们爱上了这个姑娘，也爱上了她的班级，我们因为这样的小事小情而更加热爱这片土地。

来峰山，遇见更好的自己！

（2023 年 4 月 28 日，峰山小学全员运动会）

假日运动——未来，在我们每一天的努力中

在这个火热的盛夏，峰山小学足球队的孩子从未停止过努力。假期的校园里因为有他们而充满希望和力量感。

离开学只剩一天了，孩子们仍然在呐喊、奔跑，没有一丝懈怠。我看

到了他们的未来及峰山小学的未来。

这个暑假，教练在陪着他们，他们在陪着我们。互不打扰，各自努力，又是激情饱满的一天，又是充满希望的一年……

峰山脚下，未来已来。

生命的风景，在登峰的旅途中徐徐展开……

（2022 年 8 月 30 日，足球队假日训练）

我相信热爱可以创造奇迹。以体育为媒，我所在的学校几乎拿到了一个城区小学所能拿到的所有荣誉，创造了体育赛场上从未有过的辉煌战绩。在那些火热的日子里，那些我们一起流过的热汗与热泪，燃烧的热情与热爱，总能激起我们的满腔热血，给予我们奋进的力量。

第八章

时光之外的故事

我们太匆忙，勒死了趣味与教养。

——尼采

我不明白为什么影视剧里出现的校长、教导主任、老师，总是一些模式化的形象，眼镜、说教、迂腐、严肃，甚而刻薄，总之是不太可爱的样子，可是我眼中的教育人从来不是这样，他们虽脾气秉性迥异、环境际遇不同，却一样尊重工作，认真、努力、精益求精；一样热爱生活，浪漫、洒脱，有声有色；一样追求成长，勤勉、聪慧、从容不迫。

　　由于工作关系，我认识了很多女性校长朋友，她们为师生的成长和学校的发展所做的思考、探索与创造，使得她们总能与众不同，闪闪发光。

　　由于共同的志趣，我们常会在线上线下进行互动，谈谈彼此喜欢的书籍、电影、音乐和服装品牌，把平凡的生活经营得有滋有味、五彩缤纷。

　　由于彼此关联，我们总能第一时间了解对方的动态和状态，通过公众号、朋友圈、个人读写吧，分享着彼此对生命的热情、真诚与执着。

　　我喜欢看她们的文字，她们也喜欢听我推荐的书目。那些字里行间流淌的希望与勇气，鼓励着我们在滚滚红尘中坚持着做正确的事情，在纷纷扰扰的世界中坚持着做本真的自己。

　　蕴藏在文字中的趣味与教养，是我们于8小时之外给予自己的最好礼物。

刘爱芳·文登

我们仨的《西厢记》

燕今天因事来访。当她又飒又美地出现在我眼前的时候，我的笑从心底里漫上来，不加节制。

然后我们一起见到了丹。丹更直接，上前抱住燕。我们互相看着，笑着，想起了 1999 年，我们在一实小西厢房，教一年级。

丹和燕分别是一年三和一年四班的语文老师兼班主任，我教两个班的数学。

夏天教室里热，课间我们常坐在门前的柳树下批作业，给女孩子梳头，给男孩子剪指甲，一起讨论家长会，编排六一节目，说班上学生的趣事儿……

冬天，一个上课，一个照看炉火，偶尔烤个花生米、地瓜干，下课了，孩子们围过来一起分享……在那个没有暖气、没有多媒体的岁月里，我们守着教室，守着孩子们，彼此支持，共历忧欢。

兜兜转转 20 年，我们各自向前，很少回头。那些忙碌的、快乐的、风华正茂的时光潜藏在心里，无限留恋和怀念。

燕走的时候，我去送她。校园里我们相伴而行，满心欢喜。我俩有很多不同，却彼此欣赏和信任，为拥有对方的友谊、成为对方的朋友而骄傲。

你很好，我也不差，让我们一起走下去吧。

出行记

早上开车出来没多想，直接开上 309 国道向西行。不一会儿，发现路边停了好多车，车主有的站在路旁聊天，有的看热闹，以为是某种聚会。

再向前行，看到电动车一边侧倒扶不起来，前面路上堵了大片车辆，有的在路中间停滞不前，有的左右摇摆原地打滑，才知道大事不妙，可是为时已晚，前无出路，后无退路了。

观察了一下形势，东行的路上连环相撞，堵死了半边路，而西行的某些车主遇事不明，急于赶路选择逆行，结果与迎面而来的车在最窄处顶牛了，两边全堵死了……

路面像镜面。车上有乘客的下来推着走；胆子小的直接停在路中间，任凭后面的干着急；靠右行走的看到岔路拐了下去……

我被夹在中间，跟在一辆四驱越野的后面，一面小心翼翼地看着前面的车，防止它突然刹车追尾；一面躲避着旁边不打转向就变道的货车，还要估量着那个左右摇摆的车什么时候能够脱困，与旁边的车错开一个车距我能过去，最重要的是，这样时不时地半坡停车，不知下一次能不能起得来……

平时5分钟的车程，生生走了50多分钟。终于下了309国道拐上小路的时候，觉得这条坑坑洼洼，平时颇有怨言的小路如此可爱。

进了学校才松了口气，一个同事步行上班，了解309国道的状况，看到我下车，惊呼道："啊？你开车来的？走309啊？你怎么这么厉害？！"我顿时觉得自己是挺厉害的。

当时全神贯注地应对，没觉得什么，事后才想起那确实是一段惊心动魄的行程。于是又想到另一个问题：如果晚上回家再来一次，我还有没有这个勇气？

写在岁末的"点滴"体会

这几天圈里各种晒靓照和美文的，告别2017，告白2018。我手上打着点滴（俗称打吊瓶、打吊针），就写个"打点滴"总结好了。

自小就因手长得不好（多肉，血管细）给护士阿姨造成了许多麻烦，也因此落下了心病，每次打吊针之前，都要先检讨："我的手不好打……"

后来遇到人高马大的护士曹阿姨，看了一眼说："你这手还叫难打？不难。"唰就打上了。接连好几天从没失手过。我对她的崇拜有如滔滔江水。她黝黑皮肤、大手大脚，明明是女汉子，在我心里却一直是女神。此后经年，无人超越。

直到遇到小刘护士。大约6年前，我因为连续打了几天，双手几乎无可下针之处，接诊的护士已经打穿了一针，实在没把握了，请了小刘护士来救场。大咖就是大咖，我还没反应过来呢，人家都收拾利索走了。高手啊！

关键是一点儿都不疼！

真不是夸张。我后来仔细观察了一下她的手法，她出手快、轻、准，"嗖"的一下，皮肤微微刺痛就结束了，这么多年打吊针，我对疼的耐受力比较强，这点儿刺痛完全可以忽略。

惊喜！没想到曹阿姨之后，还有如此高手。我比较了一下：同样是一击必中，曹阿姨手劲重，略疼。小刘完胜。

此后见到胖乎乎、说话有些酷的小刘，觉得可爱极了。

呃，当然，有高手的地方，也有低手。

第二天，值班的护士就给了我一个大礼包——买二赠三，上午打穿了两针，第三次才打上，下午又赠了一针。一边打，一边数落："你看你这手，血管这么细，埋得这么深，还弯弯曲曲的，没法打……"看得出她心情很不好，可是我好疼呀，姐姐。人家小刘护士随便在大拇指上都能下针，您这么大岁数，水平还不如小姑娘呢，喊（我在心里嘀嘀咕咕，脸上一片风轻云淡）。

那半个月，我就一直在高手、低手、中手之间来回体验，最终总结出打吊针的五重境界。

1. 打不准或只能在大血管下针，埋怨，时常有"买赠"活动。

2. 小心翼翼基本可以，偶有"买赠"，有歉意。

3. 命中率较高，但手法不好，平推进针，进程长，进针后向后拖或挑针找位置，痛啊！

4. 几乎百发百中，但手劲大，痛。

5. 针与手背成 45°～60° 角，进针迅速，随便一个小血管就可以，几乎无痛。

这 6 年中，小刘大夫傲立第五重境界，独孤求败。

这个假期，因为没能躲得过年底的这场感冒又开了针，不担心，毕竟中心医院急诊输液室护士们的技术是信得过的，怎么也是个三四层的水平。

没想到，惊喜不断。先是胖乎乎的小毕护士给了我一个惊喜，她下针的角度、手法都跟小刘护士如出一辙，我怀疑她们师出同门（咦，目前来看，胖乎乎的护士水平高的概率大！）

最大的彩蛋在今天。我刚坐到窗口，护士笑着"啊？！"了一声。

我问："怎么啦？"

她说："没什么，你刚进来的时候我以为你才二十来岁呢！"

哈哈，这谁能忍得住笑？我乐颠颠地说："嗯，都是吊瓶养得好！"

她更笑："吊瓶还有这功能啊？"

我说："对呀，这不定期来做保养呢吗？"

她一边笑着，一边拍打我的手，说："这手一看就是没干活的，是不是大哥不用你干活呀？"

站在旁边的老公赶紧凑趣："嗯哪，那哪能让干活？找个老婆容易吗？"三个人哈哈笑着，护士已把吊瓶递出来了。

这是什么段位？什么情况？不仅手不疼，心情还特别好！大隐隐于市，真正的高手原来就在这喧嚣的急诊室里不动声色地优秀着。

　　下午给我打针的不是她，但拔针的是她，仍然谈笑风生，说："又来做了一次保养？这次就好了，再别来了啊！"

　　多么可爱。走出诊室时，我特意看了一下，她姓王，于是在心里默念："借小王护士吉言，祝这些大小病友，结束这2017年的收尾之'治'，2018年百病不生，健健康康！"

开启假期的 N 种模式

　　假期第一周：加班。

　　假期开始，各方朋友纷纷发来贺电，屡屡艳羡：假期的轻松，慵懒，舒爽……我都用"呵呵"这个内涵丰富的词回复。

　　其实，只有加班而已，间或忘记接儿子两次，拒绝朋友邀约三次，错过饭点若干次……

　　都还好。自从在外甥女的再三劝诱下看了《三生三世十里桃花》以后，什么心塞挫折都不在话下，毕竟我们都只是下凡来"历劫"的，只要安稳度过这一生，就能"飞升上仙"，重新"位列仙班"了。

　　假期第二周：玩去。

　　一连三个暑假想带儿子出去游玩，都因各种原因耽搁着，今年咬牙跺脚狠狠心，奔向贵州，那里有好山好水好朋友。

　　关于旅游，自来就有各种调侃或自黑，但是大家仍然前赴后继，乐此不疲，个中原因因人而异。对于上班族而言，最大的吸引力莫过于完全放空自己的状态，放下所有的心事和烦恼，与亲近的人在一起，什么都不需要顾虑，只要照顾好自己的内心感受就好。

　　旅途中除却美景与美食带来的快乐，还有各种人情风物的触动，夜游锦江的游艇上，两个青年人的歌声深深地打动了我，他们的舞台简陋，乐器简单，人长得不帅，唱功也不是很好，但那种自由奔放的劲儿和灿烂快乐的笑容感染着每一个人。

美好的日子总是短暂，旅程结束，就如同从世外桃源重新坠落滚滚红尘。飞机上看到一句话化解了心情落差——不要纠结，向前走。

假期第三周：宅家。

似乎一直在下雨，也就有了不出门的理由。

好朋友推荐蒋勋老师的"细说《红楼梦》"成了最好的陪伴。他平和的声音莫名地有一种安定人心的作用，有时甚至分不清自己是被故事吸引，还是被声音安抚。他对《红楼梦》的解读不涉及任何阶级情感，不染半丝政治色彩，只是讲故事，讲人性，讲生活，把名著中的人情世故拉进我们的视野，娓娓道来，悦耳走心。

感谢好朋友的推荐与记挂，已经听到 40 集了，分享给圈内的朋友试听。

因为每次都是一边做家务一边听故事，所以当朋友问我这一周都在干吗时，我说："听着《红楼梦》一场，做着红尘家务事。"

假期第 N 周——纷至沓来。

总是这样，一抬头一上午就过去了。水杯里的水又忘了喝。约谈的人半小时以后到，趁这个空闲去看看校园，让体内的血液能够流动起来。

足球队的训练还是那么刻苦和认真；仓库新的货架来了，正在整理收纳；教导处分发入学通知书的任务完成了大半；值班的老师办公楼四处看看；传达室大爷的胡琴声悠扬悦耳；实践园里今年种的葫芦大丰收……

突然就想起《我要的是葫芦》，成长是一个抽丝剥茧的过程，既折磨人，也成就人。过几天一年级的小家伙们就要来了，像豆子似的撒满校园，活泼泼地抓也抓不住，拢也拢不齐。很闹腾，很操心，也开心。就像这些小葫芦，转眼间也就长大了。

这个假期，转眼间就要过去了。

一个人的朝圣，一群人的救赎

《一个人的朝圣》

有的时候我们喜欢一首歌，仅仅是因为某句歌词击中了某个角落，就像这本书，吸引我的是它的书名，在那个时候，我觉得我需要它。

书从淘宝寄回来的时候，某些情绪消失了，对它的热切期盼之心已经很淡了。看，似乎是出于一种"我把你买回来了，就得对你负责任"的内疚感。

没有吸引人的情节，起初看着看着就出离了。一个退休在家的老人哈罗德，因为20年前的一位同事奎妮得了绝症，而做出了一个愚蠢的决定——步行千里去看她。因为他从来都不知道该怎么做，在他儿子遇险的时候，在妻子怨恨他的时候，在同事为他担责被开除的时候，在他的旅途被人干扰扭曲的时候……他总是傻站着，总是手足无措。他是一个彻彻底底的失败者，他弄砸了一切，亲情，爱情，友情……

可是很奇怪，就是这样一个一无是处的老人，却总是让人放不下，总在担心着他的朝圣之旅会不会被他搞砸？他混乱的思维能不能找到梳理的方向，他糟糕的人生有没有回到正轨……为了这份担忧，就无法放下这本书，就像无法狠心抛弃他一样，似乎只要我们看下去，就能帮到他。

满篇都是琐碎的人和事，絮絮叨叨的内心独白，我们需要在他记忆的碎片与现实的窘迫中不断切换，努力地想帮助他找到症结所在……就在这个过程中，一些精准的句子和情节会温柔地击中我们，直到温暖的结局到来，我们终于舒了一口气。

有一千个读者就有一个千个哈姆雷特。书中没有任何说教，却让每个人都能在这个朝圣的途中得到救赎。

《一个人的朝圣 2》

只见爱情之美，不见失恋之伤。这是我看了《一个人的朝圣 2》后流连在心头的感叹。

作者介绍《一个人的朝圣 2》时，强调它不是《一个人的朝圣》的续集，也不是前传，而是它的伴儿，就像奎妮坐在哈罗德的身旁，肩并着肩。使得书从诞生之日起，就在立意上胜了一筹。

第一部，是我们跟着哈罗德懵懵懂懂的朝圣之旅，历经跋涉之后迎来希望与圆满，含泪而笑。这一部正相反，我们从一开始就知道结局是什么：奎妮终究会死，她对哈罗德的爱终生无望。一个濒死之人讲着一个毫无希望的爱恋故事，任谁想来，都是一个凄婉哀伤的结局，然而没有，作者写得优雅从容，以奎妮的口吻，细腻温婉地讲述着她对哈罗德隐忍而纵容的爱，让人动容，心生感激——即使再平凡，在真正爱着他的人眼里，一切都是独特的，魅力无限，可爱至极。

这部书，巧妙地弥补了第一部中的所有缝隙，故事变得更加饱满，人物形象愈加鲜活。更惊喜的是，文字生动精准，是自看了毕淑敏的小说之后，觉得唯一可以与之媲美的一部。

倘若你曾喜欢哈罗德，那么请看看奎妮，我想我们都一样，会爱上奎妮以及奎妮的爱。

《一个人的好天气》

《一个人的好天气》是我在买《一个人的朝圣》时，顺带淘回来的，算是凑成三部曲吧。此后，"一个人"主题的大约不会再看了。

这是一本写给年轻人的小说，作者以不事雕琢的文风，干净细腻地讲述了一个刚刚踏入社会的年轻女孩在东京生存的细枝末节：父母离异，工作不稳定，没有挚爱的男友，没有知心的朋友，没有明亮的前程……这些都是她无法克服的哀伤。于是，她对舅姥姥那种莫名的恶意和羡慕，她与母亲相处时刻意表现的疏离和反叛，都是她试图逃避和挣扎的痕迹。

作者怀着跟过去的自己告别的心理，通过这本书告诉对于进入社会怀有恐惧的年轻人，只要肯迈出第一步，进入社会并不是一件可怕的事情。

朋友听说我在看《一个人的好天气》时，笑曰："两个人坏天气也能变好。"虽是戏言，却真的很有道理。从我们的视角看这部小说，除了感叹逝去的青春时光，更多的是感激，感激岁月的馈赠，让我们拥有温暖的家人，信任的朋友，亲爱的闺蜜。心中有爱，身边有人，便风雨无惧。这份从容与安定，大约是所有的幸福定义中，最重要的一个。

世界这么大，心安即是家。

爱是治愈与成长

《萤火虫小巷》

朋友推荐的书，之前因为重感冒一直没能看，昨晚刚刚翻开就沉沦在其中了，今天一整天，36万字，没舍得漏掉任何一个，深深的代入感，几次戳中泪点……好像很久没有这么投入地去看一本书了。

关于书本身，找不到更好的语言去描述，引用简介中的一段：从14岁到40多岁，她们互相依靠走过人生短暂而漫长的道路，也经历了嫉妒、愤怒、伤害、憎恨，最终重归于好。这是个关于爱、成长与忠诚的故事，也让你不禁开始检视人生最重要的事物究竟是什么。而无论如何，人生中收获了这段难得的友情，让彼此生命的河流从此变得丰沛而辽阔……

是的，这是一个关于友情的故事，感谢赠我好书的朋友，也愿意与更多朋友分享。它可以解答很多关于友谊的美好、迷茫、纠结、自赎、释然的真谛。

《再见，萤火虫小巷》

《萤火虫小巷》的续集，阐述救赎、原谅和希望的主题——失去的会以另外的方式永远存在，而拥有的需要加倍珍惜。

凯蒂离世之后，每个爱她的人都陷入悲伤、痛苦、怨恨甚至堕落，生活脱离了轨道，人心背向而行。而当塔莉遭遇车祸生命垂危之时，所有的怨恨与痛苦都在巨大的灾难面前退潮，人心回归，于反省中明白——即使悲伤，人生还是会以一贯的方式继续前行，只要还拥有爱的能力，终究能以一针一线的救赎，缝补好原本破碎崩坏的生活。

不论爱情还是友情，都需要信任和珍惜，它是治愈一切的力量；不论幸福还是不幸，都应该勇敢面对，在经历中成长，成为更好的自己。

人性的背叛与救赎

《放风筝的人》

一直舍不得把这本书还回图书馆，很长一段时间内，它让我所读的一切都相形失色，续借在手只为能找到更适合它，或者说更配得上它的文字来描述它带给我的震撼。

可惜，找不到。突然觉得贫瘠，为自己无法言传的感受。

12岁的富家少爷阿米尔，与仆人的儿子哈桑从小一起长大，情同手足。哈桑对阿米尔忠心耿耿，愿意为他付出一切。

阿米尔最大的愿望是得到父亲的肯定与爱，哈桑为帮助他而遭受凌辱，阿米尔目睹了一切却没有伸出援手。之后，哈桑对他一如既往，阿米尔却因无法面对哈桑而栽赃并逼走了他。

苏联入侵，阿米尔随父亲逃亡美国。多年以后，一直被羞愧和痛苦折磨的阿米尔，终于踏上了"重新成为好人的路"，回到动荡残破、满目疮痍的阿富汗，冒着生命危险救出了哈桑的儿子。至此，他追回了人生中真正的风筝，获得了灵魂的救赎。

除却让人动容的友谊与背叛、人性与救赎的故事之外，阿富汗这个古老国家所经历的政治苦难、流淌在阿富汗人民血液中的丰富灵魂、作者对祖国深沉的爱恋……令小说细腻而厚重，读来荡气回肠，经久难忘。

为你，千千万万遍。

《白色橄榄树》

外甥女推荐的，起初内心是拒绝的，单是作者的名字就让我一脸糨糊，我怀疑这书与我有代沟。

书荒的时候看了两眼，高下立判。这几年见惯了各种版本的网抄小说，"言情"是抄袭重灾区，城市、乡村、现代、古代、时空穿越、平行世界……背景走马灯似的换，故事却还是相同的配方。《白色橄榄树》至少文字干净，故事流畅，逻辑正常，有了这样的基础，就一路看了下去。

看到上册要结束的时候，心里有了结论：原来这就是一部中国版的《太阳的后裔》。所不同的是，《太阳的后裔》主攻浪漫爱情，战场只是背景。《白色橄榄树》里的爱情与战争双线并行，平分秋色。

一直到全书即将结束的时候，还是《太阳的后裔》式的走向：男主意外失踪，生死不明，待到他日重逢，就是童话里王子和公主的幸福结局……没想到最后时刻画风急转直下。结局是好是坏，我无法评价，战争给人类带来的创伤究竟如何，我无从知晓，就像作者所说："这个世界上没有真正的感同身受。"

书的精华是最后的番外篇，作者之所以能从一众网文写手中脱颖而出，功力就在于此。

人间烟火气，最抚凡人心

听书与看书有很大的不同。看书容易些，只要故事好，文字美就好。听书则更挑剔些，除了故事和文字之外，播讲者的音质音色，对语句节奏的把握和语气的处理，录制环境的干净与否，背景音乐与情绪的契合度，音量与播讲声音的主次平衡……每一个细小的误差都会破坏整体的美感。

找到一本好听的书不容易，与喜欢的朋友们分享。

《我们仨》，作者杨绛，播讲曹雷

关于播讲，有听者认为曹雷老师的声音过于哀伤衰老，不符合杨绛先生超脱淡然的性子，缺少一份勘破生死的洒脱。

我却觉得力道刚好，就像听杨绛先生本人在讲述，在屏息凝气听过那些让人心尖发颤泪眼婆娑的句子之后，暗暗地接收到一种安抚的力量，那些逆流而上的悲伤在杨先生的文字和曹老师的声音中蛰伏下来，哀而不伤，泣而不怨。

关于书的第三部分我听了两遍。书香门第的柴米油盐，被"我们仨"烹煮得有滋有味有趣儿，似乎每一片菜叶、每一条石头缝里都能生发出快乐。即使在艰难的岁月里，一家人仍然相互温暖着，如履薄冰地保持着一份父慈子憨的快乐，不着痕迹地抗争出一片精神的乐园。一句"钟书肯委屈，能忍耐"，道出多少心疼、无奈与爱。

关于作者。网上曾有关于两位先生的抨击，我自是不肯也不愿相信。与朋友谈及，朋友说："那个时代的人和事都不能用现在的标准去评判，'人'不仅仅是人，而是'时代的人'，所以完全不必烦恼。"

心顿时释然。有友如此，人生幸事哉！

《一个女人的史诗》，作者严歌苓，播讲田洪涛

田苏菲似乎在很多事情上都不大靠谱。比如参军、演戏、爱情……她的一生都在追着欧阳萸跑，跑得气喘吁吁，爱得伤心掏肺。不论她多少次站在舞台中央受万人追捧，却从未入得了欧阳萸的眼，他的追光永远在别处。

她爱得笨，笨得让人看不上，时不时地还要被她"尬"到难堪；她爱得单纯，那些小心思和神经质蠢萌蠢萌的，让人忍俊不禁；她爱得勇敢，不论周遭如何变幻，她始终以爱的人为中心，不曾有片刻偏离……

欧阳萸的一生都在一场"鸡同鸭讲"的婚姻里挣扎，努力追求一个能跟他"说说话"的精神伴侣，却挣而不脱，求而不得。这个人物其实算不上主人公，他只是个背景板，同那个动荡的时代一样，都是来成全田苏菲的。

书中最可爱最出彩的是两位老人家：田苏菲的妈妈和欧阳萸的爸爸。田妈妈世俗练达，泼辣顽强，用自己的羽翼护卫着女儿一家。田妈妈打骂田苏菲的戏，总是能让我笑出声来。欧爸爸洞明世事，恬淡优雅，他是精神贵族的代表，一言一行都附着知识和教养的魅力，尽管这位老人出场的次数很少，却让人敬服喜爱，难以忘却。

好作品配以好声音，我听了两遍，又买了书时时细读。

与过去的故事隔空相望

朋友问我：最近有什么好听的书推荐一下？我看了朋友圈，上一次听书推荐是 2019 年 12 月 22 日，这中间听的书不少，但自蒋勋《细说〈红楼梦〉》之后，因为无法降格以求而无书可听，越来越觉得听书是一件极

为苛刻的事情，同样的作品不同的人播讲或同样的声音播讲不同的作品，舒适度千差万别。所以有时候，作品需要寻找适合它的声音，声音也在寻找适合它的作品，找到了，就彼此成就。就像歌曲与歌手，演员与角色，都是缘分，可遇不可求。

好在，好东西固然难求，却不会永远缺席。

《白鹿原》，作者陈忠实，播讲李野默

如雷贯耳的《白鹿原》，其成就和地位自不必多说，也说不好。听的时候感慨万千，写的时候却无处落笔。网上有很多书评固然不错，却都不够。

金庸先生在《侠客行》里创造了绝顶武学"太玄经"，浩瀚无边，深不可测，引得无数高手为之沉迷，日夜研修。各个门派都能从中获取裨益，却谁也无法窥得其终极奥秘。

好的作品就是具有这样神奇的魔力，像《哈姆雷特》《红楼梦》，莫不如是。

这本书我前后听了3遍，又买了书收藏。电视剧没看。一本书拍成影视剧以后就是另一个作品了。

李野默老师的播讲起伏顿挫与众不同，起初有点不习惯，适应之后觉得特别好，让作品更具声色。当他以白嘉轩的口吻不疾不徐地说"要想在这原上活，心里得能插得下刀"时，我接收到一种劝慰与力量，不由得心生感激。

《陆犯焉识》，作者严歌苓，播讲王明军

这是我听书榜上无可替代的作品，好故事遇到好声音，就是一场耳朵的盛宴。

严歌苓的语言似乎是对汉语的另一种创造，有独特的组合和节奏。她

所讲述的故事发生在那个充满伤害的年代，但字里行间没有控诉追讨，只有温情又平静地叙说，似乎在那些看得见的文字背后，还有一行看不见的文字同步走进我们的眼里心里，让我们能够感受到她的思想和思考，并与之共情共鸣。

张艺谋拍过电影《归来》，我看了，除了主人公的名字相同外，完全是另一个作品。电影与原著的差别，大概就像西式快餐与中国料理吧。尽管有很多原著小说成功改编成影视作品的例子，但严歌苓的书不行，她的"食材"太金贵，一点火候不到就差之千里，她的文字，遗漏一句或换掉一个词都是损失。

但张艺谋还是厉害的，听到电影里冯婉瑜在车站一声嘶喊"焉识，跑，快跑！"时，我的眼泪决堤而出。原来，隔着重重的岁月，我还是被那个时代所伤。这伤，在眼泪释放的这一刻被治愈了。

这本书我两年来听了不下 3 遍，以后还会再听。朋友问我，为什么不多听一些治愈系的故事？

我说，在故事中伤感，再自愈，反观生活时能慢慢变得豁达而坚强，这何尝不是一种治愈？

今天是一个下雨的冬至，我将这部作品推荐给朋友们，愿我们现世安好，晴空潋滟。

好男儿志在千里

——给出国留学的学生写的推荐信

我叫刘爱芳，是当地一所小学的校长，也曾经是李浩然的小学老师，我于 2002 年 8 月开始教他数学，教了 5 年直至他小学毕业，并在之后的

5年内一直与他保持着密切的往来。可以说，我既是他的老师，又是他的朋友，因此我对他的了解，比父母更客观公正，比其他人更深入全面。

毫无疑问，他是一个天资聪明的学生。他的聪明，不仅在于他能快速地理解和掌握知识，还在于他在解决问题的时候总能想出与众不同的方法，他的奇思妙想常常启发老师和同学们寻找到更简洁更高效的解题途径；他不依赖于课本和老师，敢于对老师的讲课内容提出质疑，也敢于坚持自己的意见。他曾两次提出了教材编写上的问题。在我们组织的课堂游戏中，他常常会发现游戏规则的不合理性并加以改进，保证游戏的公平性。

他是一个富有挑战精神的孩子。他从不满足于学习课本上的知识，每节数学课上，我都必须为像他这样的孩子准备一些"加餐"，即一些思考题，满足他们的求知需要；与其他孩子相比，他更喜欢研究知识背后的历史和文化，如学习"圆面积的计算"时，他对中国古代的"割圆术"产生了浓厚的兴趣，阅读了很多资料，研究其中的原理。

他有很好的理解能力和表达能力。从三年级开始，他就可以帮助我辅导那些学习落后一些的学生。四年级开始，我的咽炎很严重，他和另外两个孩子开始尝试给全班同学讲题，对题目分析、解答步骤和算法算理等，都能讲得清楚明白。

他是一个心胸豁达的孩子。这一点，从他很小的时候就显露出来了。他很淘气，经常会犯错误，如打架或者偷懒不写作业，但他从不隐瞒自己的错误，坦然接受来自老师或是校规的惩罚；当几个孩子同时犯下一个错误的时候，他不推脱不逃避，有为同伴担当的勇气。他从不与女同学争执，在小小年纪的他看来，男子汉是应该让着女孩子的。在他的青春年华之时，他的聪慧与魅力赢得过很多女生的爱慕，但他总能尊重而委婉地加以拒绝，不伤害对方，也不影响自己的学业。

有的时候，我们当老师的，或者是父母会犯一些"专治"的错误，让他无端受了批评或是委曲，他会据理力争，但绝不赌气埋怨，能包容别人的无心之过，能理解别人的用心良苦。

　　他有很好的组织能力。老师不在的时候，他可以合理地安排同学们的学习任务，如：给同学们布置适量的作业或是组织一节班会等。他参加学校所有的社团活动。他是学校大型活动的主持人，如升旗仪式、诗歌节等。他还是校园广播的播音员、学校英语剧社的主力演员。每一项任务，他都能够很出色地完成。

　　他爱好广泛，是一个有生活情趣的人。他酷爱打篮球，一米八七的个子，让他成为篮球场上众人瞩目的"篮球王子"。他常与同学、父母及球友切磋技术，即使学习再紧张也不放弃运动，因为他知道，运动可以让他保持最昂扬的斗志和最充沛的精力；他学习过书法、围棋，以此加深对中国的传统文化的了解；他爱书成痴，自小便常常因为看书忘了吃饭、顾不得睡觉。他读过的书很多，中外名著、童话故事、名人传记、历史知识、漫画小说等都喜欢看。看书开阔了他的眼界和思维，课堂上，他常常与老师引经据典、侃侃而谈。偶尔诗兴来临，他会即兴作"打油诗"一首，博得家人和朋友开心一笑。

　　读万卷书，行万里路。每年的暑假和寒假，他都会有计划地安排：去北京、上海进修英语，去内蒙古大草原骑马、看雪山，去韩国、日本、新加坡感受外国的历史文化……因此，与同龄孩子相比，他的知识面更广，见识更高，眼光更远。

　　正因为如此，当身边的同学还在按照父母老师的安排去读书、考大学、就业、结婚的时候，他却不满足于过这种被安排好的生活。因为这种生活可能会很安稳，却缺乏挑战性。他放眼世界，为自己选择了留学这条路，这一点很重要。因为很多，或者说大多数中国孩子留学，是父母的安排和工作的需要，李浩然的留学，是他自己的选择。为此，他劝服了父母，并用自己的行动证明着自己的决心，学习再苦、困难再多，也决不退缩和动摇，这对于一个年仅16岁的孩子来说，实在很难得。

出国留学是一条坎坷艰辛的道路，尤其是对于一个小城镇的孩子来说，他需要付出成倍的努力。以他的家庭条件，他原本可以在这座小城拥有富足安逸的生活、稳定体面的工作，以及比他人更多更优质的机会和人脉资源，但他毫不犹豫地放弃了，因为他喜欢探索，他渴望的是更有挑战和希望的未来。

中国有句俗语："好男儿志在千里。"我不得不说，在这一点上，我，以及我身边的很多人都自叹不如。我佩服他的勇气，我相信他的能力。因此，我诚挚地向贵校推荐他，希望贵校能给他一个机会。这样优秀的孩子，应该拥有更广阔的天地。

我这样说，毫不夸张。在我与他交往的 10 年中，他曾无数次带给我惊喜，也给我的教学带来很多启示。我为他写下的教学手记有 8 万多字。如果贵校希望对一个孩子的成长经历、性格人品、兴趣爱好等有更详尽的了解，请随时与我联系，我非常愿意提供这些手稿。

谢谢！

刘爱芳

2012 年 12 月 20 日

写作，是一种很酷的生活方式

——"校长谈写作"栏目约稿

互联网时代，人与人之间的交流从"声音"变成了"文字"，从面对面地"说"变成了背对背地"看"，因而写作不再是一种技能，而是一种全新的生活方式。

写作，简单说来就是一种记录，将生活中的目之所及、心之所想留存下来，为自己的成长留下一份珍贵的记忆。

写作，是认识自我的最好方法，就像对着一个懂你的人倾诉，在表达和思考中破解成长的烦恼和难题。

写作还是链接世界的重要途径，新型社交媒体上，文字会帮助你找到志趣相投的人，为你带来友谊以及更多可能性……

瞧，当你把写作当成一种生活，你就不会为没有素材而发愁。因为你的衣食住行、喜怒哀乐都是素材。你的生活有多丰富，你的写作就会有多简单。

所以，你只需勇敢地去探索、去经历、去感受，然后用你喜欢的方式记录下来，有的时候是一张照片加上一点文字，有的时候是几行文字加上一个表情。

慢慢地你会发现，文字是有灵性的，你钟情于它，它必然回报于你。回报于你灵感，让你的故事更加生动、丰满，回报于你智慧，让你的思考更有深度和层次；回报于你快乐，帮助你放松心情、释放压力……

如果有一天，你发现自己一日不写就手痒，就像习惯了运动的人，一天不锻炼就浑身不得劲儿，那恭喜你，你掌握了这个时代最酷的一种生活方式。

起行才是答案

——2020 第七届中国教育创新年会随思录

期待·起行才是答案

新冠疫情，把教学从线下推向云端，我们看到了教育的惊慌失措，教育人的"痛"与学习者的"病"突兀地来到面前，告诉我们——变革是一件迫在眉睫的事情。

智能时代，让教育从现实走向虚拟，我们预见到自己要面临的变局，理念上的"先"与现实中的"后"真实地摆在面前，告诉我们——变革是一次艰难漫长的旅程。

当我们在现实的束缚下迷茫困顿，叹息着教育的情怀渐行渐远时，新教育年会向我们伸出了手，告诉我们——教育很难，却难不住行动中学习的人。

于是，我们决定启程，去结缘一群有教育智慧的人，在行动中学习，在学习中相遇，为那个可以预见的未来做更好的准备。

是的，疫情防控期间，我们飞越千里，只因不想蜷缩在现实里。

毕竟，在奔赴教育理想的路上，坐想都是问题，起行才是答案。

碰撞·理想学校的正确打开方式

我们给孩子提供什么样的教育，决定了我们将拥有什么样的未来。在高科技主导场景革命的这场论坛里，我捕捉到一个细致而清晰的声音——如果不能把美丽的场所与孩子的成长联系起来，那它仅仅是建筑而已。

一所好的学校，要看得见孩子的童年和未来。

首先，要回到儿童，定位学校的童年属性。

打造一个对儿童友好的人文空间，从儿童生命成长的真实需要出发去设计场景，去建立人际关系，让他们在爱的包容下获得成长的力量。他轻松的表情、自在的表现、唱着歌儿行走的得意、陶醉阅读或演算的忘情，他挑战困难的果敢、面对压力的从容及遭受挫折的释然……这些就是童年最好的样子，是学校不论在北上广深，还是在市镇乡村，都应该拥有的样子。

其次，要追求智慧，定位学校的文化气质。

随着互联网的日益普及，地球已变成"村落"，一切天涯，近如咫尺。未来世界公民的思维不能被地域限制，东西方文化的意识与思维互补已成为必然需求。让学校成为优秀文化的交融场，以立体多元的方式呈现在孩子们面前，让学生的成长根植于中华文明的底蕴，拥有中国人的价值观，又能够吸收不同文化的营养，拥有不同的思想和终身学习的能力，为学生的成长和学校的发展打上文化的烙印。

最后，要朝向未来，定位学校的行进方向。

如果我们用过去的方式教今天的学生就毁了学生的未来。合理并高效运用技术工具，让线上线下的资源为我所用，是互联网原住民一代的最好学习方式。学校要致力于研究未来社会的发展状态，研究儿童生命的发展规律，吸纳先进科技为孩子服务，让人成为技术的主人，技术拥有人文的温度，创造全新的教育范式，把未来刻进学校的"DNA"里。

遇见童年，预见未来，是专家眼中的理想学校，恰好也是峰山这所新建小学的正确打开方式。

持续·让未来照进现实

2019年10月29日，我在区教体局组织的校长大讲堂上以"面向未来，做在当下"为主题，阐述了当下的我们如何为未来作准备。2020年11月17日，我们带着寻求答案的渴望飞越千里前往重庆，聆听各路专家学者对这个主题的诠释和探索。

十几场讲座听下来，我发现：重庆没有答案，我们就是答案。

一个自问：从理念到现实，我们缺了什么？

北上广深的学校只能用"高大上"来形容。他们拥有优越的地域资源、雄厚的资金保障，还有现代科技和顶尖人才的加持，这是无可回避的现实差距，如果我们纠结于这一点，那我们将陷在变革的困境中无路可走。

陕西西安新知小学的刘校长为我们提供了"小学校做大教育"的范本，

让我们眼前一亮。新知小学只有一万多平方米，办学条件并不优越。刘校长却以"读城记"打通了学校教育的任督二脉。她带着师生从一座城墙开始，还原一个古老帝国的记忆。孩子们爬城墙、测城墙、走城墙、画城墙、听城墙的故事，将每个朝代的城墙变化还原出来，并与世界各国的著名城墙进行对比……这座城从校外到校内、从线下到线上、从眼中到心中，孩子们读懂了家乡，读出了爱国情怀。

做现实的理想主义者，是西安新知小学给我们的启发。能否在理念的指引下有效行动，是台上台下两个刘姓校长之间的差距。

一次探索：寻找链接现实与未来的路径。

通往未来的教育不会是一夜之间的风云突变，而是由当下我们所做的每一次变革汇聚生成。知道未来教育在哪里，为着未来而努力，是当下我们能够做到的事情。

未来的学校将以现实与虚拟两种形式存在，学校的边界将被重新定义；线上学习方式的普及打破固有的学习模式，统一进度的班级授课势必消亡；机器人的惊艳出场和能者为师的时代使得教师的职能将发生根本性的转变……

这一切映照进我们的现实，就是课程设置由单一走向融合，项目化学习方式成为主流并逐步向"个性化定制"课程进化。我们可以做的很多，如打破校园围墙的阻断，带领学生走出去，到博物馆里上美术课，到天福山纪念馆上思政课，到召文台公园上阅读课；把优质资源引进来，开设"社会大课堂"，让志愿者走进校园，为孩子们讲三百六十行；尝试开展混龄学习，让有意愿学习的家长与孩子一起学拼音、学国画、练足球等，促进学习者之间优势互补共同成长；运用网络科技对现行课程进行优化，打破学科界限进行综合实践研究，培养学生的科学精神和人文素养……

一份坚守：锤炼工作的定力和方向感。

回到本次年会的主题——在这个不确定的时代，努力做一个确定的自己。科学技术的迅速进化让我们措手不及，学校教育正进入全球性突变，我们要去参与的工作，是我们从未经历的。

然而教育事业本身自有它的内在规则。作为校长，我们首先要锤炼的是自身的定力和方向感，紧紧把握好教育事业中的"变"与"不变"的规律：变的只是内容、方法和途径，不变的是立德树人的根本任务、以人为本的根本原则和为国家发展、社会进步培育人才的根本要求……抓住了这些根本，就能以不变应万变的定力，梳理出一条通往未来学校的路径。

我们不能决定未来，但是我们可以站在眺望未来的最前沿，给予教师和孩子一些隐性或显性的助力。

以未来照亮现实，是我们这一代教育人的使命，愿多年以后我们可以自豪地说："是的，我们为更好的未来战斗过了。"

2022 年 3 月 21 日，是我所在的这座小城全员静止的第十天。与 2020 年初的那次封城相比，这一次人们的心态更平和，行动更迅速。一声令下，整座城真的像按了暂停键似的，突然之间静了下来。

老师们从容不迫地开启了线上教学，准备工作周到细致、课程安排科学合理、软件使用得心应手；学校的管理和科研方式相应地发生变化，适应着从线下走向线上的场景转换；家长和孩子们也在大趋势下各自微调，找到合适的节奏和状态……与两年前手忙脚乱的各种翻车现场相比，整个教育行业在疫情中迅速成长起来。

对于我而言，却另有一番感慨：原来，静止的生活是这样的。

在我 27 年的职业生涯中，我第一次足不出户地在家过了一段慢生活。当逐渐适应并找到居家工作的正确节奏后，才蓦然发现，过去的这许多年中，我的脚步太快，心太躁，那些猝不及防的机遇与挑战、信任与托付、挫折与打击、得到与失去……都在切割着我的内心，让我在一次次的挣扎与妥协中看不清自己和未来。

跑得太快，会不会忘了当初为什么出发？

我从哪里出发？

1995 年于文登师范学校毕业，然后从教师到骨干教师再到名师，我用了 18 年的时间。进城、结婚、生子、受伤、康复、调动……从来没有停止过努力，从来不知道什么是假期，忙完自己的分内工作，还要忙着完成各个中层交付的任务，通宵达旦是常态。2004 年学校大力选拔和培养后备干部的时候，校领导向我递出了橄榄枝，但我没接。那个时候正是我专业上突飞猛进的时候，我的愿望只是做一名好老师，一名领导看重、学生喜欢、家长信任的好老师。即便是这个目标，我觉得我还有很长的路要走，没有余力去开辟另外的赛道。

所以，当我在 2008 年、2009 年、2010 年连续 3 次跃迁，从一名普通老师成长为教研员、教导主任，再到成为全区最年轻的校长时，我惯常的工作节奏和状态完全被打乱了，接踵而至的挑战和不断涌现的问题，让我一次次在自己不熟悉的领域里重新出发，在自己不擅长的事情上野蛮生长。

3 所学校，13 年校长经历（天福小学 6 年＋环山小学 4 年＋峰山小学 4 年 =14 年），这中间重叠的一年，是 2019 年。

这是无比丰富的一年。7 月结束了"直通西荷"的比赛，8 月接到任命——环山小学校长兼峰山小学筹建处主任，9 月开学季，区委书记到环山小学走访，10 月新中国成立 70 周年与环山小学成立 10 周年庆祝活动同步进行，11 月新学校筹建工作开始倒排工期……

这是我人生中最特别的一年，是不可复制的一年——筹建峰山小学，管理环山小学及幼儿园，经历新冠疫情防控等大事件，还要应对儿子高考、新建校开学等重重压力。每天奔波于工地和学校之间，没有休过一天假，工地上没有办公室，也没有女用洗手间，我和同伴们在临时搭建的板房里办公，春天风沙满眼，夏天汗流浃背，秋天泥水一身，冬天寒凉入骨，口渴了不敢喝水，儿子高考无暇顾及……

　　伴随着这些考验的还有许许多多的人和事。任何一项工作都不会一帆风顺，有支持的就有掣肘的，有暖心的就有扎心的；任何一个想干事的人都必须有一颗大心脏，既要能吃苦又要能吃亏，既要清醒又要隐忍。我明白这都是干事创业的标配，谁都不会是唯一，也不会有例外。

　　所以当我在静思中回望这一段历程的时候，我发现我能想起那些走过的路、做过的事、犯过的错、流过的泪，却看不到悲伤、疼痛、恐惧和放弃的样子。可能一直奔跑的人会产生应激保护机制吧，能把来自外界的干扰自动过滤和屏蔽掉，让我们可以心无旁骛地去做自己应该做的事。

　　让人生拥有颜色，让心灵饱含诗意，让教育成为一个温暖而又百感交集的旅程，这是生命对我的厚爱。于是我在这大把的时间里决定重新拿起笔，通过文字拜访自己的内心，一帧一帧地翻阅，一字一句地流淌，让我在回望中撇去浮躁的泡沫，看见真实的自己；让我在清零后能够重新考量，然后更好地出发。

　　未来会怎样没有人能给出答案，但我知道只要生活还在继续，我们依然会习惯性努力。

　　人生最好的贵人就是努力向上的自己，愿我们都能在各自坚持的道路上，遇见更好的自己。

2023 年 3 月 21 日